新汉语水平考试
模拟试题集
HSK 五级

总策划：董 萃 王素梅

主 编：董 萃

副主编：钱 多 邢蜜蜜 刘晶晶

北京语言大学出版社
BEIJING LANGUAGE AND CULTURE
UNIVERSITY PRESS

主　编：董　萃

副主编：钱　多　邢蜜蜜　刘晶晶

编　者：(以姓氏笔画为序)

王奕月　刘晶晶　伍晨辰　朴恩影

邢蜜蜜　吴知英　孟　丹　钱　多

徐　时　耿倩颖　董　萃　裴颖竖

编写说明

新汉语水平考试（HSK）是由中国国家汉办于 2009 年推出的一项国际汉语能力标准化考试，重点考查汉语为第二语言的考生在生活、学习和工作中运用汉语进行交际的能力。考试共分 6 个等级的笔试和 3 个等级的口试。

为了使考生们能够更快更好地适应新的考试模式，了解考试内容，明确考试重点，熟悉新题型，把握答题技巧，我们依据国家汉办颁布的《新汉语水平考试大纲》（HSK 一级至 HSK 六级），在认真听取有关专家的建议、充分研究样题及命题思路的基础上，编写了此套应试辅导丛书。

本套丛书根据新 HSK 的等级划分分为六册，分别是：

《新汉语水平考试模拟试题集　HSK 一级》

《新汉语水平考试模拟试题集　HSK 二级》

《新汉语水平考试模拟试题集　HSK 三级》

《新汉语水平考试模拟试题集　HSK 四级》

《新汉语水平考试模拟试题集　HSK 五级》

《新汉语水平考试模拟试题集　HSK 六级》

每级分册均由 10 套笔试模拟试题组成，试题前对该级别考试作了考试介绍，对新模式的答题方法进行了指导；试题后附有听力文本及答案，随书附有听力模拟试题的录音 MP3。

本套丛书的主要编写者均为教学经验丰富的对外汉语教师，同时又是汉语水平测试方面的研究者。所有试题在出版前均经参加过新 HSK 考试的考生们试测。各级试题语料所涉及的词汇及测试点全面覆盖大纲词汇及语法点。我们精心选取语料，合理控制难易程度，科学分配试题数量和答题时间，力求使本套丛书的模拟试题更加接近新 HSK 真题。

相信广大考生及从事考试辅导的教师们会受益于本套丛书，这也是我们的最大心愿；同时也希望使用本套书的同仁们不吝赐教，提出宝贵意见。

本套丛书各分册配套录音听力试题前的中国民乐由"女子十二乐坊"演奏，在此深表谢意。

《新汉语水平考试模拟试题集》编委会

Preface

The new HSK is a standardized test of international Chinese proficiency launched by Hanban in 2009, which mainly tests the non-native speakers' ability to communicate in Chinese in their life, study and work. There are 6 levels of written test and 3 levels of oral test.

In order to help the test takers get familiar with the mode and questions of the new test, understand its contents and focuses, as well as master the test taking strategies, we have compiled this series of test guides based on the opinions of relevant experts and our sufficient study on the sample tests.

There are 6 books in this series, corresponding to the six levels of the new HSK.

Simulated Tests of the New HSK (HSK Level I *)*
Simulated Tests of the New HSK (HSK Level II *)*
Simulated Tests of the New HSK (HSK Level III *)*
Simulated Tests of the New HSK (HSK Level IV *)*
Simulated Tests of the New HSK (HSK Level V *)*
Simulated Tests of the New HSK (HSK Level VI *)*

Each book includes 10 written tests. Before the simulated tests is the introduction to the test of the level and the directions for answering the questions of the new mode. The script of the listening section and answers can be found after the tests. An MP3 disc of the recording of the listening section is attached to the book.

All the authors and editors of this series are Chinese teachers with rich teaching experience, as well as researchers of international Chinese proficiency testing. Before publication, all of the simulated tests had been taken by examinees who have taken the new HSK. The test materials at all levels ensure a full coverage of the vocabulary and language points required by the outline of new HSK. The language materials have been carefully selected with thoughtful deliberation, the complexity of the questions has been carefully controlled, and the amount of the questions as well as the time to answer the questions have been arranged reasonably. We have done our best to make the simulated tests of this series more like the real new HSK tests.

We believe that test takers and teachers of HSK will benefit from this book. Also, we sincerely hope that colleagues using this book will render us your criticism and share your precious opinions with us.

Sincere thanks will go to Twelve Girls Band, who have performed the Chinese folk music before each listening test in the audio recordings accompanying the series.

The Compilation Committee of *the Simulated Tests of the New HSK*

目　录

HSK（五级）答题卡
Answer sheet for the new HSK（Level V）

新汉语水平考试 HSK（五级）

考试介绍

考试对象　　参加新 HSK（五级）的考生应已掌握 2500 个左右词语和常用语法，可以阅读汉语报刊杂志，欣赏汉语影视节目，用汉语进行较为完整的演讲。

考试内容及时间　　新 HSK（五级）笔试分为听力、阅读和书写三个部分，共 100 题，约 125 分钟，包括：

1. 听力（45 题，约 30 分钟）
2. 阅读（45 题，40 分钟）
3. 书写（10 题，40 分钟）

还包括考生填写个人信息 5 分钟，最后写答题卡 10 分钟。

新 HSK（五级）听力试题每题听一遍，包括两部分：第一部分 20 道题，第二部分 25 道题。内容和要求如下：

听力	第一部分　听对话，选出正确答案
	第二部分　听较长对话或短文，选出正确答案

新 HSK（五级）阅读试题包括三部分：第一部分 15 道题，第二部分 10 道题，第三部分 20 道题。内容和要求如下：

阅读	第一部分　选择词语，将短文补充完整
	第二部分　选出与试题内容一致的句子
	第三部分　阅读短文，选出正确答案

新 HSK（五级）书写试题包括两部分：第一部分 8 道题，第二部分 2 道题。内容和要求如下：

| 书 | 第一部分　根据所给词语完成句子 |
| 写 | 第二部分　根据所给词语或看图写短文 |

考试成绩　　新 HSK（五级）听力、阅读和书写部分满分各为 100 分，总分 300 分，180 分为合格。考试成绩长期有效。作为外国留学生进入中国院校学习的汉语能力的证明，考试成绩有效期为两年（从考试当日算起）。

新汉语水平考试 HSK（五级）

答题指南

新汉语水平考试 HSK（五级）分听力、阅读和书写三大部分，下面举例说明各部分的答题方法。

听 力

听力题每题听一遍，第一部分每题答题时间约为 15 秒，第二部分每题答题时间约为 16 秒。

第一部分 共 20 道题，每题听一遍。这部分试题是根据录音中的对话选出正确答案。

例如，你听到下面的对话和问题：

女：明天上午 9 点我准时到。

男：我觉得还是提前几分钟吧。

问：男的主要是什么意思？

你看到试卷上有四个选项：

A 9 点太早了　　B 他不会迟到

C 可能不参加　　D 应该早点儿来

根据录音中男的希望女的"提前几分钟"，可以知道男的希望女的早点儿来。

★ 答案为 D。

在听力理解中，考生应充分利用备选答案所给的信息，预先猜测、感知即将听到的内容是什么，会问什么问题，做到有目的地听。这部分听力题语境固定，考生在特定语境中只要抓住关键词语、了解主要信息，就能作出正确选择。

第二部分 共 25 道题，每题听一遍。第 21 到 30 题是根据录音中的较长对话选出正确答案，第 31 到 45 题是根据录音中的短文选出正确答案。

例如，你听到下面一段对话和问题：

男：看天气预报了吗？明天天气怎么样？

女：有大雾，而且要降温，你明天多穿点儿。

男：那你明天上班别开车了。

女：不开了，我坐地铁去公司。

问：女的明天怎么去上班？

你看到试卷上有四个选项：

A 步行　　　　　B 开车　　　　　C 坐地铁　　　　D 坐公共汽车

根据录音中"我坐地铁去公司"这句话，可以知道女的明天坐地铁上班。

★ 答案为 C。

该部分对话较长，涉及一个主题下的 2-3 个信息内容，考生要注意多个信息内容的相互关系，排除干扰信息，从而作出正确选择。

又如，你听到下面一段短文和问题：

一个很有名的作家坐火车去外地。当火车上的工作人员检查车票时，他翻了每个口袋，也没有找到自己的车票。正好这个工作人员认识他，于是就安慰他说："没关系，如果您实在找不到车票，那也没事。""怎么能没事呢？我必须找到那张车票，不然的话，我怎么知道自己要去哪儿呢？"

作家找不到车票，工作人员是怎么做的？

你看到试卷上有四个选项：

A 让他补票　　　　　B 帮他找车票

C 表示没关系　　　　D 让他一定找到

录音中工作人员对作家说"没关系，如果您实在找不到车票，那也没事"，根据这句话，可以知道工作人员觉得找不到车票也没关系。

★ 答案为 C。

这部分听力内容为 200 字左右的小短文，考生需要理解短文大意或者听懂主要部分，抓住与问题有关的关键词、关键句子。对于短文中设置的障碍信息，要习惯性地越过，忽略非重点信息。

阅　读

第一部分　共 15 道题，要求选出合适的词语将短文补充完整。

例如，你看到下面一句话和选项：

一个小孩说："我___太阳刚出来时离我们比较近，而到了中午，太阳就离我们远了。但是他觉得不对。"

    A 了解   **B** 讨论   **C** 认为   **D** 认识

根据词语辨析，可知"了解"和"认识"是通过学习得到新知识，"讨论"必须是两个人以上的行为，都不符合题意。本题是孩子表达自己的想法，因此应选"认为"。

★ 答案为 C。

该题主要解题思路在于先从整体上理清短文的大意或故事的情节，再根据句义辨析词语。词语的辨析要先看语法功能，把语法不通的先排除掉；再看词语搭配，词义的很多细小差别可以通过不同的搭配表现出来；如果几个选项意思、搭配都没有问题，就看全文是书面语还是口语，选择语体一致的那一个。

第二部分 共 10 道题，每题提供一段文字和 4 个选项，要求考生选出与这段文字内容一致的一项。

例如，你看到下面一段短文和选项：

从 1995 年开始，学校每年举行一次演讲比赛，到现在已经是第 15 届了。今年的比赛定在下周六，对于这场比赛，我非常有把握，我要争取发挥出最好水平，你们就等我的好消息吧。

    A 比赛安排在周六上午

B 我每年都参加这个比赛

C 我对这次比赛很有信心

D 这场比赛的水平不是很高

文中"我非常有把握"的意思是说"我"很有信心。

★ 答案为 C。

该题考查考生是否读懂了材料的主要事实和大意，考查考生对材料的整体把握能力。答题时要注意细节，把选项代入短文中，如果相符，则是正确选项。

第三部分 共 20 道题，阅读一段短文，根据内容选出正确答案。

例如，你看到下面一段短文和问题：

一天夜里，已经很晚了，一对年老的夫妻走进一家旅馆，他们想要一个房间。服务员回答说："对不起，我们旅馆已经客满了，一间空房也没有剩下。"看着这对老人很累的样子，服务员又说："让我来想想办法。"好心的服务员将这对老人带到一个房间，说："也许它不是最好的，但现在我只能做到这样了。"老人见眼前其实是一间整洁又干净的屋子，就愉快地住了下来。

根据上文，可以知道服务员：

A 有同情心   B 工作很轻松
C 开始时态度不好   D 忘了还有一间房

从服务员说的"让我来想想办法"一句可以看出，好心的服务员通过想办法给两位老人找了一个房间，这说明服务员有同情心。

★ 答案为 A。

这部分有 5 篇短文，字数在 260–450 之间，每篇短文有 3–5 个问题，主要考查考生捕捉细节的能力。这些细节常常包括短文涉及的时间、地点、相关人物和事物、关系、数字、原因、结果等。考生可以带着问题去读短文，这样既增强了目的性，又节约了做题时间，同时有利于把握线索，排除干扰信息。

书　写

第一部分　共 8 道题，要求考生根据所给词语整理出完整的一句话。例如：

发表　　这篇论文　　什么时候　　是　　的

整理后为：

这篇论文是什么时候发表的？

这部分主要考查考生对基本句型和语法知识的掌握。考生要先抓住句子的主干，然后注意词语之间的搭配和语法项目的安排。

第二部分　共 2 道题，要求分别根据所给词语和图片写 80 字左右的短文。

例如：元旦、放松、礼物、表演、善良

这部分的第 1 道题（试卷第 99 题）要求使用所有给出的词语，写出一篇 80 字左右的短文。考生首先要确定短文主题，然后围绕主题叙述事情或说明情况。这部分的第 2 道题（试卷第 100 题）要求考生根据所给图片，在分析图片所含信息后，围绕图片内容写出 80 字左右的短文。考生在书写时应注意把握词语和图片中的关键信息，写出具有逻辑性的短文。

需要注意的是，新 HSK 考试答题时先在试卷上做答，考试结束前 10 分钟再把答案写在答题卡上（把正确答案所对应的字母 A、B、C、D 涂黑，写出正确的句子）。例如：

21. [A]　[B]　[C]　[D]

91. 他忍不住大哭起来。

在答题纸稿纸上的书写规范见模拟试卷 1 短文写作参考。

新汉语水平考试

HSK（五级）模拟试卷*1*

注　意

一、HSK（五级）分三部分：

　　1. 听力（45 题，约 30 分钟）

　　2. 阅读（45 题，40 分钟）

　　3. 书写（10 题，40 分钟）

二、**答案先写在试卷上，最后 10 分钟再写在答题卡上。**

三、全部考试约 125 分钟（含考生填写个人信息时间 5 分钟）。

一、听 力

第一部分

第1-20题：请选出正确答案。

1. **A** 电影版《神话》
   B 电视剧《神话》
   C 两个都喜欢看
   D 两个都不喜欢

2. **A** 男的可能负责活动
   B 电视台可能负责活动
   C 小王可能负责活动
   D 女的可能负责活动

3. **A** 银行
   B 电影院
   C 饭店
   D 商场

4. **A** 会议结束了
   B 没找到会场
   C 会议不开了
   D 不让进会场

5. **A** 网上购物被骗
   B 安装不好书柜
   C 看不懂说明书
   D 没按步骤安装

6. **A** 河南
   B 昆明
   C 丽江
   D 大理

7. **A** 一个月
   B 半个月
   C 五个月
   D 六个月

8. **A** 一定得付现金
   B 一定得付支票
   C 现金支票都可以
   D 必须货到前付款

9. **A** 他参加了面试
   B 他没通过面试
   C 他研究生毕业
   D 他本科毕业

10. **A** 不愿意去吃饭
    B 不愿通知其他人
    C 不相信这件事
    D 觉得大家不会去

11. **A** 已经写完了
    B 还没写提纲
    C 领导很满意
    D 结构有问题

12. **A** 高兴
    B 伤心
    C 批评
    D 怀疑

13. A 找停车位
    B 找地下车库
    C 找修车铺
    D 问路

14. A 白的
    B 蓝的
    C 紫的
    D 黑的

15. A 没安排他做记录
    B 他今天没做记录
    C 他办完事做记录
    D 让我帮他做记录

16. A 医院
    B 商店
    C 学校
    D 邮局

17. A 不爱吃西瓜
    B 不好意思吃
    C 会吃西瓜的
    D 想客气一下

18. A 速度越来越慢
    B 又感染病毒了
    C 文件出了问题
    D 没有什么问题

19. A 要注意锻炼
    B 要注意休息
    C 要努力工作
    D 要按时吃饭

20. A 最近工作太忙
    B 准备得不充分
    C 网球水平不高
    D 以后还有机会

第二部分

第21-45题：请选出正确答案。

21. A 参加朋友婚礼
    B 参加公司会议
    C 参加招聘会
    D 去女朋友家

22. A 不够用
    B 刚够用
    C 正好
    D 很充足

23. A 今天白天
    B 今天晚上
    C 明天
    D 后天

24. A 想在网上买东西
    B 想学习怎么注册
    C 想填写个人资料
    D 对注册感到好奇

25. A 很好吃
    B 不好吃
    C 不好说
    D 很一般

26. A 明天上午
    B 明天中午
    C 明天晚上
    D 今天晚上

27. A 跟朋友喝酒
    B 去外地出差
    C 回家吃晚饭
    D 开车看朋友

28. A 今年最受欢迎
    B 修理应去厂家
    C 保修期是两年
    D 下月 5 号后有优惠

29. A 相机
    B 摄影
    C 照片效果
    D 相机价格

30. A 他也在为找房子发愁
    B 他能帮女的找到房子
    C 后天他有时间帮女的
    D 他现在已经有消息了

31. A 三个儿子关系不好
    B 不知道怎么教育孩子
    C 三个儿子常折断筷子
    D 三个儿子没有力量

32. A 严厉地批评他们
    B 用筷子打了他们
    C 用筷子启发他们
    D 讲了筷子的故事

33. A 兄弟之间不应该吵架
    B 教育孩子方法很重要
    C 人和筷子是一样的
    D 团结起来力量大

34. A 秋天已经到了
    B 秋天快过去了
    C 他快要死了
    D 落叶很漂亮

35. A 画家帮助了他
    B 他性格很乐观
    C 树叶没有落光
    D 医生创造了奇迹

36. A 落叶
    B 生命的奇迹
    C 善良的画家
    D 最后一片树叶

37. A 小说
    B 话剧
    C 电影
    D 电视剧

38. A 人们熟知的一句话
    B 小说中的一句话
    C 法国的一句谚语
    D 中国的一句谚语

39. A 婚姻
    B 性格
    C 心理
    D 爱情

40. A 想向他表示敬意
    B 想向他表示同情
    C 想向他进行挑战
    D 想了解他的丑闻

41. A 很慌乱
    B 很亲切
    C 很冷漠
    D 很友好

42. A 想引起记者的注意
    B 想让记者感到意外
    C 想消除记者的对立情绪
    D 想向记者表现自己的弱点

43. A 29%
    B 48.8%
    C 50%
    D 90%

44. A 没有时间照顾孩子
    B 担心孩子遇到坏人
    C 担心孩子走错地方
    D 想随时与孩子联系

45. A 手机通话费太高
    B 手机信息不健康
    C 手机被坏人抢走
    D 孩子会耽误学习

二、阅 读

第一部分

第46-60题：请选出正确答案。

46-48.

　　有一个人看到一个残疾人摆设的小摊，就随手扔下一百元。但是不久他又回来了，并非常 46 地说："不好意思，你是一个生意人，我竟然把你当成了乞丐。"过了一段时间，他再次经过这里，那个残疾人在一个商店的门口喊住他："我一直 47 你的出现，你是第一个把我当成生意人 48 的人。你看，我现在有了自己的商店，已经是一个真正的生意人了。"

46. **A** 愤怒　　　　　**B** 喜悦　　　　　**C** 遗憾　　　　　**D** 抱歉
47. **A** 接受　　　　　**B** 期待　　　　　**C** 讨论　　　　　**D** 鼓励
48. **A** 看待　　　　　**B** 等候　　　　　**C** 认为　　　　　**D** 分析

49-52.

　　李宁被称为中国的"体操王子"。在第23届奥运会体操单项决赛的前一天，他在练习中不慎将胸大肌拉伤，疼得连手都抬不起来，深夜两三点钟还合不上眼。可是第二天到了决赛场上，李宁 49 拼命一搏，为国争光。让五星红旗高高飘扬在奥运会赛场上的坚定 50 支撑着他。比赛中，他完全忘记了伤痛，51 出一副兴奋积极的样子，动作异常优美。最后他夺得了三枚金牌，让五星红旗三次飘扬在奥运会赛场上。 领奖后，李宁在回答记者提问时说："我们尽了最大努力 52 ，我相信十亿人民会和我们一样欢笑的。"

49. **A** 知道　　　　　**B** 分析　　　　　**C** 决心　　　　　**D** 考虑
50. **A** 理想　　　　　**B** 信念　　　　　**C** 标准　　　　　**D** 发言
51. **A** 反映　　　　　**B** 观察　　　　　**C** 显露　　　　　**D** 表现
52. **A** 学习体育知识　　　　　　　　**B** 回答这个问题
　　　C 发挥出最佳水平　　　　　　　**D** 支持全国人民

53–56.

有一个农夫养了几头猪，他经常给这些猪喝不太干净的水，结果被动物保护协会罚了一万块钱，<u>53</u>是他不善待动物。后来农夫改成给猪天天吃好吃的、价钱贵的东西，结果又被动物保护协会罚了一万块钱，这次是说他太<u>54</u>食物。有一天，保护协会的人又来<u>55</u>，他们问农夫现在给猪吃些什么东西，农夫说："我不知道给它们吃什么才好，所以我就每天给它们一百块钱，<u>56</u>。"

53. A 区别　　　　B 道理　　　　C 决定　　　　D 理由
54. A 节约　　　　B 浪费　　　　C 选择　　　　D 热爱
55. A 考试　　　　B 检查　　　　C 研究　　　　D 提问
56. A 让它们懂得消费观念　　　　B 让它们高兴一下
　　 C 让它们自己出去吃　　　　　D 让它们学习营养知识

57–60.

到纽约，不去看看<u>57</u>于世界的自然历史博物馆，将会是一件<u>58</u>的事。这个由100多个国营、民营基金会，两百多家大公司及50多万会员支持的民营机构，收藏了数十万件价值连城的物品，<u>59</u>。其中还<u>60</u>在中国周口店发现的史前人类头盖骨。

57. A 闻名　　　　B 有名　　　　C 出名　　　　D 著名
58. A 容易　　　　B 新鲜　　　　C 遗憾　　　　D 兴奋
59. A 价格太高了　　　　　　　　B 真值得好好儿看一看
　　 C 又美观又大方　　　　　　　D 世界上珍贵的东西
60. A 登记　　　　B 概括　　　　C 保留　　　　D 包括

第二部分

第61-70题：请选出与试题内容一致的一项。

61. 大熊猫的饮食非常特殊，除了食用在高山地区可以找到的各种竹子外，大熊猫也偶尔食肉。大熊猫这种独特的饮食特性使它被当地人称做"竹熊"。

    A 大熊猫和竹熊是同一种动物
    B 大熊猫不吃高山地区的竹子
    C 大熊猫因为偶尔吃肉显得很独特
    D 大熊猫的饮食习惯和竹熊不一样

62. 20-40岁之间的正常人每分钟眨眼约20次，而在睁眼观看电视或使用电脑时，眨眼次数会减少到每分钟4-5次，所以造成泪液分泌严重不足，出现眼睛干燥酸痛的症状。

    A 正常人看电视或使用电脑时会分泌眼泪
    B 正常人看电视或使用电脑时每分钟眨眼约20次
    C 每分钟眨眼4-5次对眼睛有好处
    D 看电视或使用电脑时眨眼的次数较少

63. 不要怀疑美白产品的功效，因为真正能看出效果的美白保养需要持续两个月。美容院那些所谓的"瞬间美白"的神话，还是不要轻易相信。

    A 美白产品其实没什么功效
    B "瞬间美白"能在美容院实现
    C 可以相信美容院的美容神话
    D 美白产品要持续两个月才能见效

64. 将苹果用水浸湿后，在表皮放一点儿盐，然后双手握着苹果轻轻地来回搓，这样苹果表面的脏东西很快就能搓干净。然后再用水把盐冲干净，这时的苹果才可以放心食用。

    A 直接用盐搓过苹果就可以放心食用
    B 苹果表面的脏东西必须用盐才能搓干净
    C 苹果要既用水洗，又用盐搓，才能安全食用
    D 没有用盐搓过的苹果不能食用

65. 中国书法是一种很独特的视觉艺术，是中国独有的艺术。汉字是中国书法中的重要元素，因为中国书法是在中国文化里产生、发展起来的，而汉字是中国文化的基本要素之一。以汉字为依托，是中国书法区别于其他种类书法的主要标志。

  A 中国书法是一种很独特的影视艺术
  B 中国书法是在中国文化里产生、发展起来的
  C 汉字与中国文化没有联系
  D 中国书法是中国文化产生的基础

66. 面条是一种非常古老的食物，它起源于中国，有着源远流长的历史。中国南方的"面"是以面粉制成的面条，以蛋面为主；北方的"面"则多不用蛋，跟南方相比，北方面条较粗，面质软滑柔韧。

  A 面条起源于中国的南方
  B 南方面条比北方面条粗一些
  C 北方面条是用蛋面制成的
  D 南方面条以蛋面为主

67. 东北虎的毛色非常美丽，额前有一个"王"字形的斑纹，一身淡黄色的长毛上夹杂着黑色条纹，显得十分漂亮。东北虎是肉食性动物，它身上最厉害的武器就是锋利的爪子和牙齿。它的爪子长达十多厘米，伸缩自如，比钢刀还锋利，就是牛皮也禁不住它一抓。

  A 东北虎的皮毛是黄黑相间的
  B 东北虎额头上的"王"字十分漂亮
  C 东北虎的爪子抓不透牛皮
  D 东北虎的牙齿伸缩自如

68. 交警、司机、儿童是汽车尾气最严重的受害者。2008 年，深圳交警的体检结果显示，他们体内的铅含量高出常人 100 多倍。儿童的身高正好处于空气中铅浓度较高的位置，排铅能力又差，所以也是受害者。

  A 人体内铅含量超标的原因就是汽车尾气
  B 交警体内铅含量超标跟他们的工作性质无关
  C 司机体内的铅含量高出常人 100 多倍
  D 儿童由于身高的原因恰巧呼吸到空气中较多的铅

69. 男士参加会议的时候，还是穿得正式点儿比较好。单一颜色的西装和同色系的衬衫搭配起来不会出错；领带不要过于鲜艳，最好选择单一颜色来配。细节的修饰也要注意，如果是黑色的皮鞋，千万不能穿白袜子。

   A 男士参加会议时最好选择鲜艳的领带
   B 男士参加会议时西装颜色必须和衬衫一致
   C 男士参加会议时黑色皮鞋最好配白色袜子
   D 男士参加会议时要注意细节的修饰

70. 根据一家公司最近公布的一份调查报告显示，2009 年中国游客在法国旅游时，所购买的商品远远超过俄罗斯游客，成为法国的旅游消费冠军。

   A 调查表明中国人的旅游消费世界第一
   B 2009 年去法国旅游的中国游客人数超过了俄罗斯游客
   C 中国人比俄罗斯人更喜欢去法国旅游
   D 中国游客去法国旅游时的消费能力超过了俄罗斯游客

第三部分

第71-90题：请选出正确答案。

71-73.

一个人爱好打纸牌赌博，但是一赌就输。他非常生气，发誓再也不赌了。
一天，他上山放牛，将牛拴在树上吃草，自己坐在草丛中想着以前赌博的

事，越想越气，越想越不服气。他摸出随身携带的牌，对自己说："四个人打是输，三个人打也是输，两个人打还是输，我就不信，一个人打也会输？"于是他非常高兴地玩儿了起来。过了一会儿，他听到身后有人高声叫骂，说不知是哪家该死的牛跑进麦地里吃了

一大片麦苗，说一定要找主人赔偿。他回头一看，糟了，原来是自己的牛惹的祸。没办法，他只得乖乖掏钱赔给人家。

回家的路上，他垂头丧气，没想到一个人玩牌也会输。

其实，人一旦恶习不改，他的人生就失去了赢的机会。

71. 这个人有什么爱好？

    A 放牛   **B** 吹牛

    C 赌博   **D** 打赌

72. 这个人为什么非常高兴地打起了牌？

    A 因为他赌博赌赢了

    B 因为他相信一个人打牌肯定会赢

    C 因为他以为牛不会伤害麦苗

    D 因为他以为自己的牛会很听话

73. 上文告诉我们什么？

    A 改掉恶习，我们才会赢   **B** 赌博的害处

    C 我们怎么样才能成功   **D** 几个人打牌才会赢

74–77.

当今社会，以茶待客成为人们日常交往和家庭
生活中普遍的交往方式。倒茶时我们应该注意，茶
不要倒得太满，七八分满最好。喝茶的客人也要以
礼还礼，特别是晚辈，应双手把茶接过来，并点头
致谢。

　　在聚会吃饭时，经常会遇到带转盘的圆桌。转转盘也是有学问的，如果饭
局上有长辈和儿童，为了表示尊敬，一道菜上来，应先转到主人或长者面前，
待其享用之后，其他人再慢转转盘。并且，转盘应顺时针转动，忌讳时而顺时
针、时而逆时针转动，或快速旋转转盘。

　　拜年时用双手拱手行礼，既表达一种尊敬祝福之情，又有一些传统的味
道。大多数情况下的拱手礼应该是左手在上右手在下，即左手压住右手。这是
因为，人们一般多使用右手来持兵器，用左手压住右手则象征或表达了中国人
热爱和平的意愿。当然也有特例，在出席葬礼的时候可是右手压左手，平时可
千万不能搞错了。

74. 当主人给你倒茶时，你应该怎么做？
　　A 用双手接过茶杯，点头致谢
　　B 直接接过茶杯即可
　　C 一只手接过茶杯，另一只手和主人握手致谢
　　D 用右手接过茶杯，点头致谢

75. 下列哪项不是聚会吃饭时所忌讳的？
　　A 菜应该先转到主人或长辈面前让他们先享用
　　B 转盘飞速转动
　　C 顺时针、逆时针交替转动转盘
　　D 谁点的菜谁先吃

76. 拜年时左手压住右手代表什么？
　　A 对别人的尊敬和祝福　　　　　　B 行礼人的修养
　　C 中国人热爱和平的意愿　　　　　D 中国人的传统

77. 下列选项中最适合做上文标题的是：
　　A 酒满敬人，茶满欺人　　　　　　B 日常生活中的礼仪
　　C 餐桌上的礼仪　　　　　　　　　D 拱手拜年的意义

78-82.

朋友从国外回来，想投资开一间法国风味的饭店。

我帮他精心地考察、选址、装修，终于可以开业了。可他还是不放心，让我帮他挑毛病。我说："挺好的，赶快开业吧，早开一天早赚一天钱。"朋友看着我说："正式开业还要等一个星期，我不能让客人有任何不满意的地方。所以我要请咨询公司替我找最挑剔的顾客来免费试吃。"

"你也太认真了，先开业，发现问题再改也来得及。"

"不，我不能拿顾客做试验。我作过调查，开业最初 10 天进店的顾客，基本上就是将来店里的长期顾客。如果你在这 10 天留不住顾客，你就得关门！"

"为什么？"我有些不解，"一个新开的店，有点儿不足是难免的，客人也会原谅，下次改正就行了。"

"不，没有下次。我刚到国外和当地人交往时，觉得他们很傻，你说什么他们都信，你如果想骗他们其实很容易，但是只要你骗他一次，以后他就永远不会再和你来往了。"

我看着朋友，突然明白了为什么这些天来他如此认真。这既是他的第一个店，也可能是他的最后一个店。人生中的机会不会有很多次，把每一次机会都当做最后一次机会，那么，你就不会永远在等待下一个机会。

78. 朋友不放心什么？
    A "我"太粗心了，店里没装修好   B 法国风味的店不赚钱
    C "我"选址选得不好   D 店里还存在一些小毛病

79. "我"一开始的时候对朋友的态度怎么样？
    A 很生气   B 不理解   C 很欣赏   D 很冷淡

80. 朋友为什么迟迟不开业？
    A 因为他的店不合格   B 因为没有顾客
    C 因为他不想拿顾客做试验   D 因为店里的东西还没购置全

81. 根据上文，下列说法中正确的是：
    A 朋友要请一些顾客来他的店里免费试吃
    B 在国外时当地人不怕被欺骗
    C 开业最初 10 天进店的顾客都是店里的长期顾客
    D 在国外时当地人不愿意与外来人交往

82. "我"明白了什么？
    A 要把握人生中的每一次机会   B 朋友的店里真的有问题
    C 人是不能被骗的   D 开业最初 10 天对饭店很重要

春秋战国时期，秦国的商鞅实行变法，发布了新的政令。为了让老百姓相信自己，商鞅下令在都城南门外竖起一根三丈长的木头，并当众许下诺言，谁能把这根木头搬到北门，赏金10两。大家不相信如此简单的事能得到如此高的奖赏，结果没人肯出来试一试。于是，商鞅将赏金提高到50两。终于有人禁不住奖赏的诱惑，将木头扛到了北门。商鞅立即赏了他50两黄金。商鞅这一举动在百姓心中树立了威信，于是商鞅接下来发布的法令就很快在秦国推广开了。商鞅变法使秦国渐渐强盛，最终统一了中国。

而就在商鞅"立木取信"的地方，在商鞅之前400年，却曾发生过一场令人哭笑不得的闹剧。

周幽王有个美丽的妃子，从来不笑。为了能够让她笑一笑，周幽王下令在都城附近的20多座烽火台上点起烽火——这是边关报警的信号。将士们见到烽火，以为是边关出了问题，于是纷纷赶来，等弄明白这是君王想看妃子的笑容而想到的办法后，都生气地离开了。五年后，周国遭到攻击，幽王再次点起烽火，但是将士们谁也不愿再上当了，结果幽王被逼自杀。

一个"立木取信"，<u>一诺千金</u>；一个帝王无信，玩弄将士。可见，"信"对一个国家的兴衰存亡起着非常重要的作用。

83. 商鞅为什么要提高赏金？
   A 因为没有人去搬木头　　　　　　B 因为商鞅很有钱
   C 因为他想看看人们是否贪财　　　D 因为人们想看商鞅的笑话

84. 商鞅"立木取信"后出现了什么结果？
   A 遭到百姓的辱骂　　　　　　　　B 得到百姓的信任
   C 被百姓打死了　　　　　　　　　D 被逼自杀了

85. 周幽王第一次为什么在烽火台上点起烽火？
   A 因为有敌人攻击　　　　　　　　B 因为他喜欢火
   C 因为他想让妃子笑一笑　　　　　D 因为他想戏弄将士

86. 上文最后一段画线词语"一诺千金"是什么意思？
   A 一句话卖一千两黄金　　　　　　B 一千两黄金一个许诺
   C 比喻非常讲信用　　　　　　　　D 说明信用的重要性

87–90.

　　"小虎队"是80年代末90年代初中国流行歌坛最走红的演唱组合之一，曾创下了演唱会20多场场场爆满的纪录，震撼了歌坛，成为当时中国最活跃的歌坛新人组合之一。但是"小虎队"成员因为要上学、服兵役等，于1991年宣布解散。

　　2010年虎年中国中央电视台的春节联欢晚会上，小虎队在观众的欢呼声中进行了解散20年来的第一次集体表演。伴着《爱》的手语舞蹈、《蝴蝶飞呀》的机械舞步，那些平日烂熟于心的旋律、看起来有点儿土的动作，在晚会上竟是那般的美好。最后，《青苹果乐园》的音乐响起，把一代人关于青春、关于童年的美好回忆推向了高潮。"霹雳虎"吴奇隆、"乖乖虎"苏有朋、"小帅虎"陈志朋，当年稚气未脱的十几岁的少年，在漫长的岁月中经历各自的人生起伏，不觉间早已步入人生的<u>而立之年</u>，但他们却成为美好青春、年轻朝气的最好象征。而听着那些老歌长大的一代人，也仿佛在熟悉的歌词和旋律中回到了年少时光。

　　小虎队的表演，赢得了一致好评，不管场内还是场外，观众们都跟随他们唱起那些年轻岁月里耳熟能详的歌曲，每首都让人心潮澎湃。

87. "小虎队"指的是什么？

    A 演唱会的名字　　　　　　　　B 演唱组合的名字

    C 一个歌手的名字　　　　　　　D 一首歌的名字

88. 下列哪项不是"小虎队"在2010年春节联欢晚会上唱的歌曲？

    A 爱　　　　　　　　　　　　　B 蝴蝶飞呀

    C 红蜻蜓　　　　　　　　　　　D 青苹果乐园

89. 文中画线词语"而立之年"是指他们现在多大年龄？

    A 20多岁　　　　　　　　　　　B 30多岁

    C 40多岁　　　　　　　　　　　D 50多岁

90. "小虎队"有什么象征意义？

    A 美好的青春，年轻的朝气　　　B 三只小老虎

    C 人生的起伏不定　　　　　　　D 好听的歌曲

三、书 写

第一部分

第91-98题：完成句子。

例如：发表　这篇论文　什么时候　是　的

　　　<u>这篇论文是什么时候发表的？</u>

91. 计划　我们的　活动　取消了　原因　天气的　因为　而

92. 翻过　的　桌子上　被　好像　人　东西

93. 你　可以　怎么　计划　呢　这项　破坏

94. 治好　是　这位　老大夫　我的病　的

95. 曾经　我　找　一个　她　忙　我们　帮

96. 知道　该　我　听　谁的　不　好

97. 不　我　忙　过来　了　实在

98. 我　随便　别人　相信　的　话　从不

第二部分

第 99-100 题：写短文。

99. 请结合下列词语（要全部使用），写一篇 80 字左右的短文。

   回国、帮助、不得不、遗憾、祝福

100. 请结合这张图片写一篇 80 字左右的短文。

新汉语水平考试

HSK（五级）模拟试卷 *2*

注　意

一、HSK（五级）分三部分：

    1. 听力（45题，约30分钟）

    2. 阅读（45题，40分钟）

    3. 书写（10题，40分钟）

二、**答案先写在试卷上，最后10分钟再写在答题卡上。**

三、全部考试约125分钟（含考生填写个人信息时间5分钟）。

一、听 力

第一部分

第1-20题：请选出正确答案。

1. A 男的想吃香辣鸡块
   B 女的想吃鱼香肉丝
   C 对话发生在饭店
   D 京酱肉丝没有了

2. A 饭店
   B 商店
   C 医院
   D 银行

3. A 四千块钱
   B 四千多块
   C 三千多块
   D 两千块钱

4. A 吃饭
   B 睡觉
   C 逛街
   D 休息

5. A 买到了
   B 没买到
   C 不买了
   D 没去买

6. A 生气
   B 高兴
   C 伤心
   D 害怕

7. A 电源坏了
   B 没出问题
   C 不好用了
   D 插头坏了

8. A 水果
   B 鲜花
   C 水果和鲜花
   D 水果或鲜花

9. A 头疼
   B 一直迷迷糊糊
   C 咖啡喝多了
   D 看了一晚上电影

10. A 5点
    B 10点
    C 3点
    D 13点

11. A 养了一只猫
    B 养了一只电子宠物
    C 养了很多小宠物
    D 养了几只猫

12. A 6块
    B 7块
    C 5块
    D 8块

13. **A** 红烧肉的味道
    B 减肥茶的作用
    C 现在人的矛盾行为
    D 现在人的口福

14. **A** 在公司的时间太长
    B 公司的待遇不太好
    C 跟同事的关系不好
    D 公司发展空间不够

15. **A** 小王的公司
    B 小王的女朋友
    C 给小王买眼镜
    D 给小王介绍女朋友

16. **A** 丈夫和妻子
    B 儿子和妈妈
    C 哥哥和妹妹
    D 爸爸和女儿

17. **A** 把文件及时送来
    B 帮男的组织开会
    C 和男的一起开会
    D 代替男的开会

18. **A** 女的要结婚了
    B 男的要结婚了
    C 女的要喝酒
    D 男的要喝酒

19. **A** 医生
    B 厨师
    C 教师
    D 警察

20. **A** 买手套
    B 点菜
    C 问路
    D 借钱

第二部分

第21-45题：请选出正确答案。

21. A 女的想找男的吃饭
    B 男的想吃成胖子
    C 男的后悔没努力学习
    D 女的认为男的太胖了

22. A 去逛街了
    B 看电影了
    C 在家待着
    D 去银行了

23. A 男的做饭非常好吃
    B 女的觉得做饭太辛苦
    C 男的的朋友经常到他家
    D 男的不打算准备饭菜

24. A 明天上班之后
    B 今天下班之前
    C 今天五点半
    D 下周四晚上

25. A 男的不能按时回家
    B 孩子不喜欢喝酒
    C 女的想要孩子
    D 他们刚结婚

26. A 男的打算收拾房间
    B 男的一直在看球赛
    C 女的想请钟点工
    D 女的不想吃饭了

27. A 男的不关心儿子
    B 儿子不能说话
    C 儿子不懂说话技巧
    D 儿子不听话

28. A 跳舞
    B 打鼓
    C 唱歌
    D 不清楚

29. A 李明去商场买礼物
    B 李明前些天生病了
    C 男的想追求女的
    D 女的不喜欢李明

30. A 男的昨天晚上不想陪客户
    B 男的昨天玩儿得特别高兴
    C 客户唱歌非常好听
    D 男的要给女的买花

31. A 1976 年
    B 1986 年
    C 2009 年
    D 2010 年

32. A 张艺谋
    B 陈铭章
    C 冯小刚
    D 陈凯歌

33. A 姐姐
    B 弟弟
    C 双胞胎
    D 解放军

34. A 父亲
    B 母亲
    C 父母
    D 子女

35. A 孩子的年龄
    B 日常生活经验
    C 家长的想法
    D 孩子的意愿

36. A 子女意愿
    B 社会因素
    C 个人经历
    D 道德水平

37. A 对爸爸妈妈说谎了
    B 我的谎言会被发现
    C 没有实现父母的梦想
    D 爸爸妈妈总是批评我

38. A 不清楚
    B 不让父母吵架
    C 说谎后心里舒服
    D 不想和父母争吵

39. A 傍晚
    B 早上
    C 中午
    D 深夜

40. A 很贫困
    B 很富有
    C 一般
    D 不清楚

41. A 和别人一起过生日
    B 怕母亲不给他过生日
    C 怕母亲伤心
    D 去书店看书了

42. A 生气
    B 感动
    C 高兴
    D 难过

43. A 睡眠不足时
    B 脑部缺乏营养时
    C 得心脏病时
    D 任何时候

44. A 男性
    B 女性
    C 儿童
    D 老人

45. A 心情愉快
    B 健康饮食
    C 睡眠充足
    D 经常锻炼

二、阅 读

第一部分

第46–60题：请选出正确答案。

46–48.

当初，上帝在创造人类的时候，给每个人的身上都背了一个大袋子。其中一些人 46 向上帝抱怨，说上帝不 47 ，为什么自己的袋子这么重，马上就要背不动了，而别人的袋子都比自己的轻很多。有一天，上帝叫这些人互相交换袋子。可是当他们互相交换了袋子以后， 48 觉得更重，觉得不如自己以前的袋子轻。

46. **A** 常常　　　**B** 稍稍　　　**C** 慢慢　　　**D** 往常
47. **A** 平行　　　**B** 平衡　　　**C** 平淡　　　**D** 公平
48. **A** 反正　　　**B** 反而　　　**C** 而且　　　**D** 反复

49–52.

有一个人在农村看到了 49 地，于是他找来两位好朋友帮忙看看怎么样。两位好朋友看了之后， 50 完全不一样。一位朋友对他说："千万不能买那个地方，那里种的 51 活不了的树，小河还那么窄，一步就能跨过去，那儿的野草还有一人多高！"而另一位朋友却说："52 够你烧一辈子；你可以把小河挖成一个游泳池；从野草的面积大小来看，这是整个村子里最好的土地。"

最后，这个人买下了那块土地，用了一年的时间，把那里建成了休闲农庄。

49. **A** 一块　　　**B** 一张　　　**C** 一份　　　**D** 一个
50. **A** 原因　　　**B** 理由　　　**C** 意见　　　**D** 思想
51. **A** 全部　　　**B** 所有　　　**C** 全都　　　**D** 全是
52. **A** 那片土地上的柴禾　　　　**B** 那里的游泳池
　　 C 那片土地上的小动物　　　**D** 那里的小河

53–56.

　　五岁的汉克和爸爸、妈妈、哥哥一起到森林干活，<u>53</u> 下起雨来，可是他们只带了一块雨披。这时爸爸 <u>54</u> 雨披给了妈妈，妈妈给了哥哥，哥哥又给了汉克。汉克问道："为什么爸爸把雨披给了妈妈，妈妈给了哥哥，哥哥又给了我呢？"爸爸回答道："因为爸爸比妈妈强大，妈妈比哥哥强大，哥哥又比你强大呀。我们都会 <u>55</u> 比较弱小的人。"汉克左右看了看，将雨披撑开，挡在了一朵在风雨中飘摇的小花上面。

　　真正的强者不一定是多有力或者多有钱，<u>56</u> 。责任可以让我们将事情做完整，而爱可以让我们将事情做好。

53. **A** 突然　　　　**B** 马上　　　　**C** 立刻　　　　**D** 从而

54. **A** 要　　　　　**B** 把　　　　　**C** 被　　　　　**D** 得

55. **A** 保护　　　　**B** 保存　　　　**C** 保持　　　　**D** 保险

56. **A** 还是多有力量　　　　　　　**B** 而是他对别人多有帮助
　　 C 就是多有帮助　　　　　　　**D** 可是多有保证

57–60.

　　团队精神是指团队的成员为了团队的利益和目标而共同合作的意愿和作风。高绩效团队优势的根源 <u>57</u> 成员个人能力的突出，而在于其成员 <u>58</u> "合力"的强大，其中 <u>59</u> 关键作用的就是团队精神。就好像 <u>60</u> ，不是一个人球踢得好，这个球队就能胜利，而是需要大家一起努力、团结合作才能成功。

57. **A** 忽视　　　　**B** 不是　　　　**C** 不强调　　　**D** 不在于

58. **A** 整体　　　　**B** 全部　　　　**C** 共同　　　　**D** 一起

59. **A** 具有　　　　**B** 具备　　　　**C** 起到　　　　**D** 拥有

60. **A** 我们平时看足球比赛　　　　**B** 我们平时看篮球比赛
　　 C 我们平时看排球比赛　　　　**D** 我们平时看棒球比赛

第二部分

第61-70题：请选出与试题内容一致的一项。

61. 一些专家分析，对于海南旅游快速升温的情况，海南省政府已经投入大量的人力财力，建设新型国际旅游岛。这使得全国各地的投资者都很活跃，开始积极筹划投资，从而促使当地旅游价格在春节期间出现了明显的上涨。

    A 去海南旅游的温度一直在上升

    B 海南要建设一个海上小岛

    C 全国的投资者都去海南旅游

    D 春节期间海南旅游价格上涨

62. 近些年来，农村年货市场的销售异常火爆，尽管在农村购买年货的价格要比在超市贵一些，有的甚至要高出一倍。但是为了吃个新鲜，吃个健康，城里人还是愿意多付钱，到较为偏远的农村采购年货。

    A 在农村购买年货比超市便宜很多

    B 在超市购买年货要比农村贵一倍

    C 在超市购买年货比农村更新鲜健康

    D 城里人愿意多付钱到农村购买年货

63. 市场上专门为胖人提供的宽松服装太少了，绝大多数商店出售的时装，大多只适合中等普通身材的消费者，而对于肥胖这一特殊群体却很少有人关注。其实，现代社会中的肥胖群体也是一个不小的数目，这部分市场的需求量还是很大的。

    A 市场上买不到适合胖人的服装

    B 大多数商家不经营胖人服装

    C 特殊群体的服装价格很高

    D 特殊群体服装的需求量大于普通时装

64. 今年养生类的菜谱与去年相比增加了18%，这主要是与今年春节来得比较晚、消费者购买时间延长有关。而且今年保健类菜系也很丰富，很多人还因此把这类菜谱当做礼物送给亲朋好友。

    A 各饭店菜谱的数量比去年增加了18%

    B 春节较晚导致消费者购买力降低

C 今年保健类的菜系比较丰富

D 亲朋好友都喜欢养生类菜谱

65. 这几年，来美容院的客人多了，但是美容院的价格却没有提高。这是因为现在美容院太多，竞争又激烈，而市民对价格的要求又太高。为了满足人们爱美的愿望，美容院不断推出低价促销手段，以便吸引客人，从而增加美容院的收入。

A 因为客人多了，美容院的价格也涨了

B 美容院越来越多跟客人多了有关系

C 市民对美容院的价格有很高的要求

D 为了吸引客人，美容院的价格没有涨

66. 储蓄是"今天存钱明天花"，而信用卡则是"今天花明天的钱"。它可以透支，即先花钱后还钱，这大大方便了人们的生活。刷卡与贷款有同样的效果，因此在提倡贷款生活的同时，适当的信用卡透支也是可以考虑的。

A 储蓄就是"今天花钱明天存钱"

B 信用卡可以花钱但却不能存钱

C 信用卡是"明天花今天存的钱"

D 适当的信用卡透支是正常的

67. 随着生活水平的提高，汽车走进了更多的家庭。2009 年，有多达几百万的城市人成为了新车主。然而汽车在带给我们方便的同时，也给我们带来了一些新问题。我们会看到过年过节、上下班高峰时的车水马龙，堵车现象越来越严重了。

A 2009 年，有几百万人买了车

B 只有过年过节的时候堵车

C 过年过节时马车可以上路

D 现代家庭没有汽车是不行的

68. 据了解，春节期间，许多饭店都推出了"酒后代驾"的服务。这些饭店与一些酒后代驾公司合作，只要客人需要，饭店就可以在 10 分钟内叫来司机帮助客人把车开回家。这样的服务解决了很多"吃客"们的后顾之忧，同时也增加了这些饭店的上座率。

A 春节期间去酒店不能自己开车

B 饭店的服务员可以为客人代驾

C 代驾公司每 10 分钟为客人服务一次

D 代驾服务使客人更放心地饮酒用餐

69. 很多人喜欢在冬季晨练，然而研究表明，过于寒冷的天气非常不适合晨练。即便是习惯晨练的人，也应该推迟晨练时间，不要太早出去锻炼。另外，有条件的人也可以根据情况转入室内运动，以降低寒冷对身体损害的几率。

A 在寒冷天气里也要坚持锻炼

B 习惯晨练的人可早点儿起床

C 寒冷天气里最好在室内运动

D 延长晨练的时间对身体更好

70. 郭院长告诉记者，涉外医疗服务中心针对外国人服务收取的是服务费用，至于检查、化验等费用，都是跟普通市民一样收费，都是物价局批准的收费标准。此外，外国人还能享受到健康档案以及体检、家庭医疗和咨询等多种医疗服务。

A 涉外医疗服务中心对外国人免费

B 外国人和普通市民的看病收费一样

C 外国人要付服务费和检查费

D 专业体检只面向中国普通市民

第三部分

第71-90题：请选出正确答案。

71-73.

很久以前，一个人偷了一袋洋葱，被人捉住后送到了法官面前。

法官提出了三个惩罚方案让这个人自己选择：一是一次吃掉所有的洋葱；二是鞭打100下；三是交纳罚金。

这个人选择了一次吃掉所有的洋葱。一开始，他信心十足，可是吃下了几个洋葱之后，他的眼睛像火烧一样，嘴像火烤一般，鼻涕也不停地往下流。

他说："我一口洋葱也吃不下了，你们还是鞭打我吧。"

可是，在被鞭打了几十下之后，他再也受不了了，在地上翻滚着躲避皮鞭。

他哭喊着："不要再打了，我愿意交纳罚金。"

其实，生活中我们许多人都不乏这样的经历，由于对自己的能力缺乏足够的了解，导致决策失误，从而尝到了不少不必要的苦头。

71. 这个人第一次选择了什么样的惩罚方法？
    A 吃洋葱   B 交罚金
    C 被鞭打   D 进监狱

72. 这个人最后为什么又选择了交罚金？
    A 他很有钱   B 因为没有别的惩罚方法了
    C 他忍受不了前两种惩罚   D 他喜欢交罚金

73. 上文告诉我们什么？
    A 生活中我们会遇到很多困难
    B 我们要正确认识自己的能力
    C 我们应该学会怎样少吃苦头
    D 决策失误会导致自己吃苦头

74–77.

春饼，又叫荷叶饼、薄饼，是一种做得很薄的面饼，是中国的传统美食。立春时吃春饼是中国的一种古老风俗，被称为"咬春"。发展到今天，吃春饼的时间已不再仅限于立春当天。春饼的做法很多，有烙的，也有蒸的。

古代立春当天吃的春饼，是与好多种蔬菜一起吃的。南方的春饼与北方的不同。清代时，春饼用白面做外皮，圆薄均匀，里面包着菜丝，卷成圆筒形，用油炸熟后就可以吃了。今天我们在立春时也吃这种食品，不过把它称为"春卷"，有甜、咸等不同的馅儿。

最早的春饼是用麦面烙制或蒸制的薄饼，食用时，常常用豆芽、菠菜、韭菜等炒成合菜一起吃或以春饼包菜食用。传说吃了春饼和其中所包的各种蔬菜，地里的庄稼就会大丰收。有的地区认为吃了包有芹菜、韭菜的春饼，会使人们更勤劳、生命更长久、家业更兴旺。

在食用时间上，大部分地区仍流行立春时吃春饼的古俗，福建、广州一些地区在清明节前后吃春饼。在福建漳州，有清明节前吃春饼的习俗，据说这是为了纪念英雄郑成功。

74. 在中国，立春时吃春饼又叫什么？
   A 咬春   **B** 吃春   **C** 尝春   **D** 找春

75. 中国的大部分地区流行什么时候吃春饼？
   A 清明节   **B** 春分   **C** 立春   **D** 端午节

76. 上文主要讲述了什么内容？
   A 春饼的制作方法   **B** 怎样吃春饼
   C 立春的来历   **D** 与春饼有关的知识

77. 下列说法正确的是：
   A 最早的春饼是油炸的   **B** 吃包有豆芽的春饼不好
   C 漳州人清明节前吃春饼   **D** 现在已经不吃春卷了

78–82.

从前，有两个饥饿的人得到了一位长者的赏赐：一根鱼竿和一篮大鱼。一个人要了一篮鱼，另一个人要了一根鱼竿，然后他们便各自分开了。得到鱼的人原地就用干柴生起火煮起了鱼，他还没有品出鲜鱼的肉香，就连鱼带汤吃了个精光，但是不久，他便饿死了。另一个人则提着鱼竿继续忍饥挨饿，一步步艰难地向海边走去，可在他已经看到不远处那片蓝色的海洋时，他的最后一点儿力气也用完了，他只能眼巴巴地带着无尽的遗憾死去。

后来，又有两个饥饿的人同样得到了长者赏赐的一根鱼竿和一篮鱼。只是他们并没有各奔东西，而是商定共同去寻找大海。他们每次只煮一条鱼，走了很长时间后，终于来到了海边。从此，两个人开始了捕鱼为生的日子。几年后，他们盖起了房子，有了各自的家庭和子女，有了自己建造的渔船，过上了幸福快乐的生活。

一个人鼠目寸光，得到的终将是短暂的欢快；一个人目标高远，但也要面对现实的生活。只有把理想和现实有机结合起来，才有可能成为一个成功的人。有时候，一个简单的道理，却足以给人意味深长的生命启示。

78. 长者赏赐了两对饥饿的人什么东西？
    A 鱼竿和鱼　　　　**B** 干柴和鱼　　**C** 鱼竿和干柴　　　　**D** 篮子和鱼

79. 先前得到鱼的那个人是怎么做的？
    A 把鱼吃光了　　　　　　　　**B** 把鱼养起来
    C 把鱼放回大海　　　　　　　**D** 一直找大海

80. 后来得到长者赏赐的两个人为什么过上了幸福的生活？
    A 他们没有被饿死　　　　　　**B** 他们没有遗憾
    C 他们懂得合作　　　　　　　**D** 他们每天吃一条鱼

81. 通过上文，你得到了什么启示？
    A 要珍惜生命　　　　　　　　**B** 要把理想和现实结合起来
    C 不能只要鱼或者鱼竿　　　　**D** 要有高远的目标

82. 联系全文，最后一段画线词语"鼠目寸光"的含义是：
    A 只看到眼前的利益　　　　　**B** 老鼠的眼睛很小
    C 只能看到近处的人　　　　　**D** 形容人的眼睛小

83–86.

钱钟书，中国现代著名作家、学者，一生不把金钱和利益放在心上。他拒绝所有新闻媒体的采访，中央电视台《东方之子》栏目的记者曾千方百计想采访钱钟书，最后还是遗憾地对全国观众说："钱钟书先生坚决不接受采访，我们只能尊重他的意见。"

80 年代，美国一所著名大学邀请钱钟书去讲学，每周只需讲 40 分钟课，一共只讲 12 次，就可以给他 16 万美元，生活费全包，还可以带夫人一起去。待遇这么好，可是钱钟书却拒绝了。

钱钟书发表著名小说《围城》后，不仅在国内引起轰动，而且在国外反响也很大。有很多人想见他，一睹他的风采，都被他委婉地拒绝了。有一次，一位女士打电话给钱钟书，说她读了《围城》后非常想见他，钱钟书再三拒绝，她仍然坚持要见。钱钟书幽默地对她说："如果你吃了个鸡蛋觉得不错，为什么一定要认识那只下蛋的母鸡呢？"

1991 年 11 月钱钟书 80 岁生日前夕，家中电话不断，亲朋好友、学者名人纷纷要给他祝寿，很多人要为他开祝寿会、学术讨论会等，都被钱钟书一概推辞。

83. 根据上文，下列说法正确的是：
   A 记者采访到了钱钟书　　　　　**B** 钱钟书拒绝接受采访
   C 记者不想采访钱钟书　　　　　**D** 《东方之子》不受欢迎

84. 钱钟书为什么会拒绝美国著名大学的邀请？
   A 因为待遇不够好　　　　　　　**B** 因为不能带妻子一起去
   C 因为没有生活费　　　　　　　**D** 因为他不看重金钱名利

85. 根据上文，下列说法正确的是：
   A 《围城》不是钱钟书写的　　　**B** 钱钟书不喜欢吃鸡蛋
   C 钱钟书的《围城》像鸡蛋　　　**D** 钱钟书用幽默的方式拒绝别人

86. 1991 年 11 月钱钟书生日前夕，他的家中为什么电话不断？
   A 因为大家都想为他祝寿　　　　**B** 因为大家很想见到他
   C 因为记者想要采访他　　　　　**D** 因为钱钟书想开祝寿会

87-90.

　　诚信是一种道德，是我们的第二张"身份证"，是日常行为的诚实和正式交往的信用的合称。即待人处事要真诚、老实、讲信誉。诚信是中国人的传统美德之一。无论在过去还是现在，诚信对于人类的社会文明建设都是极为重要的。在现代社会，商人在签订合约时，都会希望对方信守合约。诚信更是各种商业活动中最重要的竞争手段，是市场经济的灵魂，是企业家一张真正的"金质名片"。如果大家都不讲诚信，社会就会秩序混乱，彼此之间就没有信任感，后果将会很严重。正如中国一本古书中所说，如果君臣不讲信用，那么百姓就会在背后议论朝廷，国家就不得安宁；如果赏罚不讲信用，那么老百姓就会轻易犯法，法令就难以实施；如果交朋友不讲信用，那么朋友之间就会互相怨恨；如果工人没有信用，那么手工产品就会质量粗糙，把质量差的东西当成质量好的东西。可见，失去诚信对社会的危害有多大!

87. 根据本文，诚信是：
　　A 一种道德　　　　　　　B 身份证
　　C 诚实的话　　　　　　　D 正式交往的手段

88. 关于诚信，下列说法正确的是：
　　A 诚信在过去很重要　　　B 不讲诚信，就没有名片
　　C 诚信对社会十分重要　　D 诚信对商人不重要

89. 下列哪项不是不讲诚信的危害？
　　A 社会秩序混乱　　　　　B 人们之间没有信任感
　　C 大家遵守法律　　　　　D 朋友之间互相怨恨

90. 从中国的古书中的那段话我们可以知道什么？
　　A 诚信的重要性　　　　　B 实施法令的重要性
　　C 什么是诚信　　　　　　D 做官要以人民利益为主

三、书 写

第一部分

第91-98题：完成句子。

例如：发表　　这篇论文　　什么时候　　是　　的

　　　　这篇论文是什么时候发表的？

91. 也　　怎么　　想　　起来了　　她　　不

92. 不想　　你　　就　　别去　　去　　了

93. 总是　　把　　父母　　孩子　　不懂事的　　我　　当成

94. 再　　会　　一定　　见面的　　我们

95. 再也　　那个地方　　我们　　没有　　去过

96. 有　　不完　　他们　　话　　说　　的

97. 才　　好容易　　我　　她说的　　听懂　　话

98. 我　　这儿的音乐　　被　　一夜　　吵得　　没睡好

第二部分

第99–100题：写短文。

99. 请结合下列词语（要全部使用），写一篇 80 字左右的短文。

开车、喝酒、要是、从来、后悔

100. 请结合这张图片写一篇 80 字左右的短文。

新汉语水平考试

HSK（五级）模拟试卷 *3*

注　　意

一、HSK（五级）分三部分：

　　1. 听力（45题，约30分钟）

　　2. 阅读（45题，40分钟）

　　3. 书写（10题，40分钟）

二、**答案先写在试卷上，最后10分钟再写在答题卡上。**

三、全部考试约125分钟（含考生填写个人信息时间5分钟）。

一、听力

第一部分

第1-20题：请选出正确答案。

1. A 男的不想吃饺子
   B 男的想去女的家
   C 女的下班要回家
   D 女的想回家吃饺子

2. A 不吃早饭
   B 多做运动
   C 不吃晚饭
   D 吃减肥药

3. A 照相馆
   B 商店
   C 医院
   D 饭店

4. A 工作任务多
   B 今晚要加班
   C 她想先整理两份文件
   D 没明白男的的意思

5. A 高兴
   B 无所谓
   C 不关心
   D 生气

6. A 老李要去做题目
   B 老李遇到了点儿小事
   C 老李一点儿也不慌张
   D 老李遇到了大麻烦

7. A 很大方
   B 很小气
   C 很冷漠
   D 很热情

8. A 妈妈过生日
   B 喜欢画画儿
   C 他长大了
   D 老师的作业

9. A 姐姐给的
   B 姐夫给的
   C 男的给的
   D 自己买的

10. A 没提前请假
    B 孩子生病了
    C 不想去上海
    D 生气想散心

11. A 很喜欢这家餐馆
    B 她不挑食
    C 喜欢和男的在一起
    D 喜欢吃私房菜

12. A 爸爸的心脏病
    B 女儿的身体问题
    C 女儿的个人消息
    D 女儿的恋爱问题

13. A 女的不想考硕士
    B 女的不喜欢这家公司
    C 公司都要求硕士学历
    D 女的学历不够

14. A 300
    B 240
    C 260
    D 220

15. A 打针
    B 吃药
    C 去医院
    D 坚持一下

16. A 担心女儿的学习
    B 有好看的节目
    C 很久没看电视了
    D 担心女儿的眼睛

17. A 学校
    B 书店
    C 家
    D 电影院

18. A 他今晚要学到很晚
    B 他平时很努力
    C 他学习成绩很好
    D 他今天晚上要开车

19. A 惊喜
    B 怀疑
    C 难过
    D 遗憾

20. A 打电话
    B 买房子
    C 找人
    D 预订房间

第二部分

第21-45题：请选出正确答案。

21. **A** 不满意女的买书
    B 打算帮女的买书
    C 不希望女的发工资
    D 觉得女的的书架小

22. **A** 男的讨厌李明
    B 李明比男的成绩好
    C 李明天天上网
    D 男的考试不及格

23. **A** 很喜欢喝酒
    B 留很多作业
    C 写很多作业
    D 花钱很节省

24. **A** 男的晚上要加班
    B 男的下班没等她
    C 男的跟别人一起吃晚饭
    D 男的被开除了

25. **A** 化妆品不好
    B 不常吃水果
    C 没用加湿器
    D 经常用电热毯

26. **A** 没有人报名
    B 准备得很成功
    C 准备得一般
    D 还没开始准备

27. **A** 去过青岛和海南
    B 想去海南和桂林
    C 想去桂林和青岛
    D 想去上海和海南

28. **A** 男的要出国挣钱
    B 女的想去国外
    C 国内商品不好
    D 他们要在国内买出国物品

29. **A** 恋人
    B 同事
    C 朋友
    D 同学

30. **A** 王强找了新的女朋友
    B 王强不能给她买项链
    C 王强最近要经常出差
    D 王强不能陪她看电影

31. **A** 环保只保护森林和动物
    B 环境保护是别人的事
    C 大学生不支持环保
    D 环保要从小事做起

32. **A** 去大学校园学习
    B 提高受教育程度
    C 养成环保的好习惯
    D 直接从事环保工作

33. A 大学食堂饭菜不好吃
    B 大学生支持环境保护
    C 提高环保观念不容易
    D 教育程度高的人也扔剩饭

34. A 聪明漂亮
    B 马马虎虎
    C 聪明肯干
    D 圆滑世故

35. A 为领导做事
    B 为同事帮忙
    C 为公司搬家
    D 为公司装修

36. A 在职场打拼
    B 处理人际关系
    C 与王伟谈恋爱
    D 和父母吵架

37. A 是东北最大的城市
    B 地处沈水之南
    C 是吉林省省会
    D 地形以山地为主

38. A 38.3℃
    B 17℃
    C 8.1℃
    D −30.6℃

39. A 沈阳北陵
    B 沈阳东陵
    C 沈阳故宫
    D 沈阳植物园

40. A 有一条新腿
    B 重新回到战场
    C 让自己失去另一条腿
    D 知道该怎样面对现实

41. A 英国有一种神奇的泉水
    B 传说泉水可以医治疾病
    C 泉水可以治好军人的腿
    D 村民们很敬佩那个军人

42. A 忘记过去，为新生活而努力
    B 学会感恩，挽回所失去的
    C 牢记得失，让生命更美丽
    D 为过去流泪，活在过去中

43. A 污水
    B 噪音
    C 油烟
    D 尾气

44. A 商贩太吵
    B 卫生太差
    C 宠物太多
    D 不讲礼貌

45. A 有汽车尾气
    B 嫌声音刺耳
    C 嫌路上太脏
    D 外面不安全

二、阅 读

第一部分

第46-60题：请选出正确答案。

46-48.

　　有一个人，他很小就离开家，到外面去寻找人生的意义。他找了20年，走了几千里路，找得非常 __46__ ，但仍然不知道什么才是人生真正的意义。一天晚上，天已经黑了，当他 __47__ 一户人家时，看见一个男人和他的太太、孩子，正在一块儿说说笑笑，一家人在温暖的房间里感受着家庭的幸福，看起来很开心的样子。他看到之后，觉得已经 __48__ 到了人生的意义，就结束了他的流浪，回到自己家里去了。其实人生的意义并不一定远在天边，只要我们用心去体会，它其实就在我们身边。我们并不是没有找到它，而是没有感觉到它而已。

46. **A** 兴奋	**B** 遗憾	**C** 惊讶	**D** 辛苦
47. **A** 想起	**B** 经过	**C** 过去	**D** 回到
48. **A** 捡	**B** 选	**C** 买	**D** 找

49-52.

　　有一个年轻人一直认为自己胆小，前途无望，很自卑，于是决定去看心理医生。医生听后却说："这怎么叫缺点呢？明明是个优点嘛！你只不过非常 __49__ 罢了，而这样的人是最可靠、最值得信任的。"少年听后很疑惑。医生说："谨慎是优点，而勇敢是另一种优点，只不过人们更重视勇敢这种优点。就好像白银跟黄金相比，人们更注重黄金，但并不 __50__ 白银。如果你是战士，胆小 __51__ 是缺点；但要是你是司机，胆小肯定就是优点了。如果你现在还觉得胆小是缺点的话，与其想办法克服，不如想办法增加自己的学识才干。当你拥有较多的见识和宽广的视野后，__52__ ，恐怕也很难了。"

49. **A** 周到	**B** 谨慎	**C** 沉默	**D** 专心
50. **A** 承认	**B** 确定	**C** 否定	**D** 珍惜
51. **A** 显然	**B** 居然	**C** 竟然	**D** 依然

52. A 哪怕你非常勇敢　　　　　　B 没有人会笑话你
　　C 只要你能坚持下去　　　　　D 即使你想做个胆小的人

53–56.

　　有两个四五岁的小孩子，每天生活在密闭的房间里，房间的窗户整天都是关着的。有一天，他们觉得屋里太 53 了，当他们看见外面灿烂的阳光时，十分羡慕。于是他们俩商量："我们可以一起把阳光 54 袋子里拿到房间里来。"说完，他们就拿着袋子去装阳光。等到他们把袋子拿到房间里的时候，阳光就没有了。正在厨房的妈妈看见他们 55 的行为，问道："你们在做什么？"他们回答说："房间太暗了， 56 。"妈妈笑道："只要把窗户打开，阳光自然会进来，何必装进袋子里呢？"

53. A 阴暗　　　　B 温暖　　　　C 明亮　　　　D 潮湿
54. A 存放　　　　B 装进　　　　C 进入　　　　D 安装
55. A 特殊　　　　B 奇特　　　　C 特别　　　　D 奇怪
56. A 我们要装点儿阳光进来　　　　B 我们要把房间打扫干净
　　C 我们要把灯打开　　　　　　　D 我们要把门打开

57–60.

　　我今年大学毕业，不打算再读书了，因为我不 57 搞理论研究，觉得太枯燥。我希望每天都能看到自己亲手 58 出的成果， 59 ，所以我想进公司工作，将来也许自己开个公司。希望这个公司的产品都是我自己创造出来的，我要把这些产品带到世界各地。我希望好好儿看看我们生活的这个世界，也想好好儿看看别人 60 是怎么生活的。我们只有不断创新和比较才能得到真正的进步。

57. A 适应　　　　B 适当　　　　C 适宜　　　　D 适合
58. A 创作　　　　B 创造　　　　C 创立　　　　D 创新
59. A 这会给我带来收获的喜悦　　　　B 这会使我很辛苦
　　C 但是不能赚很多钱　　　　　　　D 这是我不喜欢做的事
60. A 终究　　　　B 终于　　　　C 到处　　　　D 到底

第二部分

第61-70题：请选出与试题内容一致的一项。

61. 专家认为，目前越来越多的城市中，高收入人群开始转变生活及消费观念。他们关注自身健康，注意提高自己的生活质量，休闲健身市场也开始成为长假市场的重要组成部分。事实证明，长假期间，旅游市场一统天下的情况正在发生改变。

    A 很多人转变了消费观念
    B 长假期间非常适合旅游
    C 休闲健身市场在长假期间一统天下
    D 过去旅游市场在长假期间一统天下

62. 对于汽车市场加价现象，随着时间的推移，消费者开始出现了消极情绪，由盲目买车变为消极对待，甚至出现了不满情绪。如果有关部门不能尽快地调整汽车市场这种随意加价的现象，恐怕春节前的汽车销售会受到一定影响。

    A 汽车市场加价现象使消费者不高兴
    B 消费者因为汽车加价开始盲目购车
    C 消费者的不满是因为买车时间太长了
    D 春节前汽车市场加价是应该的

63. 孩子上车后，应该让孩子坐在后座上并系好安全带。不要让儿童坐在副驾驶的位置，因为汽车前排的安全气囊会对儿童造成伤害，这比出事故还要严重，同时还要告诉孩子不能乱动车上的按钮，否则会发生危险。

    A 汽车后座不适合儿童乘坐
    B 系安全带会对儿童造成伤害
    C 副驾驶的位置应该留给孩子
    D 副驾驶的安全气囊对儿童更危险

64. 会议室里正在开会，记者只能站在会议室外等候。一位山东来的记者热得满头大汗，但还是不敢走得太远，担心一旦离开就没有了位置。等到下午两点半的时候，挤在会议室外的记者已经超过了百人。

A 记者们都挤在会议室里

B 山东来的那个记者不怕热

C 现场的记者有一百多人

D 会议室里外都是记者

65. 记者 2 月 1 日从广东省通信管理局了解到，广东省共有约 90 万个手机号码因为群发非法、垃圾短信而被停止短信功能。这些短信基本上都是一些人使用短信群发器发送的，短信群发器已经被许多不法分子所利用。

A 广东省有 90 万手机号码可以群发短信

B 群发短信将被管理局停止短信功能

C 有一些人向 90 万个手机号码群发短信

D 这些垃圾短信是用短信群发器发送的

66. 据大熊猫繁育基地的工作人员介绍，由于大熊猫贝贝从小生活在美国，对汉语比较陌生，所以回到家乡后很难听懂养育员的话。为此，基地正在面向全社会招募大熊猫志愿者。要求：身体健康，精通中英文，有足够的时间和精力照顾贝贝。

A 贝贝是一个在美国长大的孩子

B 贝贝听不懂养育员说的汉语

C 招募志愿者是为了教贝贝说汉语

D 志愿者要每天都陪着大熊猫贝贝

67. "十一"黄金周即将到来，大家乘车时要尽量少带现金和贵重物品，在车站和人多的地方不要显露随身钱财，上车前应准备好零钱，手机要放入包内或握在手中。带小孩出行的乘客请务必看管好自己的小孩，以免人多走失。

A 乘车时不要用现金购买车票

B 在公共场所不要显露钱财

C 不必在上车前准备好零钱

D 不可以带小孩出行

68. 与以前春节乘客集中、车厢拥挤相比，今年春运的高峰将集中在春节后，因为今年春节较晚，各大高校早已放假，学生流与务工人员的返乡流分开了，所以春节前铁路并没有出现人流大量集中的现象。

A 今年春节乘客集中，车厢拥挤

B 往年的春运高峰集中在春节后

C 学生放假早使今年春节前火车不拥挤

D 务工人员的返乡流造成了客流增加

69. 美国一个研究中心日前公布的一份报告表明：如果把全世界所有城市建筑的屋顶都涂成白色，由于白色屋顶可反射部分光热，那么室内温度也会有所下降，市区温度也将明显降低，这在炎热的夏季效果非常明显。

A 白色可以降低地球温度

B 白色屋顶可反射全部光热

C 室内温度在冬季会明显下降

D 屋顶涂成白色可降低市区温度

70. 日本在保护湿地方面做得很好。他们把湿地建成国家公园，为的是避免人类活动对湿地造成重大影响。不少湿地公园里的动物模型都是用软木做成的，既减少了费用，又不会造成环境污染。公园还出售软木，供游客亲手制作小动物模型。

A 湿地建成国家公园是为了经济利益

B 用软木制作动物模型不会污染环境

C 软木雕刻动物模型是为了卖给游客

D 游客亲手制作模型是为了保护动物

第三部分

第71-90题：请选出正确答案。

71-73.

约翰留胡子有很多年了，他想把胡子剃掉，可是又有点儿担心：朋友、同事会怎么想？他们会不会取笑我？经过几天的深思熟虑，他终于下决心剃掉大胡子，留个小胡子。第二天上班时，他已有足够的心理准备来应付最糟的状况。结果，没有人对他的改变作任何评价。大家匆匆忙忙来到办公室，紧张地做着各自的事情。事实上，一直到中午休息也没有一个人说过一个字。最后约翰忍不住先问别人："我这个样子怎么样？"

对方一愣："什么样子？"

"你没注意到我今天有点儿不一样吗？"

同事这才开始注意他，最后终于有人说出："哦！你留了小胡子。"

永远不要把自己看得太重要，否则会大失所望。不要以为自己是世界的中心，每天对着镜子琢磨半小时决定用哪种口红、哪条领带，你的苦心也许根本没有人注意。大家都在做自己的事情，应该把注意力放在工作上，不要总想着别人怎么评价你。

71. 约翰最后决定怎么做？

    A 把胡子完全剃掉   B 留个小胡子

    C 继续留着胡子   D 只把小胡子剃掉

72. 同事们是怎样评价剃掉胡子的约翰的？

    A 没有人评价   B 觉得很帅

    C 觉得不好   D 只说了一个字

73. 上文告诉我们什么？

    A 要与同事经常沟通交流   B 要时刻注意自己的形象

    C 要把注意力放在工作上   D 别人对自己的评价很重要

74–77.

　　成功依靠机遇，英雄出自挑战。机，就是命运给予我们的机会；遇，就是我们去闯、去感受、去把握。命运是公平的，每棵草上都有一颗露珠。在人生路上，我们会有很多次机遇，或当官、或发财、或发明创造……抓住一个，你就会成功。问题是，我们绝大部分的人总是与机遇擦肩而过，或者在机遇面前只是想想而没有采取行动。到最后，人们总是抱怨命运不公平，认为自己没有出生在一个好的时代。

　　有机遇就有挑战。我们一出生便面临各种挑战：学习走路时，我们无数次地摔倒，却仍然扶着墙站起来继续走；学话时，即使咬到舌头，一个字读了几千遍，也要把音念准；上学后，我们一心一意地读书，十多年如一日，放弃了自己的兴趣和爱好……挑战就是我们遇到的种种困难，我们无法回避，也不应该回避。每战胜一个困难，我们就前进一步，而新的困难又会拦在我们前进的路上，我们别无选择，只有迎难而上。

74. 根据上文，机遇可以解释为：
    A 把握命运给予的机会　　　　　　B 机会和相遇
    C 运气　　　　　　　　　　　　　D 命运

75. 我们一生中会有多少次机遇？
    A 一次　　　　　B 许多次　　　　　C 没有　　　　　D 四次

76. 下列哪项说法是正确的？
    A 抓住一次机遇我们就会成功　　　B 我们每次都与机遇擦肩而过
    C 面对机遇我们不应采取行动　　　D 命运对我们是不公平的

77. 机遇与挑战的关系是：
    A 同时存在　　　　　　　　　　　B 相互抵触
    C 只存在一个　　　　　　　　　　D 都不存在

78–82.

那是一个星期五的下午，马上就要下班了。因为是周末，其他人都有点儿放松，都想着怎么度过两天的假期。这时，一位陌生人走进来问朗格，哪儿能找到一位助手帮他整理一下资料，因为他手头有些工作必须当天完成。

朗格问道："请问你是谁？"他回答："我们办公室跟你们在同一个楼层，我是一个律师，我知道你们这里有速记员。"

朗格告诉他，公司其他的速记员都去看体育比赛了，如果他晚来5分钟，自己也会走。但朗格却还是愿意留下来帮助他，因为"看比赛以后还有许多机会，但是工作必须在当天完成"。

做完工作后，律师问朗格应该付他多少钱。朗格开玩笑地回答："既然是你的工作，大约1000美元吧。如果是别人的工作，我是不会收取任何费用的。"律师笑了笑，向朗格表示谢意。

朗格的回答不过是一个玩笑，他没有真正想得到1000美元。但出乎意料的是，那位律师竟然真的这样做了。3个月之后，在朗格已经不记得这件事的时候，律师找到了朗格，交给他1000美元，并且邀请朗格到自己的公司工作，工资比现在高一倍。

如果不是你的工作，而你帮助做了，这就是机会。有人曾经研究为什么当机会来临时我们无法把握，答案是：因为机会总是变成"麻烦"的样子。

78. 这位陌生人需要朗格做什么？
A 帮他整理资料   B 帮他做一个会议记录
C 帮他去取钱   D 为他介绍体育比赛

79. 朗格是怎样对待陌生人的？
A 带他去看比赛   B 留下来帮助他
C 索要高额费用   D 没有帮助他

80. 朗格向陌生人要了多少钱？
A 1000美元   B 2000美元   C 3000美元   D 没要钱

81. 律师为什么要给朗格高额的工资？
A 欣赏朗格的做事态度   B 因为他欠朗格一笔钱
C 这是朗格提出的要求   D 他把朗格的话当真了

82. 关于机会，下列说法中正确的是：
A 做别人的工作就是机会   B 多多赚钱就是机会
C 机会有时候也是"麻烦"   D 我们没办法把握机会

富兰克林从小就非常喜欢读书，但因为家里穷而没有钱上学。从少年时代起，富兰克林就自己照顾自己的生活，他还经常为了省钱买书而饿肚子。

有一天，富兰克林在路上看到一位白发老奶奶，她已经饿得走不动路了。富兰克林<u>将心比心</u>，将自己仅有的一块面包送给了她。老奶奶看到富兰克林也是一个穷人，不忍心收他的面包。

"你吃吧，我包里有的是。"富兰克林说着拍了拍那个装满书籍的背包。

老奶奶吃着面包，只见富兰克林从背包里抽出一本书，津津有味地读起来。

"孩子，你怎么不吃面包啊？"老奶奶问道。富兰克林笑着回答说："读书的味道要比面包好多了！"

因为没有足够的钱，购书能力有限，富兰克林只能经常借书读。他常在晚上向朋友借书，说第二天一早准时送还。然后点起一盏灯，连夜苦读，累了就用冷水浇头提神，然后坐下来继续读。第二天一早，再准时把书还给主人，从来没有违背自己的诺言。

83. 富兰克林为什么总是饿肚子？

    A 因为他要省钱买书   **B** 因为他不会挣钱

    C 因为家里太穷了   **D** 因为他不会照顾自己

84. 第二段画线词语"将心比心"最可能是什么意思？

    A 两颗心哪个更重   **B** 两颗心哪个更纯

    C 遇事为别人着想   **D** 两个人的心相比较

85. 富兰克林把面包给了老奶奶，自己吃了什么？

    A 什么都没吃   **B** 吃了包里的面包

    C 吃了老奶奶的面包   **D** 又新买了一个面包

86. 关于富兰克林，下列哪项正确？

    A 奶奶照顾他的生活   **B** 没钱买书只能借书

    C 白天看书晚上休息   **D** 准时还书不违背诺言

87–90.

　　勇敢就是有勇气承担责任的精神或气质。这不是每个人都具有的气质，只有那些有勇气在别人面前承担责任的人才能被称做是勇敢的人。勇敢是一种人生姿态；勇敢是一种生活态度。勇敢并不是好斗拼狠，正相反，勇敢是坚强，勇敢是忍耐。

　　勇敢可分为两大类：一类是外在的勇敢，一类是内在的勇敢。内在的勇敢又分为理智型勇敢和信念型勇敢。外在的勇敢是表面的勇敢，是假勇敢。内在的勇敢是内心的勇敢，这才是真正的勇敢。理智型勇敢是在内心理智的控制下表现出的勇敢，这种勇敢一方面可以害怕，一方面可以用理智去克服控制恐惧，即使害怕，也还要勇敢去做。信念的勇敢是在某种强大信念支撑下表现出的自信的勇敢。

87. 关于勇敢，下列哪项正确？
　　A 是有勇气
　　B 是做事情
　　C 是每个人都具有的气质
　　D 是承担责任的精神

88. 勇敢分为哪几类？
　　A 外在勇敢和内在勇敢
　　B 理智型勇敢和信念型勇敢
　　C 真勇敢和假勇敢
　　D 害怕和支撑

89. 什么是外在的勇敢？
　　A 真正的勇敢　　　　B 外面的勇敢
　　C 假勇敢　　　　　　D 自信的勇敢

90. 怎样理解理智型勇敢？
　　A 害怕，不去做　　　B 害怕，仍去做
　　C 不害怕，不去做　　D 不害怕，去做

三、书 写

第一部分

第91-98题：完成句子。

例如：发表　　这篇论文　　什么时候　　是　　的

　　　这篇论文是什么时候发表的？

91. 把　　就　　一个小时　　作业　　学生们　　做完了

92. 椅子　　客厅里　　摆　　几把　　着

93. 全班　　祝贺　　向　　他　　同学　　表示

94. 躺在　　不要　　电视　　床上　　看

95. 被　　真　　她　　坏人　　骗了

96. 美好　　生活　　童年　　他的　　很

97. 说　　老师　　心里话　　出　　自己的　　了

98. 留学　　小王　　多　　来美国　　三年　　了

第二部分

第99-100题：写短文。

99. 请结合下列词语（要全部使用），写一篇80字左右的短文。

无论、努力、获得、坚持、放弃

100. 请结合这张图片写一篇80字左右的短文。

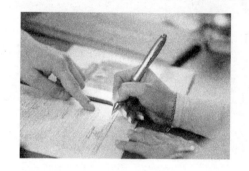

新汉语水平考试

HSK（五级）模拟试卷 4

注　意

一、HSK（五级）分三部分：

    1. 听力（45 题，约 30 分钟）

    2. 阅读（45 题，40 分钟）

    3. 书写（10 题，40 分钟）

二、**答案先写在试卷上，最后 10 分钟再写在答题卡上。**

三、全部考试约 125 分钟（含考生填写个人信息时间 5 分钟）。

一、听 力

第一部分

第1-20题：请选出正确答案。

1. A 找人
   B 买东西
   C 问路
   D 求教

2. A 男的经常去游泳
   B 女的会打乒乓球
   C 女的不喜欢游泳
   D 男的不会打乒乓球

3. A 教师
   B 学生
   C 医生
   D 护士

4. A 责怪
   B 道歉
   C 惊讶
   D 抱歉

5. A 认为不会收到花
   B 不喜欢别人送花
   C 在跟男的开玩笑
   D 相信男的说的话

6. A 商店
   B 饭店
   C 宾馆
   D 医院

7. A 高兴
   B 害怕
   C 得意
   D 谦虚

8. A 不让女的洗脸
   B 认为洗面奶不该换
   C 认为女的没有精力
   D 认为女的应该好好学习

9. A 商店
   B 电影院
   C 医院
   D 邮局

10. A 6点
    B 6点半
    C 5点半
    D 5点

11. A 想跟男的结婚
    B 想要男的买房
    C 十分爱男的
    D 让男的说爱她

12. A 学生
    B 教师
    C 老板
    D 职员

13. A 母子
    B 夫妻
    C 婆媳
    D 父女

14. A 两个
    B 三个
    C 四个
    D 五个

15. A 男的想进去借书
    B 女的不让男的进去
    C 对话发生在图书馆
    D 男的的校园卡丢了

16. A 贪财的人
    B 孝顺的人
    C 热心的人
    D 自私的人

17. A 在小路上走
    B 看报纸
    C 看电视新闻
    D 给汽车加油

18. A 三层
    B 四层
    C 五层
    D 六层

19. A 打电话
    B 聊天儿
    C 工作
    D 买东西

20. A 女的的
    B 姐姐的
    C 杨华的
    D 男的的

第二部分

第 21-45 题：请选出正确答案。

21. **A** 办公室
    B 药店
    C 医院
    D 家里

22. **A** 老张和刘老师感情好
    B 刘老师不太喜欢买菜
    C 对话中的男女是邻居
    D 老张想送刘老师礼物

23. **A** 2005 年
    B 2010 年
    C 2008 年
    D 2009 年

24. **A** 男的没有做饭
    B 男的不知道女的吃什么
    C 男的做菜做咸了
    D 男的不请女的吃饭

25. **A** 这位老师英语教得很好
    B 玛丽和飞龙没通过考试
    C 男的给飞龙介绍老师
    D 玛丽和飞龙吵架了

26. **A** 很英俊
    B 很漂亮
    C 很糟糕
    D 很有趣

27. **A** 同学
    B 恋人
    C 夫妻
    D 朋友

28. **A** 女的是张主任家的保姆
    B 上周日张主任去北京了
    C 张主任有很重要的事
    D 对话发生在张主任家

29. **A** 天气太热了
    B 商场没有空调
    C 售货员态度差
    D 男的没有陪她

30. **A** 邻居
    B 同事
    C 房子
    D 上班

31. **A** 歌手
    B 演员
    C 导演
    D 学生

32. **A** 坚持不懈的努力
    B 漂亮出众的外表
    C 优越的家庭背景
    D 独特的生活经历

33. **A** 她需要钱
    B 喜欢戏里的角色
    C 可以学到东西
    D 剧组没有钱

34. **A** 父母
    B 母亲
    C 父亲
    D 同学

35. **A** 很爱我
    B 很热情
    C 讨厌我
    D 很冷淡

36. **A** 父亲很爱我
    B 父亲很爱说
    C 父亲很伤心
    D 父亲讨厌我

37. **A** 多年不见生疏了
    B 大家总喜欢谈钱
    C 他们想知道很多事
    D 见面要说很多话

38. **A** 这是个人的私事
    B 害怕别人知道
    C 问这个不是味道
    D 不是熟人

39. **A** 反感
    B 高兴
    C 伤心
    D 无所谓

40. **A** 云南的茶很好喝
    B 喝茶时可以欣赏表演
    C 用喝茶总结婚姻的内涵
    D 妻子想在云南留个纪念

41. **A** 第一杯茶是苦茶
    B 第二杯茶不苦也不甜
    C 第三杯茶就是水
    D 第三杯茶有点儿甜

42. **A** 婚姻是苦茶
    B 婚姻是甜茶
    C 婚姻有苦有甜
    D 婚姻就是喝茶

43. **A** 没有别的水可喝
    B 瓶装水没有污染
    C 喝瓶装水最健康
    D 瓶装水很方便

44. **A** 不一定健康
    B 制作过程简单
    C 有八杯水
    D 完全没有污染

45. **A** 喝八杯水是最健康的
    B 食物里也包含很多水
    C 每天没有必要喝水
    D 每天必须喝八杯水

二、阅 读

第一部分

第46-60题：请选出正确答案。

46-48.

　　一只公鸡和一头牛聊天儿，公鸡说："我 _46_ 能飞到树顶，可是我没有勇气。"牛说："为什么不吃一点儿我的牛粪呢？它很有 _47_ 。"公鸡吃了一点儿牛粪，发现它确实给了它 _48_ 的力量飞到第一棵树枝上。第二天，公鸡又吃了更多的牛粪，飞到了第二棵树枝上；两个星期后，公鸡骄傲地飞到了树顶。但不久以后，一个农夫看到了它，迅速把它从树上射了下来。

46. **A** 希望　　　　**B** 愿望　　　　**C** 心愿　　　　**D** 心事
47. **A** 力气　　　　**B** 力量　　　　**C** 营养　　　　**D** 科学
48. **A** 足够　　　　**B** 不够　　　　**C** 大量　　　　**D** 少量

49-52.

　　 _49_ ，它是中华民族在长期的历史演进过程中不断创造并逐渐形成的。它 _50_ 伴随着中国的开放和发展走出了中国， _51_ 到了世界各国。为了 _52_ 中国武术在世界范围内的发展，国际奥委会把中国武术列为 2008 年北京奥运会的特设项目。

49. **A** 中国人非常自豪的中国功夫

　　 B 中国功夫是中国武术和气功的统称

　　 C 亲爱的朋友们，你听说过中国功夫吗

　　 D 来中国旅游，不学习中国功夫就太可惜了

50. **A** 经常　　　　**B** 已经　　　　**C** 常常　　　　**D** 往往
51. **A** 宣传　　　　**B** 宣布　　　　**C** 流放　　　　**D** 流传
52. **A** 督促　　　　**B** 促进　　　　**C** 增加　　　　**D** 长进

53–56.

　　传说，一个名叫理氏的女人在村头的河边洗衣服，忽然看见上游 53 下一个黄色的李子。理氏用树枝将这个拳头大小的黄李子捞了上来。洗完衣服，理氏又热又渴，54 。不久，理氏就怀孕了。

　　理氏怀了 81 年的胎，最后生下一个男孩。这男孩一生下来头发和眉毛就都是白色的，还有白白的长胡子。因此，理氏给他 55 了个名子叫"老子"。老子生下来就会 56 ，他指着院子中的一棵李子树说："李就是我的姓。"

53. **A** 漂　　　　　**B** 滚　　　　　**C** 爬　　　　　**D** 走

54. **A** 便将这个李子吃了　　　　**B** 于是就把李子扔了
　　C 便回家去了　　　　　　　**D** 于是跳进了河里

55. **A** 拿　　　　　**B** 取　　　　　**C** 送　　　　　**D** 给

56. **A** 唱歌　　　　**B** 跳舞　　　　**C** 说话　　　　**D** 说谎

57–60.

　　一天，夜深人静了，桌上的标点却开始吵架。

　　逗号骄傲地说："我的功劳最大。没有了我，句子怎么断开？人类怎么阅读？"句号不高兴地说："我的功劳才最大，要不人类写的文章没有一句 57 的话！"感叹号嘟着小嘴说："没了我，人类全是'冷血动物'。"省略号急了，结结巴巴地说："58 。没了我，读者就没有了想象的空间。"

　　这时，字典公公摸了摸胡子说："你们每个人都有 59 ，你们每个人都 60 不得！我想，只要大家一起努力，相互配合，文章就会更加精彩！"

　　标点们听了都低下了头。

57. **A** 完整　　　**B** 工整　　　**C** 完全　　　**D** 成功

58. **A** 我，我没有功劳　　　　　**B** 功，功劳都是你们的
　　C 你，你们都走吧　　　　　**D** 我，我的功劳才最大

59. **A** 优点　　　**B** 缺点　　　**C** 功劳　　　**D** 奖赏

60. **A** 加　　　　**B** 缺　　　　**C** 添　　　　**D** 剪

第二部分

第61-70题：请选出与试题内容一致的一项。

61. 售票桌跟普通的电脑桌差不多，桌面上摆着显示器和出票的打印机。售票桌桌角下有一个抽屉，被分成几个小格，用来放不同面值的人民币。正是售票桌这样的特点，才使售票员能够方便、快速地为旅客服务。

   A 售票桌和电脑桌一样大小
   B 显示器和出票的打印机都摆在桌面上
   C 放钱的抽屉在售票桌的左下方
   D 不同面值的人民币混放在抽屉里

62. 北方航空公司的一架客机在大明国际机场降落时，飞机尾部突然先落地，机尾被严重破坏，维修费用在两千万元左右。幸运的是，飞机上的乘客无人伤亡，甚至没人意识到这一事故，只是稍微感觉到颠簸而已。

   A 客机是在起飞时发生意外的
   B 飞机尾部价值两千万元
   C 飞机上的乘客没有伤亡
   D 飞机尾部比前部更容易受损

63. 饱含着深深情意的歌曲《难忘今宵》，是1984年春节晚会时邀请著名的词作家乔羽和曲作家王酩联手创作并由李谷一演唱的。这首歌曲至今仍旧是中央电视台春节联欢晚会的保留曲目，中国的老百姓一般都会唱这首歌。

   A 《难忘今宵》只是1984年春节晚会的歌曲
   B 《难忘今宵》是1984年春节晚会集体创作的
   C 《难忘今宵》是由李谷一演唱的
   D 《难忘今宵》的曲子是乔羽写的

64. 在动画片《喜羊羊与灰太狼》播出之前，宣传者就喊出了"嫁人要嫁灰太狼"的口号，其实就是为了塑造出灰太狼的好男人形象。这个口号符合现代社会女性对好男人的要求。通过网络的传播，现在灰太狼成了城市女性喜欢的好男人代表。

A 灰太狼是一个好男人的名字

B 现代女性都喜欢看《喜羊羊与灰太狼》

C 网络的传播使灰太狼变成了好男人

D 灰太狼是城市女性喜欢的好男人的代表

65. 营养专家徐女士表示，现在孩子们的食物都经过了精细加工，而玉米、窝头等粗粮，孩子们根本见都没见过，也没有吃过。希望父母们在给孩子养成良好生活习惯的同时，也应该注意孩子的饮食结构，适当给孩子多吃一些粗粮、蔬菜等食物，这样更有利于孩子的健康。

A 孩子们的食物不应加工

B 孩子们不喜欢吃粗粮

C 家长应注意孩子的饮食结构

D 吃粗粮不利于孩子的健康

66. 在英国，最近几年由于妻子具有很强的赚钱能力，越来越多的男性成为父亲后，选择放弃工作、回归家庭。相反，在有些家庭中，高薪妻子无法放弃工作专心照顾家人，而单靠丈夫的工资甚至可能付不起日常生活的各种费用。

A 在英国，妻子比丈夫赚钱多

B 越来越多的英国男性愿意放弃工作回归家庭

C 英国的高薪妻子愿意专心照顾家人

D 单靠丈夫的薪水足够支付日常生活

67. 欧洲人认为，冰与雪制成的食品在古罗马时期已开始出现。当时的古罗马人从山上找到巨大的冰块制作成食品，并利用大山洞来长期保存冰块。后来，人们便在地下挖很深的洞来储存食物，夏天时不但可以保存冰块，还可以使食物更加凉爽。

A 古罗马时期，欧洲人很喜欢冰雪

B 冰和雪的食物在古罗马时期就已出现

C 欧洲人很喜欢吃用冰雪制作的食品

D 在地下挖的洞只能用来储存食物

68. 现在多数家庭中的孩子不懂得给父母爱，是因为很多父母因为工作关系，很少有时间陪孩子，只希望在过年时多给孩子一些压岁钱作为一年来的补

偿。但这种做法并不能让孩子真正体会到家的温暖和来自亲人的关怀，还
会使他们不懂得给别人爱。

    A 家长得到了太多孩子的爱

    B 工作忙使得家长不爱孩子

    C 过年给孩子压岁钱是家长的补偿

    D 孩子从压岁钱中体会到了家的温暖

69. 选择方便快速的邮寄方式为好朋友寄物品，已经成为许多消费者在工作和
生活中不可缺少的选择。可是，如果消费者的贵重物品没有保险，就很可
能会被寄丢。而且没有保险，邮寄公司的赔偿金就少得可怜。

    A 许多消费者不想去邮局邮寄物品

    B 快递方式很受好朋友的喜爱

    C 邮寄贵重物品是需要保险的

    D 邮寄物品丢失邮寄公司不赔偿

70. 有些超市在给商品标价时，往往标得很低，吸引消费者购买。但结帐时又
会变成较高的价格。如果消费者发现，超市会以标签上的价格是促销价、
电脑里没来得及改正等为借口推脱责任，不过消费者仍旧可以凭消费小票
到服务台办理退货。

    A 有些超市给商品标价很高

    B 超市的商品价格跟其他商店不一样

    C 消费者常常为促销产品多付钱

    D 消费者可以凭借消费小票退货

第三部分

第71-90题：请选出正确答案。

71-73.

　　小王在合资公司做白领，觉得自己满腔智慧却没有得到上级的赏识，经常想：如果有一天能见到经理，有机会展示一下自己的才能就好了。小王的同事小李，也有同样的想法，但他更进一步，去打听经理上下班的时间，算好他大概会在何时进电梯，而他也在那个时候去坐电梯，希望能遇到经理，有机会可以打个招呼。他们的同事小张更进一步。他详细了解经理的奋斗历程，弄清经理毕业的学校、喜欢什么、关心的问题，精心设计了几句简单却有分量的开场白，然后算好时间去乘坐电梯。跟经理打过几次招呼后，终于有一天经理跟随他长谈了一次，不久小张就争取到了更好的职位。

　　愚者容易错失机会，智者善于抓住机会，成功者善于创造机会。机会只给准备好的人，这"准备"二字，并非说说而已。

71. 短文中的小王：

　　A 很想遇到经理　　　　　　B 想在电梯里遇到经理

　　C 详细了解了经理　　　　　D 找经理谈了话

72. 为什么小张最终得到了经理的赏识？

　　A 他善于和经理沟通　　　　B 他知道经理喜欢什么

　　C 他比别人都聪明　　　　　D 他作了充分的准备

73. 一个成功的人善于：

　　A 错失机会　　　　　　　　B 抓住机会

　　C 创造机会　　　　　　　　D 浪费机会

74–77.

　　宽容是最美丽的一种情感，宽容是一种良好的心态，宽容也是一种崇高的境界。能够宽容别人的人，心胸像天空一样广阔，像大海一样深沉。宽容自己的家人、朋友、熟人容易，因为他们是我们爱的人。然而，宽容曾经深深地伤害过自己的人或自己的敌人，即"以德报怨"，则是很难的，这也是宽容的最高境界，是人性中最美丽的花朵。

　　仇恨是一把双刃剑，在报复别人的同时，自己也同样受到伤害，所以报复别人的结果就是两败俱伤。心中装着仇恨的人的人生是痛苦而不幸的人生，只有放下仇恨选择宽容，纠缠在心中的死结才会渐渐地打开，心中才会出现一片纯净的"爱的天空"。恨能挑起事端，爱能征服一切。

　　生活中我们每个人难免与别人产生摩擦、误会，甚至仇恨，这时别忘了在自己心里装满宽容。宽容是温暖明亮的阳光，可以融化人内心的冰点，让这个世界充满浓浓的暖意。

74. 关于宽容，下列哪项说法上文没提到？
　　A 宽容是一种情感　　　　　　B 宽容是一种心态
　　C 宽容是一种境界　　　　　　D 宽容是一种深沉

75. 什么是人性中最美的花朵？
　　A 宽容你的家人　　　　　　　B 宽容你爱的人
　　C 宽容你的敌人　　　　　　　D 宽容你的朋友

76. 上文第二段画线词语"两败俱伤"的意思是：
　　A 两个人都受到伤害　　　　　B 两个人都失败了
　　C 两个人都受伤了　　　　　　D 两方面都失败了

77. 上文告诉我们要学会：
　　A 宽容　　　　　　　　　　　B 关爱
　　C 报德　　　　　　　　　　　D 报怨

78–82.

有一对兄弟，家住在80层楼上。有一次他们外出旅行回家，发现大楼停电了。虽然他们背着大包的行李，但是没有什么别的办法。哥哥对弟弟说："我们只能爬楼梯上去。"于是，他们背着两大包行李开始爬楼梯。爬到20层的时候已经累了，哥哥说："包太重了。不如这样吧，我们把包放在这里，等来电后再坐电梯回来拿。"于是，他们把行李放在了20层，又继续向上爬。

他们有说有笑地往上爬，但是好景不长，到了40层，两个人实在太累了。想到才只爬了一半，两人开始互相埋怨，指责对方没有注意大楼的停电公告，才会落得如此下场。他们边吵边爬，就这样一路爬到了60层。到了60层，他们累得连吵架的力气都没有了。弟弟对哥哥说："我们不要吵了，接着往上爬吧。"于是他们默默地继续爬楼，终于到了80层！然而，兴奋地来到家门口的兄弟俩发现他们的钥匙落在了20层的包里了。

这个故事反映的其实就是我们的人生：到了60岁，发现人生已所剩不多，于是告诉自己不要再抱怨了，珍惜剩下的日子吧，于是默默地走完了自己的余年。到了生命的尽头，才想起自己好像有什么事情没有完成……原来，我们所有的梦想都留在了20岁的青春岁月，还没有来得及完成。

78. 兄弟俩外出旅行回来发现了什么事情？
    A 行李没有地方放　　　　　　B 大楼停电了
    C 钥匙落在屋里了　　　　　　D 电梯坏了

79. 兄弟俩爬到多少层的时候开始互相埋怨？
    A 80层　　　　B 60层　　　　C 40层　　　　D 20层

80. 兄弟俩最后的结果怎么样？
    A 顺利地进了屋　　　　　　　B 没有进屋
    C 进屋后又去取包了　　　　　D 没有爬到80层

81. 这个故事反映了什么？
    A 我们的人生　　　　　　　　B 我们的生活
    C 我们的故事　　　　　　　　D 我们的态度

82. 60岁的时候，我们想到的是什么？
    A 珍惜　　　　B 浪费　　　　C 抱怨　　　　D 青春

83–86.

1911年年底，周恩来在沈阳的一所学校上学。这一天，魏校长亲自为学生上修身课，题目是"立命"。当时很多人，尤其是年轻人没有明确的理想追求，校长讲"立命"，就是给学生讲怎样确立自己的理想。

魏校长讲到精彩处突然停了下来，向学生提出一个问题："请问大家为什么读书？"

教室里静悄悄的，没有一个学生回答。

魏校长走下讲台，指着前排的一位同学说："你为什么读书？"这个学生站起来挺着胸脯说："为我们自己家能够更有钱而读书！"魏校长又问第二个学生，回答是："为了明白事情的道理而读书。"第三个被问的学生是一个老板的儿子，他很认真地回答说："我是为我爸爸而读书的。"同学们听了哄堂大笑。校长对这些回答都不满意，摇了摇头来到周恩来面前，问道："你为什么而读书？"

周恩来站起身来，大家都看着他，等待他的回答。周恩来郑重地回答："为了中华民族的崛起而读书！"

魏校长没有想到竟然有这样优秀的学生，他非常高兴。他让周恩来坐下，然后对大家说："有理想的人，应该像周恩来一样！"他号召有理想的青年都要向周恩来学习。

83. 修身课主要讲什么？
A 怎样立志　　　　　　　B 怎样学知识
C 怎样把握命运　　　　　D 怎样读书

84. 校长为什么对前三位同学的回答都不满意？
A 都回答错了　　　　　　B 都没有理解问题
C 都回答得片面　　　　　D 都没有远大志向

85. 周恩来的回答说明他：
A 立志于中国的强大　　　B 没有远大志向
C 很有号召力　　　　　　D 很有意志力

86. 校长在修身课上想让年轻的学生们：
A 好好读书　　　　　　　B 好好工作
C 树立远大志向　　　　　D 成为优秀学生

87–90.

因为感恩才会有这个多彩的社会，因为感恩才会有真心的友情，因为感恩才会有美丽的爱情故事，因为感恩才让我们懂得生命的真谛。

从婴儿一出生到哺育他长大成人，父母们花去了多少心血与汗水，编织了多少个日日夜夜的梦；从上小学到初中，乃至大学，又有多少老师为他呕心沥血，默默奉献着光和热，奉献着自己的一点力量，来培养他长大成人。

感恩是发自内心的。俗话说："滴水之恩，当涌泉相报。"更何况父母、老师、亲友为你付出的不仅仅是"一滴水"，而是一片汪洋大海。你是否在父母劳累后递上一杯暖茶，在他们生日时递上一张卡片，在他们失落时送上一番问候与安慰？他们往往为我们倾注了大量心血和精力，而我们又何时记得他们的生日，体会他们的劳累？又是否察觉到他们那一根根的白发、渐渐弯曲的脊背？感恩需要你用心去体会，去报答。

87. 根据上文，下列哪项不是因为感恩存在的？
   A 多彩的社会　　　　　　　B 真心的友情
   C 鲜活的生命　　　　　　　D 美丽的爱情

88. 上文第二段画线词语"呕心沥血"的意思是：
   A 把鲜血奉献了出来　　　　B 把心脏呕了出来
   C 形容人非常勤劳　　　　　D 形容人费尽心思

89. 根据上文，下列说法正确的是：
   A 感恩是强制性的　　　　　B 父母的恩情像一滴水
   C 应在父母劳累时送一杯茶　D 应在父母失落时递一张卡片

90. 感恩需要什么？
   A 用心体会　　　　　　　　B 呕心沥血
   C 奉献力量　　　　　　　　D 长大成人

三、书 写

第一部分

第91-98题：完成句子。

例如：发表　　这篇论文　　什么时候　　是　　的

　　　这篇论文是什么时候发表的？

91. 包　　车里　　我　　把　　忘在　　了

92. 取得了　　我们班　　好成绩　　第一名　　的

93. 学完　　三个月　　这本书　　需要　　左右

94. 请　　为我　　毕业　　您　　论文　　指导

95. 澡　　洗　　睡觉　　我　　了　　完　　就

96. 出奇　　冷　　冬天　　地　　今年

97. 是　　打　　爸爸　　电话　　不　　的　　来

98. 摆着　　书架上　　精致的　　一对　　花瓶

第二部分

第99-100题：写短文。

99. 请结合下列词语（要全部使用），写一篇80字左右的短文。

奖金、建筑、围绕、完美、摄影

100. 请结合这张图片写一篇80字左右的短文。

新汉语水平考试

HSK（五级）模拟试卷 5

注　　意

一、HSK（五级）分三部分：

　　1. 听力（45 题，约 30 分钟）

　　2. 阅读（45 题，40 分钟）

　　3. 书写（10 题，40 分钟）

二、**答案先写在试卷上，最后 10 分钟再写在答题卡上。**

三、全部考试约 125 分钟（含考生填写个人信息时间 5 分钟）。

一、听 力

第一部分

第1-20题：请选出正确答案。

1. A 坐飞机
   B 坐轮船
   C 坐火车
   D 坐地铁

2. A 抱歉
   B 生气
   C 高兴
   D 难过

3. A 喜欢的颜色
   B 流行的衣服
   C 喜欢的衣服
   D 流行的颜色

4. A 女的昨天来上课了
   B 男的昨天去医院了
   C 男的昨天没来上课
   D 女的有昨天的笔记

5. A 老谷的车坏了
   B 老谷辞职了
   C 老谷去世了
   D 老谷会开车

6. A 上课
   B 等人
   C 找人
   D 休息

7. A 男的给她打折卡了
   B 新世界在打折促销
   C 新世界东西很便宜
   D 女的有新世界打折卡

8. A 丁瑞有很多问题
   B 丁瑞不愿意说话
   C 丁瑞不愿意帮别人
   D 丁瑞的汉语很好

9. A 朋友
   B 夫妻
   C 同事
   D 父女

10. A 找人
    B 买手机
    C 打电话
    D 问路

11. A 小王昨晚参加了聚会
    B 小王昨晚没睡好
    C 女的不愿意提起男的
    D 邻居没有精神

12. A 游客
    B 导游
    C 记者
    D 学生

13. A 父女
    B 夫妻
    C 恋人
    D 母子

14. A 喝了很多酒
    B 昨晚加班了
    C 想去医院
    D 喜欢喝茶

15. A 上午
    B 下午
    C 中午
    D 晚上

16. A 去北京旅游
    B 去韩国旅游
    C 去北京买充电器
    D 去北京学习英语

17. A 商场
    B 家里
    C 网上
    D 超市

18. A 叫女的别睡了
    B 刘星不可能请客
    C 想坐飞机
    D 想吃肯德基

19. A 30 岁
    B 28 岁
    C 32 岁
    D 29 岁

20. A 男的和女的是夫妻
    B 男的每天在家吃饭
    C 女的的丈夫很少做饭
    D 女的让她哥哥去做饭

第二部分

第21-45题：请选出正确答案。

21. A 小张想买一件大衣
    B 女的要去英国留学
    C 他们要为小张选礼物
    D 男的喜欢逛商场

22. A 拉肚子
    B 感冒了
    C 吃了不干净的东西
    D 减肥药吃多了

23. A 不耐烦
    B 高兴
    C 体贴
    D 伤心

24. A 买房子
    B 去幼儿园
    C 租房子
    D 去医院

25. A 最近生病了
    B 考试通过了
    C 最近家里有事
    D 最近没来上课

26. A 旅游去了
    B 常锻炼身体
    C 身体不太好
    D 最近比较忙

27. A 朝阳体育场
    B 五里河体育场
    C 公园
    D 车站

28. A 孩子的学习
    B 小宋的年龄
    C 出国留学
    D 留学时间

29. A 女的要去新加坡度蜜月
    B 女的打算 10 月去日本
    C 女的结婚 5 年了
    D 女的打算 7 月结婚

30. A 很差
    B 一般
    C 很好
    D 比厨师好

31. A 2000 多年
    B 3000 多年
    C 2500 多年
    D 3500 多年

32. A 写了《论语》
    B 写了《论语心得》
    C 是一个书商
    D 是北京大学教授

33. A 《论语》
    B 《论语心得》
    C A 和 B
    D A、B 都不是

34. A 5 个
    B 4 个
    C 6 个
    D 9 个

35. A 大纽约地区
    B 大洛杉矶地区
    C 芝加哥地区
    D 波士顿地区

36. A 移民
    B 农民
    C 印第安人
    D 新生儿

37. A 发短信
    B 上网聊天儿
    C 打电话
    D 别人介绍

38. A 学生
    B 军人
    C 售货员
    D 教师

39. A 他送给"我"一部手机
    B "我"爱他胜过他的军装
    C "我"关心军人的年龄
    D "我"爱穿军装

40. A 圆
    B 人
    C 房子
    D 自行车

41. A 很爱画画儿
    B 有一座房子
    C 对人生很有见解
    D 生活在舒服区里

42. A 拘束
    B 悲伤
    C 安全
    D 难过

43. A 害怕
    B 寂寞
    C 痛苦
    D 高兴

44. A 手机会吸引妈妈
    B 妈妈不能看电视
    C 孩子自己会喝奶
    D 妈妈不能用手机

45. A 孩子不会说话
    B 影响母子关系
    C 孩子很不听话
    D 孩子不愿与人交流

二、阅 读

第一部分

第46-60题：请选出正确答案。

46-48.

　　一个女孩走过一片草地，看见一只蝴蝶被刺弄伤了。她小心地为它 46 掉刺，让它飞向大自然。后来蝴蝶为了报恩，变成了一位仙女。仙女对小女孩说："因为你很 47 ，请你许个愿，我可以帮助你实现愿望。"小女孩想了想说："我想要快乐。"于是仙女在她耳边悄悄地说了一句话，然后就走了。
　　小女孩真的快乐地度过了一生。她年老时，有人问她："请 48 我们，仙女到底说了什么？"她笑着说："她告诉我，周围的每个人都需要我的关怀。"

46. **A** 拔 　　　　　**B** 插 　　　　　**C** 打 　　　　　**D** 钉
47. **A** 快乐 　　　　**B** 孤独 　　　　**C** 善良 　　　　**D** 漂亮
48. **A** 告诉 　　　　**B** 通知 　　　　**C** 理解 　　　　**D** 需要

49-52.

　　有一天，少年时代的邓小平和村里的一群小伙伴在玩儿，看着巨大的石乌龟，他便对小伙伴们说："我们爬到乌龟背上去玩儿好不好？""我们可 49 ，听大人们讲，这是不能 50 的，碰了它，会生病的。"可邓小平却不相信，他说："一个石头做的乌龟有那么神奇吗？我不信，你们不敢爬，我去爬。"果然，邓小平在小伙伴们 51 的眼神中爬了上去，高兴地对站在下面的小伙伴们说："52 。"后来小伙伴们看邓小平也没有得什么病，也纷纷壮着胆子，爬上去玩耍。

49. **A** 不信 　　　　**B** 不敢 　　　　**C** 不听 　　　　**D** 不拿
50. **A** 摸 　　　　　**B** 说 　　　　　**C** 喝 　　　　　**D** 打
51. **A** 欢喜 　　　　**B** 高兴 　　　　**C** 悲伤 　　　　**D** 吃惊
52. **A** 我真的很害怕 　**B** 太好玩儿了 　**C** 乌龟真好吃 　**D** 我生病了

53–56.

　　冬季运动会就要开始了，小鸟正在 53 ："为了锻炼身体，请朋友们积极报名参加比赛。"小狗、小兔、小马等都报名参加了比赛。

　　"砰"的一声，裁判手中的枪响了。运动员飞快地跑了出去。小马跑在最 54 ，小狗在它后面，小兔跑在最后面。

　　小鸟大声地说："现在跑在第一位的是小马。"这时候，小兔一着急，便摔倒了。大家都很 55 ，不知道小兔伤得怎样。这时，小马突然转头向小兔跑去，背起小兔就往医务室里跑，而这个时候，小狗已经跑到了终点。

　　当裁判把奖杯发给小狗时，小狗却捧着奖杯来到小马面前说：" 56 "

53. **A** 演讲　　　　**B** 苦恼　　　　**C** 广播　　　　**D** 唱歌
54. **A** 前面　　　　**B** 后面　　　　**C** 左面　　　　**D** 右面
55. **A** 害羞　　　　**B** 担心　　　　**C** 高兴　　　　**D** 伤心
56. **A** 小兔怎么样了？　　　　　　　**B** 我得了第一名！
　　 C 真正的冠军应该是你！　　　　**D** 裁判出错了！

57–60.

　　早茶是中国广东文化中很重要的一部分。 57 ，茶水便自然是广东早茶中不可缺少的一部分。早茶的茶水以红茶为主， 58 乌龙茶、铁观音、普洱茶，也有人喜欢喝菊花茶。除了茶水外，早茶中还有茶点。茶点分为 59 两种：干点有饺子、包子、酥点等，湿点则有粥类、肉类、豆腐花等。其中又以干点做得最为精致，卖得 60 。吃早茶，成了广东人日常生活中不可缺少的一部分。

57. **A** 什么是早茶　　　　　　　**B** 早茶有什么
　　 C 既然称做"茶"　　　　　　**D** 早茶中有茶水
58. **A** 还有　　　　**B** 没有　　　　**C** 并且　　　　**D** 而且
59. **A** 干湿　　　　**B** 荤素　　　　**C** 咸淡　　　　**D** 冷热
60. **A** 最好　　　　**B** 最差　　　　**C** 最香　　　　**D** 最冷

第二部分

第61-70题：请选出与试题内容一致的一项。

61. 从科学的角度分析，应该每隔48小时练习一次热瑜伽，即两天一次。一周一次或一天一次都不是最好的选择。如果每天练习，身体得不到休息，还容易对身体造成伤害；而一周一次的热瑜伽往往达不到预期的效果。

   A 热瑜伽应该每两天练习一次
   B 一周练一次热瑜伽容易受伤
   C 每天练习热瑜伽有利于休息
   D 两天一次的热瑜伽没有效果

62. 随意在公共场合打骂孩子，哪怕是很轻微地打，对孩子的自信心也可能是一种致命的打击。有的家长认为只要孩子的身体健康就可以了，其实，对孩子的保护不仅仅要在身体上，更要在心灵上。这样，你的孩子才能够真正健康快乐地成长。

   A 在公共场合打骂孩子是违法的
   B 轻微地打骂对孩子没有影响
   C 孩子的自信要建立在打击上
   D 保护孩子的心灵更加重要

63. 扫墓是表达对已故亲人的怀念。专家建议市民采取文明的悼念方式，如以送鲜花、植树等方式来表达对死去的人的悼念。这种方式不仅可以保护环境，还可以发扬中华民族的优秀传统。

   A 扫墓是中华民族的传统
   B 为已故亲人扫墓不文明
   C 植树是文明的悼念方式
   D 送鲜花的扫墓方式不太礼貌

64. 常去饭店吃饭的客人如果注意就会发现，茅台、五粮液、外国酒在上桌的时候，基本上都是开好的，客人都见不到瓶盖。喝完白酒，瓶子没人会带走。这样做的目的只有一个，就是最大可能地将瓶子回收，毕竟这些都是可以换钱的。

A 茅台、五粮液都没有瓶盖

B 外国酒的瓶子会被人带走

C 好酒的瓶盖是看不见的

D 好酒的瓶子可以回收

65. 剪纸在中国是一种很流行的民间艺术，千百年来受到人们的喜爱。它大多是贴在窗户上的，所以又叫做"窗花"。窗花以其特有的夸张手法充分地表达了人们的美好愿望。

A 剪纸只能贴在窗户上

B 窗花是在过节时使用的

C 窗花有特有的夸张制作手法

D 人们在节日时贴窗花来纪念这种民间艺术

66. 中国人在春节包饺子时，常常将糖、花生、枣和栗子等包进馅儿里，以表达人们对新一年的美好愿望。吃到糖的人，新一年的日子会更加甜美；吃到花生的人将会健康长寿；吃到枣和栗子的人将会生一个健康的孩子。

A 在饺子里包东西表达了人们的新年愿望

B 糖、花生等使饺子的味道更加甜美

C 花生可以使人健康长寿

D 枣和栗子可以让人快点儿怀孕

67. 什么样的环境会让人吃得更多？科学家发现，使用漂亮的餐具，有利于提高吃的兴趣；改变厨房和饭厅的光线，可以让食物看起来更加有食欲；而避免混乱的背景声音，也有利于吃饭时的好心情。

A 良好的环境会让人吃饭更加有胃口

B 漂亮的餐具会让人舍不得吃饭

C 厨房和饭厅的光线会影响做饭的心情

D 混乱的背景声音让吃饭的人心情更好

68. 保健品可能有助于满足某些特定的需要，但是并不能保证充足的营养。而且，保健品中的营养成分的量不一定是足够的，所以不能用吃保健品的方式来补充人体所必需的营养。可以说，保健品就只起个心理安慰作用。

A 保健品并不能保证人体充足的营养

B 人体需要的营养成分要靠保健品来补充

C 保健品里营养成分的量是足够多的

D 保健品可以用来治疗心理疾病

69. 因为环境原因而禁止燃放鞭炮是没有道理的。但是作为普通人，在过年过节燃放鞭炮时，也要考虑到环境，能不放的时候就不放，能少放的时候就少放。况且现在还有电子鞭炮，不但不会产生各种有害气体和垃圾，而且还可以重复利用。使用这种鞭炮，既经济又环保。

A 为了保护环境，应该禁止放鞭炮

B 普通人应该尽量少放或者不放鞭炮

C 电子鞭炮会产生有害气体和固体垃圾

D 电子鞭炮是一次性使用的

70. 麻将可以作为赌具，但它绝对不是效率最高的赌具。人们选择麻将或喜欢麻将，很多时候不在于赌，而在于每一局，在于每局人与人之间的相互关系，在于打麻将时的合作和竞争。

A 麻将是效率最高的赌具

B 麻将会使人沉迷其中

C 打麻将需要合作和竞争

D 打麻将时竞争一定会输

第三部分

第71-90题：请选出正确答案。

71-74.

有个叫理查的赛车运动员，当他第一天赛完车后，非常高兴地向母亲报告比赛的结果。"妈妈!"他冲进家门叫道，"有35辆赛车参加了比赛，我得了第二名!""你输了!"他的妈妈冷冷地回答道。"妈妈!"理查抗议道，"有这么多的车参加比赛，我第一次跑就得了第二名，这样的成绩难道不是很好吗?"

"理查!"母亲严厉地说道，"相信自己，你不应该跑在任何人的后面!"

在接下来的20年中，理查一直在努力，终于成为了赛车界的冠军。他也成为赛车运动史上赢得奖金最多的赛车手，他创造的多项纪录至今还无人打破。

"理查，相信自己，你不应该跑在任何人的后面"，这句话一直激励着理查跑在最前面。如果你渴望更大的成功，那么就应该相信自己，相信自己是独一无二的，没有什么高不可攀，没有什么不可超越。

71. 妈妈为什么说理查输了?
    A 因为妈妈一向对儿子非常严厉
    B 因为妈妈认为儿子有能力拿第一名
    C 因为妈妈认为儿子错失了第一名
    D 因为儿子的成绩确实不好

72. 理查后来怎么样?
    A 成为了赛车界的冠军   B 从来没有得过第一名
    C 每次比赛都得第一名   D 受到了很大的打击

73. 理查取得成功的原因是什么?
    A 妈妈的激励   B 伙伴的嘲笑   C 奖金的诱惑   D 破纪录的兴奋

74. 上文告诉我们什么?
    A 相信自己，没有什么不可能   B 我们不应该落在别人后面
    C 我们任何比赛都不能得第二名   D 相信妈妈的话，你就能成功

75–78.

　　"时间就是生命"，这是我们在生活中经常能够听到的话。在家中，父母经常说；在学校，老师经常说。可是，有多少人能够真正地去重视、去珍惜，像对待生命一样对待时间呢？

　　在校园里，一位同学得了感冒，心里非常着急，连课都没上就去医院打针。为什么？因为他很珍惜生命。可是在身体康复之后，他却在课堂上看小说。这难道是珍惜时间吗？

　　一个人要想获得事业上的成功，必须珍惜时间。只有珍惜时间，才能走向成功。假如人生以 70 为限，那么三分之一的时间在睡觉，再除去幼年一段时间，学习工作的时间只有 35 年左右，也就是一万多天。虚度一日就等于浪费生命的万分之一。

　　聪明的人，利用时间；愚昧的人，等待时间；有志向的人，赢得时间；没有志向的人，放弃时间。愿我们都做一个"聪明的人"、"有志向的人"！

75. "时间就是生命"这句话告诉我们什么？
　　A 要珍惜生命　　　　　　　B 要珍惜时间
　　C 生命就像时间　　　　　　D 生命很短暂

76. 上文第二段那位同学的故事说明了什么？
　　A 我们不懂得珍惜时间
　　B 我们很珍惜生命
　　C 我们很会利用时间
　　D 我们应该注意身体

77. 通过上文可知，成功的一个很重要的条件是什么？
　　A 注意身体　　　　　　　　B 珍惜生命
　　C 珍惜时间　　　　　　　　D 等待时间

78. 什么样的人会利用时间？
　　A 聪明的人　　　　　　　　B 愚昧的人
　　C 有志向的人　　　　　　　D 没有志向的人

79–82.

东东有个神奇的体温表，它不仅可以测到体温，还可以测到心情。

东东最怕数学考试，体温表知道他没有准备好不想去参加考试，就把温度升上去很多，东东因此可以请病假而不用去考试了。东东发烧的时候，非常想

出去玩儿，体温表得知了他的心情，就把体温的数字降低到正常，东东就高兴地去玩儿了，结果回家后病情更加严重了。

时间一长，东东发现了是体温表的问题，生气地对它说："你为什么要自作聪明啊？你就是一个体温表而已，明明白白告诉我事实的真相就好了，你有什么资格随意改变温度？"这时候体温表委屈地说："我死去的哥哥就是因为每次都告诉了你事实真相，结果就被你给摔碎了啊……"

很多人在该做自己的事情的时候，却超越了自己应该负责的职责。本来自己只要做一些小事情就好了，却偏偏想到许多离自己职责很远的事情。这样的出发点也许是好的，但具体的工作并不需要每个人都成为政治家。如果过了的话，那么每个人实际上都没有把自己应该做的工作做好，那才是最没有职业道德的！

79. 东东害怕数学考试，体温表是怎么做的？
    A 代替他去考试   B 把温度升上去很多
    C 让老师取消考试   D 提醒他复习功课

80. 体温表为什么觉得自己很委屈？
    A 因为它觉得自己做得正确   B 因为它的哥哥被摔碎了
    C 因为它哥哥做得不好   D 因为真相东东自己知道

81. 人们在工作时经常犯什么错误？
    A 自己的工作做不好   B 只做一些小事情
    C 都想成为政治家   D 做超越自己职责的事情

82. 上文告诉我们什么？
    A 把应该做的工作做好   B 不要做不好的事情
    C 做事情出发点一定要好   D 我们不需要太多的政治家

83–86.

张海迪出生在济南，5岁的时候得了脊髓病，胸部以下全部失去知觉。

在残酷的命运面前，张海迪没有沮丧和怨恨，而是以坚强的毅力和恒心与疾病作斗争，经受了严峻的考验。她虽然没有机会走进校门，但却发愤学习，学完了小学、中学的全部课程，自学了英语、日语、德语和世界语，并攻读了大学本科和硕士研究生的课程。15岁时，海迪跟随父母，给农村孩子当起了老师。

为了对社会作出更大的贡献，她先后自学了十几种医学名著，同时向有经验的医生请教，学会了针灸等医术，为群众免费治疗达1万多次。

张海迪怀着"活着就要做个对社会有益的人"的信念，勇于把自己的光和热献给人民。她以自己的言行，为广大青年作出了一个很好的榜样，告诉我们什么样的人生才是无悔的人生。

83. 关于张海迪，下列说法正确的是：
    A 一直在济南生活
    B 是一名残疾人
    C 没有当过教师
    D 掌握三门外语

84. 张海迪是怎样面对自己的命运的？
    A 沮丧怨恨　　　　　　　　　　B 顽强斗争
    C 服从顺从　　　　　　　　　　D 顺其自然

85. 关于张海迪，下列说法错误的是：
    A 她对人生充满了信心
    B 她没有去过学校
    C 她学过研究生课程
    D 她为社会作出了很大贡献

86. 张海迪的故事告诉我们什么？
    A 人生不能有悔恨　　　　　　　B 什么是为人民服务
    C 我的青春我做主　　　　　　　D 什么是无悔的人生

87-90.

只要人能正确地认识自己，能全面地看待他人和自己，就会感觉自己没那么差，只不过有时候可能自己的状态不是最佳或自己太在乎他人的看法。他人的看法或想法往往存在片面性，会引起你不必要的伤心或哀愁。你只要将做不好的事反反复复多做几次，就会慢慢熟悉，事情就能完成得很好。要多给自己一些鼓励，要相信自己有这个能力。

人不能一遇到困难就退缩，虽然你努力过，但是人的一生中要遇到许多困难，你必须想尽办法去克服这些困难，才能获得胜利。要多多学习别人的工作经验，学习别人的长处，观察别人的不足。在这方面下工夫，你就能胜过他们。因此，你要打起精神再次努力奋斗，相信自己的能力一定能战胜困难，因为人定胜天！多给自己一些鼓励，让大家一起为你鼓劲儿，就能让你振作精神，努力奋斗。

87. 什么时候我们会感觉自己并没有那么差？
   A 能正确认识自己的时候
   B 不在乎别人想法的时候
   C 自己状态不好的时候
   D 别人比自己差的时候

88. 关于文中第一段画线词语"片面性"，下列解释恰当的是：
   A 想法或看法不全面
   B 只想到一个方面
   C 什么都没有想到
   D 想法或看法不正确

89. 我们应该怎样面对人生中的困难？
   A 退缩   B 征服
   C 克服   D 逃离

90. 下列说法错误的是：
   A 应该多学习别人的长处
   B 我们要相信自己的能力
   C 要获得胜利必须观察别人的不足
   D 我们应该振作精神努力奋斗

三、书 写

第一部分

第 91-98 题：完成句子。

例如：发表   这篇论文   什么时候   是   的

____这篇论文是什么时候发表的？____

91. 说的   好   那个地方   你   不太   找

92. 舞蹈   她   去   马上   就   学习

93. 事情   能   做完   把   你   都   吗

94. 打招呼   不   不礼貌   走   就   是   的

95. 不   食堂   我   吃饭   去

96. 努力   她   那么   可不

97. 玻璃   被   划   门口的人   伤   了

98. 这个   得   只   坐   下   小电影院   一百人

第二部分

第99-100题：写短文。

99. 请结合下列词语（要全部使用），写一篇80字左右的短文。

    年轻、运动、设施、使、精彩

100. 请结合这张图片写一篇80字左右的短文。

新汉语水平考试

HSK（五级）模拟试卷 *6*

注　意

一、HSK（五级）分三部分：

    1. 听力（45 题，约 30 分钟）

    2. 阅读（45 题，40 分钟）

    3. 书写（10 题，40 分钟）

二、**答案先写在试卷上，最后 10 分钟再写在答题卡上。**

三、全部考试约 125 分钟（含考生填写个人信息时间 5 分钟）。

一、听　力

第一部分

第1-20题：请选出正确答案。

1. **A** 商店
   B 医院
   C 洗衣店
   D 家里

2. **A** 学校
   B 银行
   C 医院
   D 警察局

3. **A** 周末休息
   B 喜欢打扫
   C 房间很脏
   D 要过年了

4. **A** 小雪的病没好
   B 小雪去上学了
   C 小雪还在住院
   D 小雪妈妈住院了

5. **A** 3个
   B 4个
   C 5个
   D 6个

6. **A** 要请客
   B 要做菜
   C 要过生日
   D 想吃蛋糕

7. **A** 女的迟到了
   B 女的自行车丢了
   C 女的是老师
   D 男的迟到了

8. **A** 饭店
   B 旅店
   C 家里
   D 商店

9. **A** 很冷
   B 很热
   C 很温暖
   D 很凉爽

10. **A** 女的有孩子了
    B 女的很有福气
    C 女的变胖了
    D 女的肉吃得多

11. **A** 长得都很漂亮
    B 脸都很红
    C 结婚一年多了
    D 从来没吵过架

12. **A** 女的不爱吃水果
    B 男的不爱吃水果
    C 女的爱吃面包和牛奶
    D 早餐不能只吃水果

13. **A** 2 口
    B 4 口
    C 5 口
    D 7 口

14. **A** 顾客和服务员
    B 老板和秘书
    C 夫妻
    D 同事

15. **A** 客厅的抽屉里
    B 客厅的桌子上
    C 卧室的地板上
    D 卧室的抽屉里

16. **A** 下楼锻炼
    B 买奶粉
    C 照顾孙子
    D 转圈锻炼

17. **A** 一样高
    B 姐姐高
    C 妹妹高
    D 不清楚

18. **A** 女的
    B 男的
    C 女的的妈妈
    D 男的的妈妈

19. **A** 晚上开车了
    B 男的很感人
    C 电视剧很感人
    D 女的爱生气

20. **A** 火车上
    B 飞机上
    C 轮船上
    D 地铁上

第二部分

第 21-45 题：请选出正确答案。

21. A 女的撞到墙壁了
    B 女的找到工作了
    C 女的不喜欢找工作
    D 女的还没找到工作

22. A 看电影
    B 找阿凡达
    C 和女的约会
    D 去看女朋友

23. A 称赞女的
    B 安慰女的
    C 责怪女的
    D 表扬女的

24. A 男的
    B 女的
    C 两个人都想
    D 女的的领导

25. A 大方的人
    B 幽默的人
    C 勇敢的人
    D 小气的人

26. A 一直坚持锻炼
    B 偶尔锻炼一下
    C 一直没有锻炼
    D 三天前锻炼了

27. A 商场促销
    B 质量不好
    C 样式不好
    D 颜色不好

28. A 非常方便
    B 根本没用
    C 浪费时间
    D 节省时间

29. A 里面有许多故事
    B 作者都是小人物
    C 女的不喜欢看
    D 男的不喜欢看

30. A 不理解
    B 不耐烦
    C 不认识
    D 不熟悉

31. A 电视剧
    B 电影
    C 电视节目
    D 书名

32. A 婚恋交友
    B 现代生活
    C 影视评论
    D 歌曲比赛

33. A 爱之初体验
    B 爱之再判断
    C 男生权利
    D 女生权利

34. A 鞋后跟会沾满泥
    B 威尼斯是座水城
    C 穿高跟鞋很舒适
    D 穿高跟鞋很漂亮

35. A 很难受
    B 很高兴
    C 无所谓
    D 很伤心

36. A 不让妻子到处走
    B 让妻子更加漂亮
    C 让其他女人效仿
    D 想多赚一点儿钱

37. A "我"的儿子不听话
    B 第一次过节太高兴了
    C 没人给"我"买礼物
    D 体会到当母亲不容易

38. A 给妈妈买一本书
    B 给妈妈买块蛋糕
    C 为妈妈做一顿饭
    D 给妈妈捶背洗脚

39. A 刚刚当上母亲不长时间
    B 儿子给"我"买了礼物
    C "我"平时花钱很浪费
    D "我"给妈妈买了礼物

40. A 出租车司机
    B 售楼经理
    C 医生
    D 工人

41. A 买车
    B 买房子
    C 睡个好觉
    D 当医生

42. A 夜班医生要坐出租车
    B 医生一般都比较有钱
    C 医院门前比较安全
    D 医生自己都没有车

43. A 在家里听京剧
    B 在外面演京剧
    C 与戏迷交流心得
    D 以上都是

44. A 家里
    B 网上
    C 剧院
    D 公司

45. A 杨秀丽家的名字
    B 一个人的名字
    C 一个网站的名字
    D 一个组织的名字

二、阅 读

第一部分

第46-60题：请选出正确答案。

46-48.

    有一位老人，__46__，并且体弱多病，所以他决定卖掉自己漂亮的住宅，搬到养老院去。住宅底价是8万英镑，因为很多人想购买，所以价钱在不断__47__。要不是身体不好，老人是不会卖掉这栋陪他度过大半生的住宅的。

    一个青年来到老人跟前，低声说："我只有1万英镑。可是，如果您把住宅卖给我，我保证会让您生活在这里，和我一起生活。相信我，我会用整颗心来照顾您！"

    老人__48__了，把住宅以1万英镑的价钱卖给了他。

46. **A** 无儿无女　　**B** 快快乐乐　　**C** 非常富有　　**D** 自由自在
47. **A** 下降　　　　**B** 上升　　　　**C** 平稳　　　　**D** 平常
48. **A** 笑　　　　　**B** 哭　　　　　**C** 愤怒　　　　**D** 愉快

49-52.

    小泽征尔是世界著名的指挥家。在一次世界优秀指挥家大赛中，他按照指定的乐谱__49__演奏，但他听到了错误的演奏声音。开始，他以为是乐队演奏出了错误，就停下来重新演奏，但还是__50__。他觉得是乐谱有问题。可是，在场的作曲家坚持说乐谱__51__没有问题。面对一大批音乐大师和权威人士，他想了又想，最后大声说："__52__！"话音刚落，评委席上的评委们立即站起来，以热烈的掌声祝贺他夺得了第一名。

49. **A** 指示　　　　**B** 指挥　　　　**C** 观看　　　　**D** 欣赏
50. **A** 正确　　　　**B** 不对　　　　**C** 问题　　　　**D** 难看
51. **A** 绝对　　　　**B** 可能　　　　**C** 不会　　　　**D** 能够
52. **A** 乐谱真的没有错　　　　　　**B** 大家谁都没有错
　　C 一定是乐谱错了　　　　　　**D** 感谢大家对我的帮助

53–56.

　　小猫、小熊、小羊还有小猴一起在森林里玩儿。他们看见小狗正在造房子，小猫说："　53　"

　　"好啊！"小羊说，"我要把房子造在　54　上。这样，我一出门就能吃到青青的草。"

　　小猫说："　55　。我要把房子造在小河边。这样，会有好多小鱼在河里等着我。"

　　小熊说："我是　56　在山洞里的，要不我们就在这里挖一个洞吧！"

　　小猴听了说："那怎么行？我看，还是住在树上最好，那多自在呀！"

　　新房子到底造在哪儿呢？

53. A 我们也来造一间房子，怎么样？　　　B 我们和小狗一起玩儿吧。
　　 C 小狗多勤劳啊！　　　　　　　　　　D 我们一起去小狗的新家吧。

54. A 沙漠　　　 B 地球　　　 C 山谷　　　 D 草地

55. A 不好　　　 B 同意　　　 C 很好　　　 D 好吗

56. A 居住　　　 B 玩耍　　　 C 吃饭　　　 D 饮食

57–60.

　　随着中国国际　57　的不断提高，世界各地逐步掀起了"学汉语热"。中国的文化正逐步为世界所　58　、所接受，中国的工农业产品正逐步跨入更多国家的国门。　59　，或者只知道一些被歪曲了的形象。但是今天的中国　60　不同于以往，它正在以全新的姿态面对世界、面对未来。

57. A 位置　　　 B 地位　　　 C 地步　　　 D 地方

58. A 了解　　　 B 放弃　　　 C 坚持　　　 D 听说

59. A 很多外国人原来对中国一无所知
　　 B 很多外国人试图了解中国的情况
　　 C 很多外国人从来不愿意到中国来
　　 D 很多外国人迷上了中国文化

60. A 毕竟　　　 B 既然　　　 C 竟然　　　 D 居然

第二部分

第61-70题：请选出与试题内容一致的一项。

61. 据美国研究人员一项关于寂寞的测试显示，假如一个人的朋友处于寂寞状态，那么这个人陷入寂寞状态的可能性比正常人大52%。即便是他朋友的朋友陷入了寂寞状态，那么他也会比正常人更容易寂寞。寂寞情绪更容易在朋友之间传染，是一种可以像感冒那样传播的病症。

    A 朋友寂寞不寂寞与自己无关

    B 朋友的朋友寂寞会传染给自己

    C "寂寞"一词是美国人创造的

    D 寂寞是一种不能传播的病症

62. 这段时间，公务员报考热一直是很多人热议的话题。80万人报名，只有50万人符合条件参加了考试。平均报考比例近50:1，报考比例最高的职位竞争比高达2187:1。有人认为，这些数字说明，公务员招考已经成为当今中国竞争最激烈的考试之一。今年是公务员招考以来最"热"的一年。

    A 今年参加公务员考试的人数是80万

    B 公务员平均报考比例为2187:1

    C 公务员考试一直是中国竞争最激烈的考试

    D 今年是公务员招考最火的一年

63. "二人转"又称"蹦蹦"，是东北地区喜闻乐见、具有浓郁地方色彩的民间艺术，至今已有三百多年的发展历史，长期以来深受东北群众尤其是广大农民的喜爱。它的语言通俗易懂、幽默风趣、充满生活气息。二人转是在原来的东北秧歌、东北民歌的基础上逐渐演变而成的。

    A 二人转受东北群众尤其是广大农民的喜爱

    B 二人转是在西北秧歌的基础上演变而成的

    C 二人转的语言优美典雅，贴近生活

    D 二人转历史悠久，为中国人所喜爱

64. 赛龙舟是端午节的重要习俗之一。它起源于古时楚国人因舍不得屈原投江死去而划船追赶的故事。传说屈原跳江后，人们争先恐后地划船去追寻，追至洞庭湖时仍看不见屈原的踪迹。所以后来每年的农历五月初五，人们都要举行赛龙舟以表示纪念，人们希望通过赛龙舟赶走江中的鱼，以免鱼吃掉屈原的身体。

    A 端午节是为了纪念楚国人屈原

    B 端午节起源于赶走江中的鱼

    C 赛龙舟是为了追赶江中的鱼

    D 端午节在每年的五月五号

65. 成语是汉语中一种定型的词组或短句。成语有固定的结构形式和固定的说法，表示一定的意义，在语句中是作为一个整体来应用的。成语有很大一部分是从古代流传下来的，在用词方面往往不同于现代汉语，常包含一个故事或者典故。在语言形式上，成语一般是四字结构，字面不能随意更换。

    A 成语有固定的结构形式

    B 成语可以拆开来使用

    C 成语都是现代创造的

    D 成语都是四个字的

66. 据调查，从性别比例看，男性网上购物总金额为 84 亿元，女性网购金额略低于男性，为 78 亿元。其中，学生半年网购总金额已达 31 亿，是非学生半年网购总金额的近 1/4。有报告称，2010 年中国网购市场规模将达到 4640 亿元，届时网上销售额将占到社会商品零售总额的 3% 以上。

    A 女性网购的金额低于男性

    B 学生从来不在网上购物

    C 男性在网上购物的比例较小

    D 2010 年中国网上销售额会增加 3%

67. 唐朝末期做买卖的人，把糖加到冰里吸引顾客。到了宋代，市场上冷食的花样就多起来了，商人们还在里面加上水果或果汁。元代的商人甚至在冰中加上果浆和牛奶，这和现代的冰淇淋已经十分相似了。

    A 唐朝商人把果汁加到冰里吸引顾客

    B 宋代商人把糖加到冰里来吸引顾客

    C 元代商人在冰中加上了果浆和牛奶

    D 唐朝商人把牛奶加到冰里吸引顾客

68. 大学生的求职简历上，除了要包括姓名、年龄、专业、联系方式等个人基本情况外，更要将实践经历、爱好特长、自我评价和求职意向用最明了、最简洁的方式介绍出来，其中应重点介绍必要的技能水平及专长。每一部分要力求条理清楚，使人一目了然。后面再附上自己的成绩单、实践成果及证书复印件等。

    A 求职简历上要详细介绍爱好

    B 求职简历上要重点介绍专长

    C 求职简历上无须附证书复印件

    D 个人基本信息要放到最后一页

69. 国内外医生专家和患者都在寻找天然绿色药物，而中药在这方面有着自己独特的优势。好的中药不仅对治疗心脏病有效，而且对其他脏器也有调理、保健作用。

    A 中药有很大的副作用

    B 中药治疗没什么效果

    C 中药能调理其他脏器

    D 中药对其他脏器有伤害

70. 最早发行信用卡的机构并不是银行，而是一些百货商店、饮食业、娱乐业和汽油公司。美国的一些商店、饮食店为招揽顾客，推销商品，扩大营业额，有选择地在一定范围内发给顾客一种类似金属徽章的信用筹码，后来演变成为用塑料制成的卡片，作为顾客购货消费的凭证。一般信用卡都是先消费后付款，通常不具有存款功能。

    A 银行不是最早发行信用卡的机构

    B 最早使用的信用卡是塑料卡片

    C 信用卡一般都是先付款后消费

    D 信用卡通常都可以存款

第三部分

第71-90题：请选出正确答案。

71-74.

在动物园里，小骆驼问妈妈："妈妈，为什么我们的眼毛那么长？"骆驼妈妈说："当风沙来的时候，长长的眼毛可以让我们在风沙中看到方向。"小骆驼又问："为什么我们的背上长了个大包，丑死了！"骆驼妈妈说："这个叫驼峰，可以帮我们储存大量的水和营养，让我们可以很好地适应沙漠中的生活。"小骆驼又问："妈妈，为什么我们的脚掌那么厚？"骆驼妈妈说："那可以让我们重重的身子不至于陷在软软的沙子里。"小骆驼高兴坏了："原来我们这么有用啊！可是妈妈，为什么我们还在动物园里，不去沙漠远足呢？"

天生我材必有用，可惜现在没人用。一种良好的心态、一本成功的教材和一个无限的舞台就是成功。每个人的潜能是无限的，关键是要找到一个能充分发挥潜能的舞台。

71. 骆驼的长眼毛有什么用处？
    A 漂亮   B 在风沙中看到方向
    C 阻挡灰尘   D 指引方向

72. 骆驼的驼峰有什么用处？
    A 承载东西   B 美观
    C 储存水和营养   D 没什么用

73. 小骆驼听了妈妈的话后为什么特别高兴？
    A 因为它发现自己非常有用   B 因为它可以走出动物园
    C 因为它的脚掌很厚   D 因为它的眼毛很漂亮

74. 根据上文，成功的关键是什么？
    A 一种良好的心态   B 一本成功的教材
    C 发挥潜能的舞台   D 拥有无限的潜能

75–78.

　　"拥有"是宝贵的财富。我们因为拥有知识和能力而骄傲自豪，因为拥有亲情和友情而幸福快乐，而如果不知道珍惜就会使它们分文不值。有人忙于追求自己的梦想，却忽略了身边的亲情和友情，总是等到失去时才认识到它的珍贵；有人拥有许多金钱，却身心劳累，不敢放弃。太阳刚升起的时候是最灿烂的，但只有热爱阳光的人才能够体会到它的温暖。

　　饥饿的人把粮食看得比金钱重要许多倍，寒冷的人把衣服看得比珠宝重要，只因为他们能够真正体会到粮食和衣服的重要性。成功的人珍惜自己的成功，失败的人珍惜自己的付出，因为他们知道成功的不易，付出的辛劳也不易。他们知道，只有现在的拥有才最值得珍惜，失去的和将来的只是<u>水中月、镜中花</u>。

75. 根据上文，什么会使我们骄傲自豪？
　　A 拥有财富　　　　　　　　　B 拥有知识
　　C 拥有爱情　　　　　　　　　D 拥有阳光

76. 上文第一段中画线词语"它"指代什么？
　　A 亲情和友情　　　　　　　　B 知识和能力
　　C 金钱和财富　　　　　　　　D 幸福和快乐

77. 什么样的人能够体会到粮食的重要性？
　　A 饥饿的人　　　　　　　　　B 寒冷的人
　　C 成功的人　　　　　　　　　D 失败的人

78. 上文最后一段画线的"水中月、镜中花"的意思是什么？
　　A 比喻很不现实的东西　　　　B 比喻美丽漂亮的事物
　　C 比喻坚固的事物　　　　　　D 比喻纯洁的事物

劳动课上，老师带着我们到学校的后山捡柴。我和三名同学跑向后山顶，在一棵大树旁，我发现了一堆干枯的小树枝，急忙奔过去，却一脚跌进一个深深的坑里。同学喊来了老师。老师站在坑边上，看了我许久，说："跌进坑里，别急着向上看，我们不拉你上来！""老师，我上不去！"我在坑里急得大叫。"在里面待着吧，我们走！"老师像陌生人一样带着同学们走了。

"老师，我出不去！"我一边哭一边生气地在坑里喊。无意间我看见了一道亮光，于是擦干眼泪，坐起来向亮光处爬去。透出亮光的地方有一个洞，我钻了进去，越钻越亮，不一会儿到了山坡上，一转身我就跳了出来。

老师和同学们都站在山坡上，随着我的出现，山坡上响起了热烈的掌声。我所有的不快此时都消失了。老师说："同学们，记住，跌进坑里，别急着向上看，一心寻求别人的帮助，这样会使你看不见自己脚下最方便的路。"

三十多年过去了，我还无法忘记儿时跌进坑里自己爬出来的经历，老师的话也一直印在我的脑海里。直到今天，每当生活中遇到失败和意想不到的打击时，我总是这样提醒和鼓励自己：跌进坑里，别急着向上看，一心寻求别人的帮助，这样会使你看不见自己脚下最方便的路。

79. 在劳动课上，"我"遇到了什么事？
　　A 没有去上课　　　　　　　　　B 掉进了坑里
　　C 发现了树枝　　　　　　　　　D 想找老师

80. 老师为什么不管"我"？
　　A 没有时间管"我"　　　　　　　B 去找别人帮忙
　　C 想让"我"自己出来　　　　　　D 不心疼"我"

81. 这件事最后的结果是什么？
　　A "我"自己从坑里跳了出来　　　B "我"一直在坑里哭
　　C 老师把"我"拉了上来　　　　　D 同学把"我"拉了上来

82. 上文告诉我们什么？
　　A 遇到困难时先要自己想办法　　　B 到山上捡柴要小心
　　C 永远不要帮助别人　　　　　　　D 要注意照顾好自己

83-86.

爱迪生的发明有一千多项，如电灯、留声机、电影机等。然而童年的爱迪生因为家中贫穷，只上过几年学。他12岁便到火车上去卖报了。他非常热爱学习，常常一边卖报一边看书，抓紧时间学习、做实验。爱迪生的父亲平时对家里人要求很严格，他规定全家每天晚上11点半前必须关灯睡觉。可是，爱迪生卖完报纸回到家后常常是晚上11点了，这样他就没时间做自己喜欢的实验了。他想来想去，终于想出一个好办法，能让爸爸支持自己做实验。

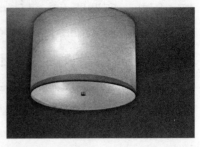

一天，爱迪生用铜线在树上架起了电线，直接接到他的好朋友家，并把当天卖剩下的报纸和一台电报机留在朋友家。晚上到家后，爱迪生的爸爸要看报纸，爱迪生说今天的报纸卖完了。开始爸爸并没有觉得可惜。爱迪生为了引起爸爸的兴趣，就开始说报纸上的内容如何新鲜有趣，没有看真是非常可惜。爱迪生的爸爸听他讲得如此生动，真的非常想看。于是他问爱迪生还能不能想办法找一份来。爱迪生说，他的朋友还有一份，他可以用电报把报纸的内容传过来。这个时候爱迪生的爸爸已经非常想看报纸了，于是就痛快地答应了他。爱迪生终于可以做实验了。

83. 下列哪项可能不是童年的爱迪生所喜欢的？
    A 学习   B 卖报
    C 做实验   D 上学

84. 爱迪生的父亲是一个怎样的人？
    A 严厉的人   B 活泼的人
    C 开朗的人   D 大方的人

85. 爱迪生想出了一个什么办法让爸爸支持自己做实验？
    A 把爸爸赶出家门   B 去朋友家做实验
    C 让爸爸看报纸   D 让爸爸生气

86. 爱迪生的爸爸为什么想看报纸？
    A 报纸上的内容非常有趣   B 不看报纸爸爸不能睡觉
    C 报纸上有爱迪生的发明   D 儿子的报纸卖不完

87-90.

真正的友情什么都不靠，不靠事业、祸福和身份，不靠经历、地位和处境。因此，所谓朋友，是使对方活得更加温暖、更加自在的那些人。

友情因为不讲究回报而变得更加深刻，不管彼此是平衡还是不平衡。友情是精神上的寄托。有时它并不需要太多的言语，只需要彼此真心相待。

人生在世，可以没有事业，却不可以没有友情。如果用友情来帮助事业，那么事业一定会成功；如果因为事业而寻找友情，那么你一定寻找不到。二者不可颠倒。

人的一生需要接触很多人，因此，有两个层次的友情，宽泛意义的友情和严格意义的友情。前者是一个人全部经历的光明面，但不管多宽，都要警惕邪恶，防范虚伪，反对背叛；后者是一个人终其一生所寻找的精神归宿。

87. 关于友情，下列说法错误的是：
    A 它不需要什么依靠   B 它可以帮助事业取得成功
    C 它讲究回报   D 它是精神上的寄托

88. 友情需要什么？
    A 事业帮助   B 丰富的言语
    C 真心相待   D 相互的平衡

89. 事业和友情的关系是：
    A 有事业就有友情   B 有友情就有事业
    C 事业可以建立友情   D 友情可以帮助事业

90. 友情可以分为哪两个层次？
    A 宽泛意义的和严格意义的   B 光明面的和阴暗面的
    C 正义的和邪恶的   D 真诚的和虚伪的

三、书 写

第一部分

第91-98题：完成句子。

例如：发表、 这篇论文 什么时候 是 的

　　这篇论文是什么时候发表的?

91. 和你　　开　　我　　个　　只不过　　玩笑

92. 老师　　我们　　学习　　努力　　要求

93. 找到　　我们　　才　　好不容易　　你家

94. 究竟　　我　　该　　哪个　　选择　　不知道　　好

95. 看过　　没　　教室里　　书　　在　　她

96. 搬到　　那辆车　　这个箱子　　把　　上去

97. 面条　　很好吃　　师傅　　做的　　这位

98. 深刻的　　这件事　　我们　　留下了　　给　　印象

第二部分

第 99-100 题：写短文。

99. 请结合下列词语（要全部使用），写一篇 80 字左右的短文。

进步、提高、即使……也……、发展

100. 请结合这张图片写一篇 80 字左右的短文。

新汉语水平考试

HSK（五级）模拟试卷 7

注　意

一、HSK（五级）分三部分：

    1. 听力（45题，约30分钟）

    2. 阅读（45题，40分钟）

    3. 书写（10题，40分钟）

二、**答案先写在试卷上，最后10分钟再写在答题卡上。**

三、全部考试约125分钟（含考生填写个人信息时间5分钟）。

一、听　力

第一部分

第1-20题：请选出正确答案。

1. **A** 商场
   B 图书馆
   C 饭店
   D 家里

2. **A** 电视不值 4000 块
   B 女的新买了一台电视
   C 男的丢了 4000 块
   D 女的丢了 4000 块

3. **A** 狗是从宠物市场买的
   B 狗是女的跟陈姐要的
   C 女的一直很喜欢小狗
   D 狗是从陈姐那儿买的

4. **A** 医院
   B 银行
   C 学校
   D 邮局

5. **A** 工作
   B 出差
   C 看演唱会
   D 跟朋友见面

6. **A** 男的今天发工资了
   B 女的今天发工资了
   C 男的不想出去吃饭
   D 女的想请男的吃饭

7. **A** 这件事很严重
   B 这件事不严重
   C 想给妈妈打电话
   D 应该告诉妈妈

8. **A** 蛋糕
   B 黄瓜
   C 海鲜
   D 西瓜

9. **A** 男的的茶叶价格很便宜
   B 男的的茶叶质量不好
   C 还有更便宜的茶叶
   D 男的的茶叶价格很贵

10. **A** 今天晚上不能去吃饭
    B 今天晚上不加班
    C 今天晚上见朋友
    D 今天晚上和朋友吃饭

11. **A** 男的身体不好
    B 陈大夫最近很忙
    C 女的没有时间
    D 男的经常帮女的

12. **A** 元宵节
    B 春节
    C 元旦
    D 中秋节

13. **A** 咖啡
    B 牛奶
    C 可乐
    D 水

14. **A** 觉得小丽一定能考上
    B 觉得男的说的有道理
    C 觉得小丽不应该考上
    D 觉得小丽学习非常好

15. **A** 女的要去旅游
    B 男的要去旅游
    C 男的要买茶叶
    D 男的喜欢喝茶

16. **A** 冬天
    B 春天
    C 秋天
    D 夏天

17. **A** 女的没有驾照
    B 男的是司机
    C 女的是交警
    D 男的是交警

18. **A** 学校
    B 商店
    C 公园
    D 医院

19. **A** 小孩衣服贵
    B 大人衣服贵
    C 小孩东西多
    D 男的衣服贵

20. **A** 现在
    B 吃饭前
    C 背完单词
    D 天黑前

第二部分

第21-45题：请选出正确答案。

21. A 很得意
    B 很伤心
    C 很生气
    D 很发愁

22. A 无所谓
    B 很重视
    C 很害怕
    D 没准备

23. A 写完了
    B 还没有写
    C 快写完了
    D 刚开始写

24. A 价格有些贵
    B 上班不能穿
    C 出差不能穿
    D 不适合自己

25. A 向家里人借的
    B 向朋友借的
    C 向银行借的
    D 自己攒的

26. A 学校
    B 超市
    C 饭店
    D 商店

27. A 抽烟
    B 喝酒
    C 下象棋
    D 玩游戏

28. A 小丽平时说话很少
    B 男的看不起小丽
    C 小丽很热情
    D 小丽会功夫

29. A 男的周末要加班
    B 女的周末要出去玩儿
    C 女的是一个工程师
    D 男的不服从领导安排

30. A 小李
    B 小李同学
    C 大学校长
    D 单位领导

31. A 因为有9个汉族村寨
    B 因为有9个藏族村寨
    C 因为有9个少数民族
    D 因为有9条沟

32. A 九寨沟冬天不适合旅游
    B 九寨沟位于四川省境内
    C 九寨沟有108个湖泊
    D 九寨沟有很多藏族居民

33. A 天空
    B 大山
    C 树木
    D 大地

34. A 毛泽东上不起学
    B 毛泽东不爱放牛
    C 毛泽东负责割草
    D 毛泽东是"牛司令"

35. A 两班
    B 三班
    C 四班
    D 没分班

36. A 懒惰
    B 聪明
    C 有领导能力
    D 爱玩儿

37. A 超市
    B 医院
    C 市场
    D 学校

38. A 冒险反抗
    B 配合歹徒
    C 保护客人
    D 保护商品

39. A 生命
    B 物质
    C 金钱
    D 健康

40. A 扣 200 块钱
    B 扣 400 块钱
    C 扣 500 块钱
    D 扣 100 块钱

41. A 自己违反规定被发现了
    B 发现小丽违反规定了
    C 害怕自己会被开除
    D 觉得自己没有小丽聪明

42. A 看中国队参加的比赛
    B 看比赛的关键时刻
    C 看比赛的开始阶段
    D 比赛结束以后再看

43. A 3 公斤左右
    B 6.5 公斤
    C 9.6 公斤
    D 5 公斤左右

44. A 6：30
    B 7：10
    C 7：30
    D 10：00

45. A 9：00
    B 10：00
    C 11：00
    D 12：00

二、阅 读

第一部分

第46-60题：请选出正确答案。

46-48.

　　一位老太太坐在马路边，望着对面的高墙，总觉得它马上就会倒下。每次看到有人走过去，她就 __46__ 地提醒说："那个墙要倒了，离远点儿吧。"被提醒的人总是不解地看着她，然后顺着墙根走过去了，但那个墙并 __47__ 倒。老太太很生气："怎么不听我的话呢？"又有人走来，老太太又这样说。三天过去了，许多人从墙边走过去，并没有遇上危险。第四天，老太太感到有些 __48__ ，便走到墙根下仔细观看，然而就在此时，墙倒了，老太太被掩埋在砖石中。

46. **A** 善意	**B** 恶意	**C** 善良	**D** 温柔
47. **A** 没有	**B** 已经	**C** 刚刚	**D** 正好
48. **A** 难受	**B** 高兴	**C** 快乐	**D** 奇怪

49-52.

　　有一位女歌手，第一次登台演出，内心十分 __49__ 。想到自己马上就要上场了，面对上千名观众，她的手心都在冒汗。" __50__ "这时她突然觉得头脑一片空白，什么也记不住了，便产生了打退堂鼓的念头。

　　就在这时，他的老师笑着走过来，随手将一个 __51__ 塞到她的手里，说道："这里面写着你要唱的歌词，如果你在台上忘了词，就 __52__ 来看。"她握着这个纸团，像握着一根救命的稻草，匆匆上了台。也许有那个纸团握在手心，她的心里踏实了许多。那天她在台上发挥得很好，演出相当成功。但下台之后才发现，那个纸团里其实什么都没写。

49. **A** 放松	**B** 轻松	**C** 紧张	**D** 兴奋
50. **A** 要是在舞台上忘了歌词怎么办？	**B** 要是我唱得不好怎么办？		
C 大家会不会喜欢我呢？	**D** 要是我唱错了怎么办？		
51. **A** 纸团	**B** 苹果	**C** 信件	**D** 钢笔
52. **A** 关闭	**B** 打开	**C** 写下	**D** 留下

53–56.

　　这几天，动物们总是成群地在一起讨论着什么，原来主席选举大会就要举行了。

　　"我看，应该选 53 ，因为他是上次的主席！"鸭子说。

　　"不行！不行！老虎 54 当了主席以后，心里就没有我们了，我才不要选他呢。"兔子说。

　　"那就选我吧，我可 55 像老虎一样。"大熊猫说。

　　" 56 ！你整天除了吃就是睡，到时我们有事情找谁去呀？"小猫不客气地说。

　　"我认为这个主席应该由小马来当。大家想想，每次我们有什么困难，是谁第一个站出来帮助我们的？"小狗动情地说。

　　"对呀对呀，上次小马帮我把大米搬到了家，不然我可搬不动。"

　　"上星期，我的脚摔断了，小马就每天送我上学。"

　　动物们七嘴八舌地说着。

　　最终小马当选了，他说："我一定会好好儿为大家服务的。"

53. A 老虎　　　　　B 兔子　　　　　C 小马　　　　　D 熊猫
54. A 曾经　　　　　B 已经　　　　　C 刚刚　　　　　D 自从
55. A 不会　　　　　B 一定　　　　　C 肯定　　　　　D 可能
56. A 我同意　　　　B 你太懒了　　　C 你太勤劳了　　D 你太胖了

57–60.

　　我们每个人对"禁烟"这个词都有自己的 57 ，有些人认为这是一些大型的烟草厂应该承担的责任，有些人认为这是环保部门应该做的事情。其实， 58 ！

　　近年来一直在提倡"禁烟"，但是要取得突破，还需要大众的认知及公共努力。例如，在日常生活及公共社交场所，我们到处可以看到"雾烟"，也常常可以 59 "脏气"。

　　所以，在家中、公共场所无禁忌地吸烟，不仅对自己是一种 60 ，而且对身边的朋友、家人及下一代都会有很大的影响。

57. A 谅解　　　　　B 方法　　　　　C 理解　　　　　D 理由
58. A 这个事情与"环保"有关　　　B 这是我们每一个人的责任
　　C 我们一定要取得零的突破　　D 在公共场所不能吸烟
59. A 闻到　　　　　B 听到　　　　　C 见到　　　　　D 喝到
60. A 危害　　　　　B 危险　　　　　C 折磨　　　　　D 痛苦

第二部分

第61-70题：请选出与试题内容一致的一项。

61. 每年的七八月份，非洲大陆开始进入炎热干旱的季节，这种干旱会一直持续到来年的三月份，甚至更长时间。这里有很多世界上最珍贵的野生动物，它们生活在这里，也要随着夏季的来临度过一年中最热的一段时期。

   A 每年三月份非洲大陆进入干旱的季节

   B 每年非洲大陆会有三个月干旱的季节

   C 非洲大陆的野生动物喜欢干旱的季节

   D 干旱季节使非洲大陆动物们生活艰难

62. 高等教育问题专家、上海交通大学的张教授认为，前几年高校以每年10%-20%的速度扩招研究生，考生报考热情高涨，报名率和录取率都有稳步的提高。而如今，研究生扩招比例应控制在5%以内。

   A 高校以每年10%-20%的速度扩大招生

   B 如今，高校研究生扩招应超过5%

   C 如今，研究生扩招比例应低于5%

   D 上海交大研究生扩招比例在5%以内

63. 有胃病的人饭后不要马上运动或工作，最好休息一下，等胃部的食物消化得差不多了再开始工作。或者慢步行走，也对消化比较好。另外可以适当地吃一些蔬菜水果类的食物，蔬菜最好煮得软一点儿再吃，这样胃会好受一点儿。

   A 有胃病的人要吃软一点儿的水果

   B 刚吃完饭做运动可以促进胃消化

   C 有胃病的人饭后不要立刻运动或工作

   D 有胃病的人不能吃蔬菜水果类食物

64. 中秋节的时候，人们都要在桌子上摆上一些圆形的食物，像月饼、西瓜、苹果、葡萄等。到了晚上，一家人坐在一起，一边赏月一边吃东西。其中月饼和西瓜是绝对不能少的，这表现了人们对家人团圆相聚的期待。

A 中秋节时月饼和苹果是绝对不能少的

B 中秋节是一个家人团聚的节日

C 中秋节时人们只吃月饼

D 桌子上摆水果是为了好看

65. 刺绣是中国民间传统手工艺之一，至少有两三千年的历史。在我们的现代生活中，还有很多人喜欢刺绣。刺绣在现代仍然有着广泛的用途，比如我们平时穿的衣服、系的围巾以及一些床上用品等，都经常用刺绣装饰。

A 刺绣在中国至少有两三千年的历史

B 刺绣是中国最著名的传统手工艺

C 刺绣的用途主要是在生活方面

D 在现代，很少有人喜欢刺绣

66. 很多中国人喜欢吃土豆烧牛肉，但是由于土豆和牛肉在消化时所需要的时间不同，从而延长了胃肠消化、吸收的时间，久而久之则对身体不好，很容易得胃病。所以很多专家建议人们能够合理搭配饮食，尤其是人们的生活节奏加快了，饮食结构的合理性就显得更加重要了。

A 土豆和牛肉可以一起被消化

B 土豆和牛肉经常同吃对身体不好

C 中国人的饮食结构不合理

D 多吃土豆烧牛肉对身体好

67. 现在的年轻人都喜欢在夏天的时候吃冷饮。冷饮的种类也越来越多，各种果味的饮料、不同口味的雪糕、高级的香草冰淇淋，还有一大碗一大碗的冰粥，等等。其实，夏天饮用过多的冷饮对身体很不利，在夏天吃冷饮一定要适量。

A 年轻人不喜欢吃冷饮

B 夏天吃冷饮对身体好

C 夏天冷饮的种类比冬天多

D 现在冷饮的种类越来越多

68. 随着近代工业的发展，环境污染也随之产生。噪声污染就是环境污染的一种，它已经成为危害人类身体健康的一个重要因素。噪声污染与水污染、大气污染被看成是世界范围内的三大主要环境问题。

A 噪声污染是世界范围的环境问题

B 环境污染是噪声污染中的一种

C 噪声污染与近代工业的发展无关

D 噪声污染已成为人类健康的第一大危害

69. 现在，心脏病已经越来越普遍了，心脏病患者的年龄也开始年轻化，因而心脏病的治疗问题也越来越受到关注。中医药治疗心脏病，同整个中医治疗学一样丰富多样。它可以多种药物内服，也可以内外结合治疗。临床方剂众多，可随病症加减，便于把握。

A 中医药可以治疗心脏病

B 心脏病开始出现老龄化

C 中医药治疗心脏病临床方剂少

D 中医药治疗心脏病不便把握

70. 老年人的营养与健康是一门学问。老年人由于生理上的变化，在冬季对高压低温气候的调节适应能力远比青年人差，容易影响体内平衡，从而引起种种不适或疾病。因此，在注意生活起居等方面养生的同时，还应该重视饮食方面的调养。

A 冬季老年人不容易生病

B 冬季老年人的调节适应能力增强

C 冬季老年人只需注意生活起居

D 冬季老年人应该重视饮食调养

第三部分

第71-90题：请选出正确答案。

71-74.

有两个南方商人，因为南方伞的质量好而且便宜，他们就各自带了很多雨伞到北方去卖。可是到了北方，他们才发现，北方人很少用伞，因为那里常年都不下雨，两个商人遇到了很大的麻烦。

一个月后，两个商人在回家的路上相遇，一个垂头丧气，一个却非常高兴。

"看你这样子是把伞都卖了，赚了不少钱吧？"

"是啊，都卖了。"

"北方不常下雨，谁用雨伞啊？我都因此破产了。你是怎么卖掉的？"

"伞还是那些伞，我只是卖的时候把所有的'雨伞'都改成了'阳伞'，伞可以挡雨，难道就不能遮挡阳光吗？"

其实有时候，人们的失败常常因为只想着事物的一方面，而成功也许只需要稍微地转一个弯，让思想跳出原有的圈子，这样一定会有令人惊奇的收获。

71. 两个南方商人到北方后发现：
A 北方不需要雨伞　　　　　　　　B 北方的天气很热
C 北方根本不下雨　　　　　　　　D 北方人很少用伞

72. 两个商人的伞都卖出去了吗？
A 一个卖完了，一个没有　　　　　B 都没卖出去
C 都卖完了　　　　　　　　　　　D 他们都破产了

73. 下列哪项说法是正确的？
A 南方雨伞的质量不好　　　　　　B 北方经常下雨
C 南方雨伞只能用来挡雨　　　　　D 失败的人不会转换思路

74. 通过上文，我们知道成功需要：
A 坚持到底　　　　　　　　　　　B 换个角度想问题
C 把雨伞改成阳伞　　　　　　　　D 赶快转弯

75–78.

　　事物的发展都有一个渐进的过程，往往是从不完美走向完美，这在科技发展上表现得更为突出。电脑从房子大小到今天一本书的大小，变化是何等之大！如果一项发明创造因为不完美而被轻易否决，那人类科技也不会达到今天这样发达的程度了。同样，如果艺术家都将感觉不完美的作品放弃，很可能就一事无成。

　　人生同样是不完美的，随处可见丑陋和罪恶。可是，尽管人生有那么多的不完美，我们还是应该积极投入生活，创造自己的人生。就算最终我们的人生还是不怎么完美，可我们却已在此过程中享受到了艺术家创作时的乐趣。面对如此的人生答卷，可以使人从中感到满足。而如果像完美主义者那样，唯恐自己的行为有什么美中不足，结果只能是离完美的境界越来越远。

　　我们应该看到，这个世界是在进步的，人类生活也是在走向美好的。天灾人祸、疾病痛苦、社会文明，等等，都在人类的努力下得到不断的改善。忍受不足、追求完美，这就是人类做到这种改变的信条。

75. 根据上文，事物的发展过程是：
　　A 从小到大的　　　　　　　　　B 一帆风顺的
　　C 循序渐进的　　　　　　　　　D 完美的

76. 我们应该怎样对待发明创造？
　　A 成功的就用，不成功的就扔掉　　B 只能成功不能失败
　　C 把不完美的东西变成完美的　　　D 放弃不完美的发明

77. 我们的人生可能是什么样子的？
　　A 不完美的　　　　　　　　　　B 丑陋的
　　C 成功的　　　　　　　　　　　D 罪恶的

78. 根据上文，我们应该以什么样的态度对待生活？
　　A 必须追求完美　　　　　　　　B 顺其自然
　　C 忍受不足，追求完美　　　　　D 不必追求完美

79–82.

有个年轻人，想发财想到几乎发疯的地步。每次听到哪里有能够发财的方法，他便不辞辛苦地去寻找。有一天，他听说附近深山中有一位白发老人，若有缘与他见面，就一定会有求必应。

于是，那位年轻人便连夜收拾行李，赶上山去。

他在那儿苦等了 5 天，终于见到了传说中的老人。他就请求老人给自己一些金钱和珠宝。

老人告诉他说："每天早晨，太阳还没有升起的时候，你到村外的沙滩上寻找一粒'心愿石'。其他石头是冷的，而那颗'心愿石'却与众不同，握在手里，你会感觉到很温暖而且会发光。一旦你找到那颗'心愿石'，你所要求的东西就都可以实现了。"

年轻人很感激老人，很快就回去了。

每天清晨，那年轻人便在沙滩上捡石头，感觉不温暖也不发光的，他便丢下海去。日复一日，月复一月，那年轻人在沙滩上寻找了大半年，始终也没找到温暖发光的"心愿石"。

有一天，他如往常一样，在沙滩开始捡石头。一发觉不是"心愿石"，他便丢下海去。一粒、二粒、三粒……突然，年轻人哭了起来，因为他刚才习惯地将那颗"心愿石"随手丢下海去后，才发觉它是温暖的！机会降临眼前，很多人都习惯地让它从身边溜走，一旦发觉时，就非常后悔，"哭"和"早知道"都是没用的。

79. 文中的年轻人为什么想去深山中？
    A 因为他想求山中的老人让他发财   B 因为他想山中的老人了
    C 因为深山中的老人是他的亲人   D 因为他喜欢山中的生活

80. 老人告诉他什么？
    A 每天天不亮就起床   B 到沙滩上寻找"心愿石"
    C 将石头加热   D 把石头丢下海去

81. 年轻人最后实现他的愿望了吗？
    A 实现了，因为他找到了"心愿石"   B 没有，因为根本没有"心愿石"
    C 没有，因为他把"心愿石"扔进了大海   D 实现了，因为他努力了

82. 上文告诉我们什么道理？
    A 要注意把握机会   B 要早知道机会何时降临
    C 坚持才能成功   D 错过机会不要哭

83–86.

　　鲁迅是中国著名的文学家，他的著作很多，如《从百草园到三味书屋》、《藤野先生》、《记念刘和珍君》等，其中最著名的是《阿Q正传》。鲁迅有许多有趣的小故事，其中一个是这样的：

　　有一天，鲁迅穿着一件破旧的衣服去理发店理发。理发师见他穿着很随便，而且看起来很脏，觉得他好像是个穷人，就随随便便地给他剪了头发。理了发后，鲁迅从口袋里胡乱抓了一把钱交给理发师，便头也不回地走了。理发师仔细一数，发现他多给了好多钱，于是高兴极了。一个多月后，鲁迅又来理发了。理发师认出了他就是上回多给了钱的顾客，因此对他十分客气，很小心地给他理发，还一直问他的意见，直到鲁迅感到满意为止。谁知道付钱时，鲁迅却很认真地把钱数了又数，一个铜板也不多给。理发师觉得很奇怪，便问他为什么。鲁迅笑着说："先生，上回你胡乱地给我剪头发，我就胡乱地付钱给你；这次你很认真地给我剪，所以我就很认真地付钱给你！"理发师听了觉得很不好意思，连忙向鲁迅道歉。

83. 关于鲁迅，下列说法错误的是：
　　A 他是一个著名的文学家　　　　B《阿Q正传》是他最著名的作品
　　C 他很不讲究个人卫生　　　　　D 他有许多有趣的小故事

84. 第一次理发，鲁迅为什么多给了钱？
　　A 因为他的头发不好剪　　　　　B 因为他很有钱
　　C 因为他想下次不给钱了　　　　D 因为他是胡乱给的钱

85. 第二次理发的时候理发师为什么会很认真？
　　A 他认为鲁迅会多给钱　　　　　B 他认为鲁迅很有钱
　　C 他喜欢看鲁迅的作品　　　　　D 他做事情一直很认真

86. 怎样理解文中第二段画线处鲁迅所说的话？
　　A 什么样的态度决定什么样的人生
　　B 你以什么样的方式对待我，我就以什么样的方式对待你
　　C 对待任何人和事都要宽容
　　D 人的一生一定要有钱

87–90.

很多人认为，我们可以从读书中获得很多人生道理，这无疑是对的，但我们所获得的东西是否是对的，却是很值得怀疑的。

对我来说，读书是从消磨时光开始的，读的自然是自己感兴趣的书，其中大多是文学类书籍。但几十年下来，感觉比起一辈子不读书的人，并不见得比他们强了多少。特别是对于人生的道理，读书人并不见得特别明白，特别有思想，这又是怎么回事呢？

我想这其中的原因就是因为前人的书里，记录的只不过是他们的一些人生体验，对现实的指导意义非常有限。事物是发展的，是不会简单地重复的。我们常常看到长辈苦心教育孩子，可孩子能听得进去多少呢？千言万语恐怕还不如朋友的一句话。原因就是朋友说的比较适合孩子的心思，比较实际而已。以我看来，读书最大的收获就是学点儿思考的方式、方法，从而指导我们做事、做人。

87. 下列选项正确的是：

    A 书中的东西都是不对的　　　　**B** 读书没有什么用处

    C 书中的东西也值得怀疑　　　　**D** 读书就是消磨时光

88. 为什么读书的人不一定明白人生的道理？

    A 因为读书时不够认真　　　　**B** 因为读书时没有认真思考

    C 因为书中的道理是错误的　　　　**D** 因为书中的道理不能指导现实

89. 为什么有的孩子听不进去长辈的话？

    A 因为长辈的说话方式不对　　**B** 因为孩子不喜欢听长辈说话

    C 因为长辈的话不适合孩子的心思　**D** 因为长辈的话比较符合实际

90. 根据上文，读书最大的收获是什么？

    A 指导现实生活　　　　**B** 学习思考的方式

    C 获得教育孩子的方法　　　　**D** 记住书中的内容

三、书 写

第一部分

第 91-98 题：完成句子。

例如：发表　　这篇论文　　什么时候　　是　　的

　　　这篇论文是什么时候发表的？

91. 都　　大家　　回家去　　高高兴兴地　　了

92. 来　　下飞机　　就　　了　　他　　一

93. 他　　我　　觉得　　特别　　眼熟　　总

94. 现有的　　她　　于　　学习　　水平　　不满足

95. 我们　　关系　　也　　一点儿　　没有

96. 房价　　市中心的　　高过　　远远　　农村

97. 这么快　　没想到　　我　　就　　忘了　　把　　给

98. 适度的　　越来越　　孩子　　可以　　让　　表现得　　好　　表扬

第二部分

第 99–100 题：写短文。

99. 请结合下列词语（要全部使用），写一篇 80 字左右的短文。

护照、找到了、来不及、帮忙、祝愿

100. 请结合这张图片写一篇 80 字左右的短文。

新汉语水平考试

HSK（五级）模拟试卷 *8*

注　意

一、HSK（五级）分三部分：

　　1. 听力（45 题，约 30 分钟）

　　2. 阅读（45 题，40 分钟）

　　3. 书写（10 题，40 分钟）

二、**答案先写在试卷上，最后 10 分钟再写在答题卡上。**

三、全部考试约 125 分钟（含考生填写个人信息时间 5 分钟）。

一、听 力

第一部分

第1-20题：请选出正确答案。

1. A 这首歌太老了
   B 男的老得掉牙了
   C 男的喜欢听新歌
   D 这首歌非常好听

2. A 很适合学琴
   B 学习很刻苦
   C 最近生病了
   D 不喜欢学琴

3. A 男的穿得太多
   B 男的该到外面运动
   C 四月份的天气很冷
   D 待在屋子里很冷

4. A 用手机上网
   B 上网的价格
   C 手机的价格
   D 上网的速度

5. A 一晚上都在考试
   B 很重视考试
   C 不同意男的的说法
   D 没通过考试

6. A 家里
   B 饭店
   C 邮局
   D 超市

7. A 1000 元
   B 200 元
   C 600 元
   D 800 元

8. A 头疼
   B 发烧
   C 上班了
   D 完全好了

9. A 赞成
   B 反对
   C 不清楚
   D 不耐烦

10. A 手机丢了
    B 电话本丢了
    C 生病了
    D 下班了

11. A 非常感谢女的
    B 很对不起女的
    C 非常着急
    D 非常害怕

12. A 去奶奶家了
    B 回家了
    C 去散步了
    D 陪奶奶散步了

13. A 他的女朋友
    B 他的妈妈
    C 女朋友的妈妈
    D 男的自己

14. A 不打算回家了
    B 早点儿去排队
    C 到外面买票
    D 坐汽车回家

15. A 中午
    B 早晨
    C 晚上
    D 下午

16. A 父女
    B 兄妹
    C 夫妻
    D 恋人

17. A 空气质量
    B 居住环境
    C 交通
    D 工作

18. A 变质了
    B 不好吃
    C 味道非常不错
    D 好吃但太麻烦

19. A 伤心
    B 痛苦
    C 遗憾
    D 快乐

20. A 待人很热情
    B 鼻子上有灰
    C 很不讲卫生
    D 没帮女的忙

第二部分

第 21-45 题：请选出正确答案。

21. A 男的学习很好
    B 女的很着急
    C 男的很不耐烦
    D 男的考试没及格

22. A 现在很想家
    B 刚来两个月就想家了
    C 没有人关心他们
    D 女孩子半夜经常哭

23. A 医院
    B 商店
    C 超市
    D 公司

24. A 米饭
    B 馒头
    C 菜
    D 包子

25. A 一针
    B 两针
    C 三针
    D 四针

26. A 去图书馆
    B 看电影
    C 写论文
    D 逛街

27. A 上课
    B 看电视
    C 做作业
    D 看书

28. A 网吧
    B 书店
    C 邮局
    D 商场

29. A 儿子没考上北大
    B 儿子学习不好
    C 儿子又要钱了
    D 儿子脾气不好

30. A 40
    B 56
    C 55
    D 54

31. A 用水洗
    B 用水泡
    C 用冰冻
    D 用火烤

32. A 用干布擦
    B 用冰冻
    C 冲洗头发
    D 抹润发乳

33. A 好吃的口香糖
    B 生活小常识
    C 衣服的故事
    D 头发的故事

34. A 反应很敏感
    B 迅速往外跳
    C 反应很强烈
    D 感觉很舒服

35. A 突发事件
    B 无法察觉的情况
    C 一直保持清醒
    D 自我感觉良好

36. A 时刻警觉保持清醒
    B 不要杀害青蛙
    C 保持良好的自我感觉
    D 不要玩儿热水

37. A 去做官了
    B 仍旧努力读书
    C 在家务农
    D 养鸡卖鸡

38. A 祖逖听后起床练剑
    B 祖逖听后继续睡觉
    C 人们认为这很吉利
    D 人们认为可以消灾避难

39. A 奋发有为的人
    B 起床很早的人
    C 听见鸡叫就练剑的人
    D 能写一手好文章的人

40. A 一条狗
    B 一只狼
    C 一条狗和一只狼
    D 一群狼

41. A 被狼吃掉了
    B 被狗吃掉了
    C 被农夫打了
    D 被狼咬死了

42. A 让树陪着狗
    B 他喜欢树
    C 让树陪着狼
    D 种树救狗

43. A 学生的考试分数
    B 学生的身体情况
    C 学生的家庭情况
    D 学生的自身情况

44. A 教师的水平
    B 升学的人数
    C 学生的情况
    D 学校的情况

45. A 增加课堂作业
    B 增加主科作业
    C 增加各科作业
    D 增加课外作业

二、阅 读

第一部分

第46-60题：请选出正确答案。

46-48.

有个太太多年来不断抱怨对面的女人很 46 ："那个女人连衣服都洗不干净，她晒在院子里的衣服，上面总是有脏东西，我真的不知道，那样的衣服她可怎么穿啊……"

直到有一天，有个 47 的朋友到她家，才发现对面的女人衣服洗不干净的秘密。朋友拿了一 48 抹布，把这个太太窗户上的灰抹掉，说："看，这不就干净了吗?"原来，是这位太太自己家的窗户脏了。

46. **A** 勤劳　　　　**B** 懒　　　　**C** 干净　　　　**D** 穷
47. **A** 细心　　　　**B** 真心　　　　**C** 开心　　　　**D** 乐观
48. **A** 张　　　　　**B** 块　　　　　**C** 支　　　　　**D** 顶

49–52.

有个小男孩，头 49 球帽，手拿球棒和棒球来到后院。"我是世界上最伟大的打击手!"他很有自信地说。然后把球往空中一扔，用力挥棒，但却 50 打中。他没有灰心，又往空中一扔，大喊一声："51 !"可惜又落空了。他停下来，仔仔细细地将球棒和棒球检查了一遍，然后站了起来，又试了一次。这次他仍然 52 自己："我是最杰出的打击手!"然而他的第三次尝试又落空了。"哇!"他突然跳了起来，"原来我是第一流的投手!"

49. **A** 穿　　　　　**B** 戴　　　　　**C** 拿　　　　　**D** 取
50. **A** 没有　　　　**B** 已经　　　　**C** 曾经　　　　**D** 刚才
51. **A** 我是最厉害的打击手　　　**B** 我为什么打不中
　　C 我一定要仔细检查　　　　**D** 我又试了一次
52. **A** 倾诉　　　　**B** 告诉　　　　**C** 劝说　　　　**D** 安慰

53–56.

春天来了，一只小羊 53 了羊妈妈，独自去玩儿。

走了一会儿，小羊看见了许多青草，高兴极了，跑过去正要吃，突然，一只 54 的大灰狼从草丛中跑出来，吓了小羊一跳。

"哈哈！ 55 ，正饿得难受，你正好可以填饱我的肚子。"说完就扑过来。

聪明的小羊赶紧抱着肚子在地上打滚："我好疼啊，一定是得了流感， 56 死了，你快来吃掉我吧。"

大灰狼听了非常害怕："你得了流感？我吃了你一定也会难受的。"于是便垂头丧气地跑了。

53. A 离开   B 永别   C 离去   D 别离
54. A 难看   B 凶恶   C 诚恳   D 温柔
55. A 我已经好几天没吃东西了   B 我已经等你好多天了
    C 我好想你啊   D 我实在忍受不了你了
56. A 难受   B 难过   C 委屈   D 害羞

57–60.

由于网络已经 57 目前青少年掌握信息的一种主要方式，他们不可避免地受到网络语言的影响，所以在语言表达、思维方式等方面都会有所改变。但是，极不规范的网络语言 58 ，阻碍和 59 了他们对汉语的学习。因此有必要出台 60 的规定进行规范，使网络语言朝着有利于青少年的角度发展。

57. A 行为   B 作为   C 成为   D 成长
58. A 容易使青少年受到黄色信息的污染
    B 帮助青少年了解外面的世界
    C 有利于拓展青少年的眼界和知识面
    D 对青少年造成了十分不利的后果
59. A 误导   B 诱导   C 指导   D 指挥
60. A 关联   B 相关   C 关系   D 关于

第二部分

第61-70题：请选出与试题内容一致的一项。

61. 作为父母，应该尽量在自己力所能及的范围内给孩子提供比较好的生活学习条件。有些父母为了子女的成长和未来，无论自己是什么条件，什么东西都给自己的孩子提供最好的，并且互相攀比，没有节制。如果从这一点出发，我们就不难理解现在为什么好多人都说孩子养不起了。

    A 父母为孩子过度消费

    B 现在的父母养不起孩子

    C 要为孩子提供最好的条件

    D 养孩子的费用要互相比较

62. 目前，中国正陆续推出一系列措施，以提高教师和医生的经济收入。可见，医生和教师这两个职业已经得到了政府部门的足够重视。然而收入水平提高了，原来的奉献精神还要继续提倡，不能一切"向钱看"。

    A 教师和医生的收入很低

    B 教师和医生都是奉献的职业

    C 要提高教师和医生的经济收入

    D 教师和医生既要有高收入也要讲奉献

63. 白酒属于高档消费品，国家对于高档消费品的税收控制得相当严格，况且饮酒过多不利于健康，也不利于社会安定。对白酒征收重税，既可以增加财政税收，又可以减少白酒的消费。因此白酒加税合情合理，没有什么可以争议的。

    A 对白酒加税是合理的

    B 饮酒会使社会不安定

    C 白酒是日常消费品

    D 高档消费品的税收不合理

64. 小王说："我们这些同学开始工作的年份都差不多，几乎都是一年时间，但有好多人已经坐不住了。也不是说现在的工作真的差到让人做不下去，可就是觉得是时候该换换了。如果继续在同一个单位干下去，肯定没什么出路。"

A 小王和他的同学都是同时工作的

B 大家觉得现在的工作都很差

C 大部分同学都想换一份工作

D 没有人会一直在一个单位工作

65. 艾滋病不仅是一种疾病，而且是一个社会问题。之所以是社会问题，是因为在我们没有做好宣传教育等前期准备工作的时候，就已经有好多人得了艾滋病。这种疾病造成了社会恐慌，社会恐慌又来源于无知。可见，最终原因还是大家对艾滋病了解得太少了。

A 防治艾滋病是不可能的事情

B 很多人得艾滋病是因为恐慌

C 我们没有对艾滋病进行宣传教育

D 大家对艾滋病恐慌是因为了解不够

66. 东方文化比较注重结果，忽视过程。人们注重他人对自己的评价，害怕别人发现自己没成功或是认为自己不成功。所以，不够成功的人往往会给自己一些心理暗示，觉得别人看不起自己，使自己没有面子。

A 东方人常常给自己心理暗示

B 东方文化里人们觉得别人看不起自己

C 东方文化注重过程，忽视结果

D 东方人更担心别人认为自己不成功

67. 春节期间由于子女无法回家过年，出现了很多老人过年时没有子女陪伴的现象。其实春节时子女应该回家团聚。一是因为现在大部分都是独生子女，孩子是父母全部的希望；二是由于在外工作的人如果长期不回家，会跟家人渐渐疏远，使父母承受更多的孤独。

A 现在的老人过年时都没有子女陪伴

B 只有独生子女过年时才应该回家

C 春节是子女与父母团聚的好机会

D 长期不回家的人会让父母担心

68. 对于很多一心为事业的人来说，在办公室停留的时间超过在家里的时间，这是可以理解的。可是，整天没事却一直在办公室里的人，总让人觉得不可理解。现代人把办公室当成家，是一种幸福，也是一种悲哀，毕竟休息也是一种权利，享受家庭生活是人生中不可缺少的一部分。

A 没事待在办公室里是为了休息

B 整天在办公室里的人是在工作

C 要把办公室当成自己的家

D 享受家庭生活是很重要的

69. 回族人待人诚实，非常有礼貌。当家里来客人时，要走出大门外去迎接。客人进屋时，要主动给客人揭开门帘，让客人先进屋。客人入座后，马上为客人沏上热茶。他们一般不跟客人说"你喝茶吗"、"你吃饭了没有"、"给你做饭吧"，等等。不管是富裕还是困难的家庭，家里只要来了客人，都会热情地备饭，把客人招待好。

A 主人在前面引路先进屋

B 客人进屋时自己揭门帘

C 得知客人没吃饭，回族人马上留客人吃饭

D 回族人对客人很热情

70. 章子怡身上体现着一种具有潜力的特殊气质，她在某种程度上代表着中国电影产业的崛起。作为与世界电影结合得最紧密的中国演员之一，章子怡的一系列作品代表着中国电影产业的蓬勃发展。她是将中国电影产业推向世界的形象代言人，而世界电影则透过她接触到更多的中国电影和演员。

A 没有章子怡就没有中国的电影产业

B 中国电影发展功劳最大的是章子怡

C 章子怡是中国电影产业的代表人物

D 世界因为章子怡才知道中国电影的

第三部分

第71-90题：请选出正确答案。

71-74.

一只狼出去找食物，找了半天什么都没有找到。这时它经过一户人家，听见房间里有小孩在哭，接着传来一位老奶奶的声音："别哭啦，你再不听话，就把你扔出去喂狼吃。"狼一听到这句话，心里非常高兴，便蹲在不远的地方等起来。一直等到太阳落山了，也没看见老奶奶把孩子扔出来。晚上，狼已经饿得不行了，便想跑进房间里去，却又听老奶奶说："快睡吧，别怕，狼来了，咱们就把它杀死煮了吃。"狼听了，吓得赶紧跑回了家。同伴问它有什么收获，它说："别提了，老奶奶说话不算数，害得我饿了一天。不过多亏我后来跑得快，否则就被煮了！"

别人信口开河，你就信以为真，全然不知许多时候人家只是在拿你说事而已。记住，不要让别人的话改变了你正常的工作和生活。

71. 狼为什么很高兴？
    A 老奶奶说要把小孩喂狼　　　　　　B 它听见了小孩的声音
    C 它吃到了食物　　　　　　　　　　D 太阳就要落山了

72. 狼后来为什么要跑？
    A 老奶奶要请它进屋　　　　　　　　B 它相信了老奶奶的话
    C 没有食物可吃　　　　　　　　　　D 后面有人追它

73. 文中画线词语"信口开河"的意思是什么？
    A 说出了一条河　　　　　　　　　　B 随便乱说
    C 天气热，河水里的冰都化开了　　　D 骗子骗人的方法

74. 上文告诉我们一个什么道理？
    A 要相信别人的话　　　　　　　　　B 不要随意听信别人的话
    C 不能对狼说谎　　　　　　　　　　D 要认真地等待机会

75–78.

我爱微笑，并迷上了这种美丽的表情。它灿烂如花，不分四季，不论南北，只要有人的地方就会开放。越是美丽的心灵，微笑之花就开得越美。

善于微笑的人是快乐的，经常微笑的面孔是年轻的。

人生的乐趣，莫过于微笑着面对一切。面对失败和挫折，微笑是乐观与自信，它能给人无限的勇气；面对鲜花和掌声，微笑是谦虚与清醒，它能给人不断进取的力量；面对烦恼和忧愁，微笑是平和与宽容，它能给人快乐开心的心境。

集体的微笑产生和平，他人的微笑体现理解，自我的微笑则是心灵的洗衣机。微笑，体现和谐。一个不会微笑的人，可能拥有地位和金钱，却不一定拥有内心的宁静和真正的幸福，他的生命中一定有遗憾。

鲜花与坎坷相伴，阳光与风雨并存，成功与失败同在。人生不如意的事常常有，就让我们微笑着面对一切吧，让世界在微笑中变得更加和谐、更加美好！

75. 根据上文，下列说法正确的是：
   A 微笑很美丽
   B 微笑是一朵花
   C 微笑需要花
   D 微笑需要四季

76. 下列哪项不是微笑带给我们的？
   A 勇气
   B 力量
   C 开心
   D 失败

77. 一个不会微笑的人，可能不会拥有：
   A 金钱
   B 遗憾
   C 地位
   D 幸福

78. 上文的主题是什么？
   A 勇气
   B 微笑
   C 美好
   D 幸福

一次，我去见一位事业上很有成就的朋友，聊天儿的时候我们谈起了命运。我问："这个世界到底有没有命运？"他说："当然有啊。"我再问："命运究竟是怎么回事？既然命中注定，那奋斗又有什么用？"

他没有直接回答我的问题，而是笑着抓起我的左手，说先看看我的手相，帮我算算命。他给我讲了我手上的生命线、爱情线、事业线等诸如此类的话之后，突然，他对我说："把手伸好，照我的样子做一个动作。"他的动作就是：举起左手，慢慢地且越来越紧地握起拳头。最后，他问："握紧了没有？"我有些奇怪，答道："握紧了。"他又问："那些命运线在哪里？"我不解地回答："在我的手里呀。"他再追问："请问，命运在哪里？"我终于明白：命运在自己的手里！

他很平静地继续说："不管别人怎么跟你说，不管'算命先生们'如何给你算，记住，命运在自己的手里，而不是在别人的嘴里。这就是命运。当然，你再看看你自己的拳头，你还会发现你的生命线有一部分还留在外面，没有被握住，它又能告诉我们什么呢？命运绝大部分掌握在自己手里，但还有一部分掌握在'上天'手里。古往今来，'奋斗'的意义就在于用一生的努力去把握自己的命运。"

79. "我"和朋友在谈论什么？
    A 命运   B 事业
    C 算命   D 成就

80. 朋友让"我"做什么？
    A 举起右手   B 请人算命
    C 握紧拳头   D 寻找命运

81. "我"明白了什么？
    A "我"的命运不好   B 命运在自己手中
    C "我"会遇到一些困难   D 我们无法掌握命运

82. 根据上文，下列哪项正确？
    A 命运掌握在别人嘴里   B 命运是自己手中的生命线
    C 命运掌握在自己手里   D 命运是自己说出来的话

83–86.

英国著名科学家焦耳从小就很喜欢物理，他常常自己动手做一些关于电、热之类的实验。

有一年暑假，焦耳和哥哥一起到郊外旅游。聪明的焦耳在玩儿的时候也没有忘记做他的物理实验。他找到一匹残疾的马，由哥哥牵着，自己悄悄躲在后面，用电池将电流连到马身上，想试一试动物在受到电流刺激后的反应。结果，马受到电击后狂跳起来，差一点儿把哥哥踢伤。尽管已经出现了危险，但这丝毫没有影响到焦耳的情绪。他和哥哥又划着船来到湖边，焦耳想在这里试一试回声有多大。他们在枪里塞满了子弹，谁知"砰"的一声，从枪口里窜出一条长长的火苗，烧光了焦耳的眉毛，还差点儿把哥哥吓得掉进湖里。这时，天空乌云密布，电闪雷鸣，刚想上岸躲雨的焦耳发现，每次闪电过后好一会儿才能听见响亮的雷声，这是怎么回事？焦耳顾不得躲雨，拉着哥哥爬上一座山，用表认真记录下每次闪电到雷鸣之间持续的时间。通过不断的学习和认真的观察，他终于发现了一条很重要的物理学定律，成为了一名出色的科学家。

83. 从文中可以看出焦耳是一个什么样的孩子？
    A 聪明好学　　　　　　　　　B 喜欢做游戏
    C 爱玩儿　　　　　　　　　　D 喜欢爬山

84. 焦耳在马身上做了什么实验？
    A 他把马打伤了　　　　　　　B 他把残疾的马治好了
    C 他把电流连到马身上　　　　D 他用电把马电死了

85. 焦耳想用枪做什么实验？
    A 电流　　　　　　　　　　　B 回声
    C 眉毛　　　　　　　　　　　D 湖水

86. 下雨时焦耳发现了什么？
    A 雷电　　　　　　　　　　　B 打雷有声音
    C 闪电过后才有雷声　　　　　D 雷声过后才有闪电

87–90.

　　追星是青少年从孩子向成人成长过程中生理、心理过程的一种反映，是一种客观、正常的社会现象。

　　青少年正处于由孩子向成人成长的发展阶段，明星的出现使他们眼前一亮。他们从明星的身上看到了自我实现的希望，所以追随他们、崇拜他们，把他们作为自己的榜样。

　　追星是青少年寄托希望和理想的一种表现。大多数明星都有一技之长，或在体育方面，或在艺术方面，加上其外表英俊潇洒、美丽动人，年轻人常常被他们吸引，从而在思想、行为和外表等方面去模仿和学习他们。

　　追星也是广大青少年正常的心理需求和情感表达的需要。青少年时期是生理和心理的重要转型时期。在青少年的眼里，明星是快乐的使者，是美的化身，是最有成就的。他们都向往梦幻般的青春，生活在自己想象的世界中，幻想着自己也能成为明星，成为重要人物，并以此作为生活的目标。

87. 我们应该怎样看待青少年的追星现象？
　　A 客观看待追星　　　　　　B 阻止追星
　　C 鼓励追星　　　　　　　　D 限制追星

88. 青少年从明星身上看到了什么才使他们追随、崇拜明星？
　　A 自我实现的希望　　　　　B 明星的美丽动人
　　C 明星的一技之长　　　　　D 明星的英俊潇洒

89. 下列哪项不是明星身上的优点？
　　A 英俊　　　　　　　　　　B 美丽
　　C 潇洒　　　　　　　　　　D 梦幻

90. 关于青少年的追星现象，下列选项正确的是：
　　A 这是正常的心理需求　　　B 这是叛逆的表现
　　C 这是不爱学习的表现　　　D 这是快乐的表现

三、书 写

第一部分

第 91–98 题：完成句子。

例如：发表　　这篇论文　　什么时候　　是　　　的

    这篇论文是什么时候发表的？

91. 社会的　　国家的　　关系到　　安定　　公平

92. 他　　我见过的　　是　　懂事的　　最　　孩子

93. 在家里　　孩子　　可　　关　　把　　不好

94. 生活　　亏　　吃点儿　　算不得　　中　　什么

95. 生　　自己　　什么　　和　　你　　气

96. 这件事　　成功　　呢　　能否　　到底

97. 弄脏　　他的　　被　　人　　了　　新鞋

98. 她　　上　　比　　不　　你的　　能力

第二部分

第 99-100 题：写短文。

99. 请结合下列词语（要全部使用），写一篇 80 字左右的短文。

     客户、谈判、利益、顺利、满意

100. 请结合这张图片写一篇 80 字左右的短文。

新汉语水平考试

HSK（五级）模拟试卷 *9*

注　意

一、HSK（五级）分三部分：

　　1. 听力（45 题，约 30 分钟）

　　2. 阅读（45 题，40 分钟）

　　3. 书写（10 题，40 分钟）

二、**答案先写在试卷上，最后 10 分钟再写在答题卡上。**

三、全部考试约 125 分钟（含考生填写个人信息时间 5 分钟）。

一、听 力

第一部分

第1-20题：请选出正确答案。

1. A 打电话
   B 聊天儿
   C 开会
   D 上课

2. A 让男的好好儿休息
   B 以后不找男的了
   C 让男的下次再去
   D 让男的明天再去

3. A 女的不愿意帮忙
   B 女的这个周末没空儿
   C 男的这个周末回家
   D 男的这个周末很忙

4. A 同事
   B 夫妻
   C 师生
   D 母子

5. A 英文歌曲
   B 流行歌曲
   C 港台歌曲
   D 韩国歌曲

6. A 女的支持男的当画家
   B 女的希望男的去爸爸的公司
   C 男的希望在家照顾爸爸
   D 男的希望去自己的公司

7. A 已经吃药了
   B 病得很严重
   C 喝了过期的牛奶
   D 生病住院了

8. A 身体很好
   B 只想吃鱼
   C 不爱吃蔬菜
   D 太胖了

9. A 对狗特别好
   B 都没有儿子
   C 都不管父母
   D 狗就是他们的儿子

10. A 北京人
    B 辽宁人
    C 广东人
    D 吉林人

11. A 不会做菜
    B 做菜很好吃
    C 做菜比女的好
    D 爱吃麻婆豆腐

12. A 没管好自己的事
    B 很容易相信别人
    C 不准备找小王谈了
    D 不相信小王

13. A 不想吃饭
    B 想打电话
    C 不确定有没有空儿
    D 晚上想加班

14. A 公交车上
    B 家里
    C 电影院
    D 公交车站

15. A 男的通过考试了
    B 男的学习不努力
    C 女的很羡慕男的
    D 男的很骄傲

16. A 过去上大学的事
    B 怎样考大学的事
    C 王强结婚的事
    D 男的追女的的事

17. A 也想报英语班
    B 男的口语不好
    C 自己英语太差
    D 想和男的商量

18. A 昨晚开车了
    B 闹钟坏了
    C 路上堵车了
    D 起床晚了

19. A 电脑被男的借走了
    B 要向男的借电脑
    C 电脑被小王借走了
    D 借电脑借晚了

20. A 慌慌张张
    B 丢三落四
    C 勤劳勇敢
    D 认真刻苦

第二部分

第 21-45 题：请选出正确答案。

21. A 下雨没带伞
    B 公司有事
    C 堵车了
    D 车坏了

22. A 兴奋
    B 高兴
    C 怀疑
    D 难过

23. A 玩儿得不开心
    B 很喜欢去宾馆住宿
    C 花了很长时间回宾馆
    D 打车回的宾馆

24. A 今年 3 月
    B 明年 3 月
    C 今年 12 月
    D 明年 2 月

25. A 交不起报名费
    B 身体不太好
    C 不太会说话
    D 比赛表现不好

26. A 男的不给女的买戒指
    B 男的和女的分手了
    C 男的现在没发工资
    D 男的要把工资交给女的

27. A 有 18 种样子
    B 比以前胖了
    C 比以前高了
    D 比以前漂亮了

28. A 医院
    B 学校
    C 公司
    D 家里

29. A 这只是个别现象
    B 那些人有点儿惭愧
    C 现在的人都没有感情
    D 人快乐是因为爱自己

30. A 对待员工很好
    B 从来不犯错误
    C 生病住院了
    D 不会说话了

31. A 北京
    B 南京
    C 天津
    D 沈阳

32. A 1950 年
    B 1956 年
    C 1958 年
    D 1970 年

33. A 王利发
    B 常四爷
    C 刘麻子
    D 老舍

34. A 还是跳一下
    B 先去找木棍
    C 停下不走了
    D 还是正常走

35. A 从众行为
    B 从众心理
    C 心理效应
    D 从众效应

36. A 金融市场
    B 动物学界
    C 医疗市场
    D 心理学界

37. A 旅游很辛苦
    B 旅游的人太多
    C 朋友请她打球
    D 她就想睡觉

38. A 出去旅游
    B 锻炼身体
    C 在家睡觉
    D 检查身体

39. A 爬山
    B 睡觉
    C 打球
    D 逛街

40. A 每个人都吃不饱
    B 只有一周大家都吃饱了
    C 只分粥的那个人能吃饱
    D 每个人都吃得很饱

41. A 只有一个人吃得饱
    B 每个人都吃凉粥
    C 每个人都能吃饱
    D 分粥结果很公平

42. A 快快乐乐
    B 忙忙碌碌
    C 非常穷困
    D 非常富有

43. A 白酒
    B 米酒
    C 葡萄酒
    D 啤酒

44. A 鲜嫩
    B 更黄
    C 变多
    D 变大

45. A 可以用来淘米
    B 帮助存放火腿
    C 帮助减轻醋味
    D 可使米饭香甜

二、阅 读

第一部分

第 46–60 题：请选出正确答案。

46–48.

　　主人外出，召来三个仆人，按他们的不同才能 <u>46</u> 银子：甲五千、乙两千、丙一千。主人走后，甲、乙二人用得到的银子做生意，分别 <u>47</u> 了五千、两千。丙仆人胆小，为显示对主人的忠诚，他将一千两银子埋了起来。主人回来后，对甲、乙二人十分满意，说："好，我要把许多事交给你们管理，让你们享受当主人的快乐。"然后把丙仆人赶出门外，并将一千两银子 <u>48</u> 给已拥有一万两银子的那个仆人。

46. **A** 发放　　　　**B** 奖励　　　　**C** 没收　　　　**D** 分开
47. **A** 赢　　　　　**B** 赚　　　　　**C** 赔　　　　　**D** 少
48. **A** 拥有　　　　**B** 惩罚　　　　**C** 奖赏　　　　**D** 施舍

49–52.

　　有一次，拳王阿里乘坐一架飞机外出。飞机起飞时，空姐 <u>49</u> 每位乘客系好自己的安全带。阿里因为自己的特殊名望，并没有 <u>50</u> 空姐所说的去做。空姐看见了，便来到阿里的身边，再次要求他系好安全带。阿里说道："<u>51</u>。"这位空姐微笑着对阿里说了一句让他清醒的话："超人用得着坐飞机吗？"

　　阿里愣了一下，乖乖地系好了自己的安全带。从此，阿里不再骄傲。他知道，一个人，无论怎样 <u>52</u> ，都不是无所不能的超人。

49. **A** 命令　　　　**B** 要求　　　　**C** 宣传　　　　**D** 传播
50. **A** 按照　　　　**B** 遵守　　　　**C** 遵循　　　　**D** 安排
51. **A** 超人是不用系安全带的　　　　**B** 我是拳王
　　 C 你凭什么命令我　　　　　　**D** 你没有资格和我说话
52. **A** 高兴　　　　**B** 忧伤　　　　**C** 杰出　　　　**D** 清醒

53–56.

　　有一天晚上，一颗星星从天上掉下来，穿破了一栋房子的屋顶，落在地上。住在这栋房子里的女人听到声音，跑来一看，_53_ 了一颗星星。她把星星抱起来，放在怀里。

　　"_54_ ?"女人的丈夫问。

　　"一颗星星。"女人回答，"我们没有小孩，可以把它留下来。"

　　她让星星喝了东西，又把它喂饱，最后把星星放在小床上，替它盖好被子，星星很 _55_ 。但是丈夫不高兴了："我们要星星干什么？它没有眼睛，看不见东西。""但是它会发光。"女人回答。"它没有腿，不能 _56_ 。"丈夫又说。"但是它会给我们带来快乐和幸福。"女人回答。女人是对的，星星除了吃饭睡觉以外，其余的时间都陪伴在这对夫妻身边，把快乐和幸福带给了他们。其实，人生快乐和幸福才是最重要的。

53. A 发现　　　　B 创造　　　　C 创新　　　　D 制造
54. A 你发现了什么　　　　　　B 你在干什么
　　 C 我来帮助你怎么样　　　　D 你为什么还不回来
55. A 生气　　　　B 害怕　　　　C 满意　　　　D 害羞
56. A 走路　　　　B 唱歌　　　　C 读书　　　　D 吃饭

57–60.

　　为了 _57_ 婚姻中的问题，很多美国夫妇会 _58_ 婚姻顾问的帮助。不过，婚姻顾问提供的不是免费服务，跟心理医生一样，他们是按小时计费的，1 小时收费从 80 美元到 150 美元不等。一般来讲，至少要每周进行一次面谈，连续 5 次到 10 次，需要 400 美元到 1500 美元。对很多美国家庭 _59_ 说，这不是一个小数字，因为 _60_ 。

57. A 解答　　　　B 解除　　　　C 解释　　　　D 解决
58. A 寻求　　　　B 寻找　　　　C 要求　　　　D 哀求
59. A 而　　　　　B 且　　　　　C 来　　　　　D 去
60. A 婚姻顾问收费比较合理
　　 B 很多家庭需要这种服务
　　 C 这种顾问服务效果很好
　　 D 很多家庭平均收入并不高

第二部分

第61-70题：请选出与试题内容一致的一项。

61. 许多家庭教育最明显的误区之一，就是把分数不仅当成智力发展水平的唯一尺度，也当成孩子学习能力强弱的尺度。分数与智力水平不是一回事，分数只反映智力水平的一部分。分数与学习能力也不是一回事，"高分低能"就是只抓分数不抓发展能力造成的。

   A 分数能反映孩子的学习能力

   B 家庭教育不要只注重分数

   C "高分低能"是孩子的能力一般

   D 分数是智力发展水平的唯一尺度

62. 减肥是一种生活方式。当你把这种生活方式应用到你每天的生活当中时，你就能让减肥这件事变得和吃饭睡觉一样自然、简单。这是减肥的理想办法。许多人都说减肥痛苦，其实只要你顺其自然，把它当成一种习惯、一种生活，你就能体味到其中的快乐。

   A 减肥和吃饭睡觉一样简单

   B 要把减肥变得自然才有效果

   C 每天生活简单一些才能减肥

   D 把减肥当成生活方式就不难了

63. 在加拿大，圣诞节后的第一天被称为"节礼日"，众多商家都会在这一天推出折扣优惠、限量销售等促销活动来吸引顾客。很多顾客一大早就会排队等候商店开门，以求买到物美价廉的商品。有时候为了能够买到商品，有些顾客甚至彻夜排队等候。

   A 加拿大早上就有人排队买东西

   B 商家会在圣诞节前一天搞促销

   C "节礼日"促销活动很吸引消费者

   D 好商品只在"节礼日"这一天出售

64. 简约生活的理念已经深入人心，它体现在我们衣食住用行的方方面面。实践这种生活的理念，不仅仅是为了省钱、健康，更因为它有利于我们人类的可持续发展。

A 简约生活只是为了省钱、健康

B 衣食住行都能体现简约生活理念

C 人类可持续发展影响生活各方面

D 省钱、健康的理念已经深入人心

65. 在日本，商品全部明码标价。需要注意的是，这些商品不能讲价，也不能拍照。所以在日本购物，看准了要买的商品直接给钱就好了。不要跟店员讲价，否则人家会认为你很不地道，也不礼貌。

A 在日本买东西很便宜

B 跟店员讲价不道德

C 明码标价的商品可以拍照

D 在日本购物不需要讲价

66. 泰国的许多免税店可以算得上是购物天堂，很多当地及世界名牌都可以找到，而且价格也比中国的便宜不少。去泰国的旅游团游客自由活动的时间视行程的安排来决定，通常自由购物时间是一个小时，具体的事情领队和导游会根据当天行程的实际时间决定。

A 泰国很多世界名牌比中国贵

B 游客可以自己决定购物时间

C 领队和导游决定当天的行程

D 泰国的免税店都是购物天堂

67. 在涂抹护手霜前，要把双手洗净，最好是使用温水，这样对手部的皮肤不会有很大的刺激，同时也会让血液循环得更好，手部的肌肤会更加柔嫩。然后把护手霜均匀涂抹在洗净的双手上，让双手充分吸收营养。涂抹时应直接把护手霜挤在手背上，然后用双手的手背互相画圈涂抹，让双手的温度提升，这样有利于护手霜产品的吸收。

A 涂抹护手霜之前不需要洗手

B 护手霜可促进手部血液循环

C 温水洗手可减少对皮肤的刺激

D 护手霜应该先涂抹在手心上

68. 心情不好的时候，可以写写日记、制订新的计划和目标，用看得见的积极话语为自己打气。确立一个可以实现的阶段性目标并努力去完成，而不要只盯着眼前的不完美。还要多与身边性格积极向上的朋友接触，适当进行一些有娱乐性的运动项目，如跳舞、打球，这些都能调整心态，让人感到快乐。

    A 心情不好时不能做运动

    B 心情不好时可以交朋友

    C 心情不好时可以睡觉

    D 心情不好时不能娱乐

69. 日常生活中的一些习惯，比如上下班只走一条道儿、吃饭穿衣都是一种风格等，时间久了会减弱外部环境对大脑的刺激，使人的注意力更容易集中在自身，反而容易产生压力。打破一些旧习，尝试一些改变，能够帮助人们把注意力从自身转移到外界，从而起到转换心情、缓解压力的作用。

    A 尝试一些改变可以缓解压力

    B 日常生活习惯会刺激大脑

    C 上下班只走一条道儿会转换注意力

    D 打破旧习会使人注意力集中在自身

70. 婚前财产公证这一近几年才比较流行的做法，很难被观念保守的父母所理解接受。在传统观念中，婚姻是两人共同的事业，夫妻应不分你我，同甘共苦。一旦在婚前就把财产分清了，老人可能会觉得媳妇或女婿不是真心成家过日子，会影响今后的相处。

    A 保守的父母很难理解婚前财产公证

    B 长辈认为夫妻应该在婚前分清财产

    C 婚前财产公证说明对方不想过日子

    D 婚前财产公证会影响今后两人相处

第三部分

第71—90题：请选出正确答案。

71—74.

有个叫阿巴格的人生活在内蒙古草原上。有一次，少年阿巴格和他爸爸在草原上迷路了。阿巴格又累又怕，到最后快走不动了。爸爸就从兜里掏出5枚金币，把一枚硬币埋在草地里，把其余4枚放在阿巴格的手上，说："人生有5枚金币，童年、少年、青年、中年、老年各有一枚。你现在才用了一枚，就是埋在草地里的那一枚。你不能把5枚都扔在草原里，你要一点点地用，每一次都用出不同来，这样你的一生才有意义。今天我们一定要走出草原，你将来也一定要走出草原。世界很大，人活着，就要多走些地方，多看看，不要让你的金币没有用就扔掉。"在父亲的鼓励下，阿巴格那天走出了草原。长大后，阿巴格离开了家乡，成了一名优秀的船长。

珍惜生命，就能走出挫折的草原。

71. 阿巴格在草原上遇到了什么困难？

    A 迷路了   **B** 困了

    C 饿了   **D** 金币丢了

72. 爸爸给了阿巴格什么？

    A 五枚硬币   **B** 五块钱

    C 命运   **D** 青春

73. 爸爸埋在草地里的那枚硬币代表什么？

    A 童年   **B** 少年

    C 中年   **D** 老年

74. 爸爸告诉阿巴格一个什么道理？

    A 珍惜时间   **B** 坚持不懈

    C 珍惜生命   **D** 克服困难

75–78.

　　"福"字现在的解释是"幸福"，而在过去则指"福气"、"福运"。春节贴"福"字，无论是现在还是过去，都寄托了人们对幸福生活的向往和对美好未来的祝愿。民间为了更充分地体现这种向往和祝愿，将"福"字倒过来贴，表示"福气已到"的意思。每逢新春佳节，家家户户都要在屋门上、墙壁上、门楣上贴上大大小小的"福"字。春节贴"福"字，是中国民间由来已久的风俗。早在 3000 多年前的商周青铜器上，即已有不同结构的"福"字。尔后随着各种字体的出现，"福"字书法也越来越多、越  来越艺术化，后人的《百福图》、《千福图》则集中了"福"字的各种写法。"福"字不仅是人们祈求平安、吉祥的表现，而且体现了中国书法的博大精深。

　　另外，剪纸也是"福"字艺术化中的一族。古人的作品由于年代久远现在几乎已经没有了，但现代的精品却非常多。北京剪纸艺术家刘韧的剪纸屋专用形象标志就是其中的优秀作品。该标志以象形的"福"字作为主体，"福"字中的"示"字旁是小鸟落在大树上，小鸟象征着吉祥，大树象征着生命的根和永恒；"福"字的右边被设计成中国传统的"阿福"形象，象征着对幸福的祈祷和祝愿，十分惹人喜爱。

75. 根据上文，"福"字现在的意义是：
　　A 幸福　　　　　　　　　　　　B 福气
　　C 福运　　　　　　　　　　　　D 祝福

76. 下列哪项不是"福"字所张贴的位置？
　　A 屋门　　　　　　　　　　　　B 墙壁
　　C 门楣　　　　　　　　　　　　D 地板

77. 关于"福"字，下列说法中错误的是：
　　A 是人们祈求平安和吉祥的　　　B 是人们对美好生活的向往
　　C 贴"福"字是现在的风俗　　　　D 体现了中国书法的博大精深

78. 刘韧的剪纸屋专用形象标志是什么？
　　A "福"字　　　　　　　　　　　B "示"字
　　C 阿福　　　　　　　　　　　　D 小鸟

79–82.

张怡宁小时候非常顽皮淘气。父母对她费尽了心思，除了唱歌、跳舞，还送小怡宁去学游泳、武术。可性格像男孩的张怡宁，<u>偏偏不买父母的账</u>，一个都不喜欢学。

后来，喜欢打乒乓球的舅舅决定把小怡宁送到体校参加乒乓球培训班。谁知第一天早上送去后，晚上教练就留下了小怡宁，说这孩子不错，希望能坚持打下去，这激发了父母的信心。更让父母惊奇的是，小怡宁回到家就对着镜子练挥拍、练姿势，十分刻苦。

张怡宁第一次参加北京市比赛时年仅 7 岁。前面的比赛，她打得比较顺手，很轻松地就进入了决赛。决赛时，前两局，双方打成了 1:1。第 3 局，两个小姑娘拼得更凶了，比分咬得很紧。此时，张怡宁明显感到了压力，在以 13:15 落后时，她真的急了，生怕冠军被对手夺走。她毕竟还是个孩子，心里的急很快就表现在了脸上。张怡宁哭了，眼泪不停地往下流。比赛暂停后，教练耐心地安慰她，给她鼓励，说她平时那么刻苦努力地练球，今天一定能赢得比赛。看台上的父母也冲她点头微笑，对她竖起了大拇指。张怡宁稳定住了情绪，也找回了自信，最后她夺得了生平第一个冠军。

这次比赛给小怡宁留下了深刻的印象。她也悟出了一个道理：要想在比赛中拿冠军，就必须在平时下工夫苦练。从那以后，她练得更用心了，技术水平有了很大长进。

后来，张怡宁成了中国乒乓球队的主力选手，并且拿了奥运会、世锦赛等多项冠军。

79. 张怡宁小时候是一个什么样的孩子？
    A 顽皮淘气   B 懂事乖巧
    C 能歌善舞   D 聪明伶俐

80. 谁决定让张怡宁学习乒乓球？
    A 她的妈妈   B 她的爸爸
    C 她的舅舅   D 张怡宁本人

81. 上文第一段画线句子"偏偏不买父母的账"在文中是什么意思？
    A 张怡宁不给父母钱   B 张怡宁的父母很伤心
    C 张怡宁的父母没有钱   D 张怡宁不好好儿学习

82. 关于文中张怡宁 7 岁时参加北京市乒乓球比赛，下列说法哪项错误？
    A 前两局双方各赢一局   B 张怡宁比赛时哭了
    C 最后张怡宁赢得了比赛   D 这是张怡宁第一次参赛

83-86.

一次，在取汽车钥匙时，李嘉诚不小心把一枚两元硬币掉到了地上。硬币滚到了车底。当时他估计如果汽车开动，硬币就会掉到下水道的沟里。李嘉诚及时蹲下身想捡起硬币。此时旁边一名值班的人看见，立即帮他捡了起来。李嘉诚收回硬币后，竟给他100元酬谢。他对此的解释是："如果我不捡这两元硬币，让它滚到沟里，这两元钱便会在世界上消失。而100元给了值班的人，他便会利用它。我觉得钱可以用，但不可以浪费。"

这件小事说明了李嘉诚对待金钱的一种态度，也说明了他的思维风格。只要社会财富增加了，自己损失一点儿也不算什么；相反，如果社会财富减少了，自己即使收获了一点儿小利也是损失。这真是关系到国家富强的大问题。

人以自己的利益为出发点从而对社会有所贡献，要比直接想改善社会的人贡献大。这样的"自利"或者说"自私"是很可爱的。因为这种"自利"能给别人带来利益，自己的"利"和别人的"利"加起来，社会财富自然增加，国家自然富强。

83. 李嘉诚认为自己损失了多少钱？
    A 没有损失   B 2元
    C 98元   D 100元

84. 李嘉诚是怎样对待金钱的？
    A 挥霍   B 利用
    C 浪费   D 羡慕

85. 下列说法正确的是：
    A 社会财富减少，个人利益也受损
    B 从自己的利益出发做事肯定不对
    C 那100元是值班的人得到的奖金
    D 李嘉诚不在乎钱

86. 上文告诉我们什么？
    A 个人的"利"与国家的"利"相关   B 富人怎样对待金钱
    C 国家富强是大问题   D 应该怎样对待金钱

《百家姓》是一本关于中国人姓氏的书，它是在北宋初期写成的。原来收集姓氏 411 个，后来增补到 504 个，其中单姓 444 个，复姓 60 个。《百家姓》的次序不是按照各姓氏人口的实际数量多少排列的，而是考虑读起来顺口，易学好记。《百家姓》与《三字经》、《千字文》并称"三百千"，是中国古代幼儿的启蒙读物。"赵钱孙李"成为《百家姓》前四姓是因为《百家姓》形成于宋朝的吴越钱塘地区，故而宋朝皇帝赵氏、吴越国国王钱氏、吴越国王的妻子孙氏以及南唐国王李氏成为百家姓前四位。《百家姓》是中国流行时间最长、流传范围最广的一种蒙学教材。它的成书和普及要早于《三字经》。

87. 《百家姓》的主要内容是什么？
    A 中国人的姓氏　　　　　　　B 中国的姓氏知识
    C 中国人姓名的由来　　　　　D 一百个中国人的姓氏

88. 增补后的《百家姓》一共有多少个姓氏？
    A 411　　　　　　　　　　　B 444
    C 504　　　　　　　　　　　D 60

89. 《百家姓》的次序是按照什么排列的？
    A 姓氏笔画顺序　　　　　　　B 各姓氏人数的多少
    C 读起来顺口　　　　　　　　D 古代帝王的姓氏顺序

90. 下列哪本书不是中国古代幼儿的启蒙读物？
    A 《百家姓》　　　　　　　　B 《千字文》
    C 《红楼梦》　　　　　　　　D 《三字经》

三、书 写

第一部分

第91-98题：完成句子。

例如：发表　　这篇论文　　什么时候　　是　　的

　　　<u>这篇论文是什么时候发表的？</u>

91. 他　　原谅　　一次又一次　　请求　　地

92. 真实的　　把　　想法　　希望　　说出来　　能　　你

93. 热情地　　我们　　欢迎　　客人的　　每一位　　光临

94. 进步　　更快　　科学的　　使　　经济　　发展得

95. 有很多　　对　　感兴趣　　外国人　　京剧　　的

96. 考上了　　她　　自己的　　凭　　努力　　北京大学

97. 事故　　发生了　　一起　　高速公路上　　严重的

98. 她　　忙于　　一直　　工作

第二部分

第 99-100 题：写短文。

99. 请结合下列词语（要全部使用），写一篇 80 字左右的短文。

季度、早晚、人员、应聘、信心

100. 请结合这张图片写一篇 80 字左右的短文。

新汉语水平考试

HSK（五级）模拟试卷 *10*

注　意

一、HSK（五级）分三部分：

　　1. 听力（45 题，约 30 分钟）

　　2. 阅读（45 题，40 分钟）

　　3. 书写（10 题，40 分钟）

二、**答案先写在试卷上，最后 10 分钟再写在答题卡上。**

三、全部考试约 125 分钟（含考生填写个人信息时间 5 分钟）。

一、听 力

第一部分

第 1-20 题：请选出正确答案。

1. A 学校
   B 车站
   C 邮局
   D 商店

2. A 男的有一条围巾
   B 女的手很巧
   C 女的送丽云一条围巾
   D 围巾不是女的织的

3. A 小丽觉得天气不冷
   B 小丽非常爱美
   C 男朋友比美丽重要
   D 小丽长得很漂亮

4. A 冬天的西瓜不好吃
   B 现在生活水平提高了
   C 西瓜和过去不一样
   D 没有想不到的事情

5. A 她爸爸的耳朵不好
   B 爸爸不听女的的话
   C 她爸爸耳边有风
   D 男的也喜欢喝酒

6. A 女的是歌星
   B 女的在道歉
   C 女的昨天回来晚了
   D 女的在练习唱歌

7. A 向女的道歉
   B 想和女的一起吃饭
   C 批评女的
   D 跟女的吵架

8. A 英语
   B 俄语
   C 汉语
   D 韩语

9. A 毕业生对工作的要求
   B 如何提高自己的能力
   C 人总不切实际地幻想
   D 大学生没有能力

10. A 美国
    B 网上
    C 家里
    D 宾馆

11. A 吃饭去了
    B 旅游去了
    C 运动去了
    D 减肥去了

12. A 晚上
    B 早上
    C 中午
    D 下午

13. A 她最喜欢喝鸡汤
    B 鸡汤洒在她身上了
    C 她被雨淋湿了
    D 她的伞在家里

14. A 医生和病人
    B 妈妈和儿子
    C 老师和学生
    D 顾客和售货员

15. A 加班
    B 看电影
    C 正常上班
    D 在家休息

16. A 要送小王红色的包
    B 要替小王拿包
    C 要给小王一些礼金
    D 要还小王钱

17. A 上课去了
    B 上夜班去了
    C 在家待着
    D 逛街去了

18. A 女的只会做两个菜
    B 菜只炒了两下
    C 女的做菜很好吃
    D 菜还没有熟

19. A 这种水果很漂亮
    B 女的不想吃饭
    C 女的喜欢这种水果
    D 这种水果很好吃

20. A 37 岁
    B 35 岁
    C 39 岁
    D 32 岁

第二部分

第21-45题：请选出正确答案。

21. A 开车
    B 坐地铁
    C 走路
    D 坐公交车

22. A 游泳可以减肥
    B 男的不会游泳
    C 女的不想学游泳
    D 女的决定学游泳

23. A 没开运动会男的很难过
    B 今天没有戏剧表演
    C 学校需要一个体育馆
    D 今天的天气不好

24. A 同事
    B 恋人
    C 夫妻
    D 上下级

25. A 高兴
    B 害怕
    C 伤心
    D 生气

26. A 女的没有钱
    B 玛丽长得很难看
    C 玛丽可能有点儿胖
    D 男的不想给玛丽买衣服

27. A 哈尔滨
    B 海南
    C 女的家
    D 哪儿都不去

28. A 男的总为女的操心
    B 男的这次没带护照
    C 男的要去机场
    D 男的没赶上飞机

29. A 认为生活是不美的
    B 看小说看得很慢
    C 要向男的好好儿学习
    D 觉得郭敬明的小说好

30. A 手机被偷了
    B 去参加同学聚会了
    C 和妻子吵架了
    D 去北京出差了

31. A 8800元
    B 8000元
    C 800元
    D 880元

32. A 一个排球
    B 一个网球
    C 一个篮球
    D 一个乒乓球

33. A 半年
    B 一年
    C 三个月
    D 五个月

34. A 房子因刮风下雨而倒塌
    B 其他的窗户也会被打破
    C 房子被认为危险而拆除
    D 房子里的东西很快被偷走

35. A 破窗效应
    B 玻璃效应
    C 窗户效应
    D 房子效应

36. A 有强烈影响
    B 有负面影响
    C 影响不大
    D 没有影响

37. A 想回家去取酒
    B 想回家做实验
    C 想回家吃鸡蛋
    D 想回家取手表

38. A 在家吃饭了
    B 在家做起了实验
    C 在家吃鸡蛋了
    D 他把手表煮了

39. A 热情的人
    B 爱喝酒的人
    C 专心工作的人
    D 马虎的人

40. A 大学生学习
    B 大学生住宿
    C 大学生洗衣服
    D 大学生相处

41. A 能经常和同学们交流
    B 方便到教室上自习
    C 方便参加各种活动
    D 在学校住宿费用很高

42. A 和别人用一个房间
    B 宿舍里没有洗衣机
    C 宿舍里没有冰箱
    D 不方便和同学沟通

43. A 禁止不穿袜子购物
    B 禁止年轻女性购物
    C 禁止身穿睡衣购物
    D 禁止穿着拖鞋购物

44. A 光脚购物容易生病
    B 女性顾客觉得不礼貌
    C 到超市购物的人减少了
    D 其他购物者感到不方便

45. A 这家超市不欢迎穷人
    B 女性都喜欢穿睡衣购物
    C 这条规定不是必须遵守的
    D 穿睡衣购物并不影响别人

二、阅 读

第一部分

第46-60题：请选出正确答案。

46-48.

很久以前，有一位非常有名的小提琴家，在 46 演奏会上表演时，他拉着拉着，G 弦忽然 47 。但是，当时他并没有停止演奏。他立刻换了一首曲子， 48 为在场的观众演奏。这首曲子从头到尾可以不用 G 弦。没想到的是，观众很喜欢这首曲子，他表演得非常成功，观众给了他热烈的掌声。他的这首曲子也流传至今，成了世界名曲。

46. **A** 一次　　　　**B** 每次　　　　**C** 几次　　　　**D** 这次
47. **A** 开了　　　　**B** 跑了　　　　**C** 关了　　　　**D** 断了
48. **A** 担心　　　　**B** 继续　　　　**C** 不能　　　　**D** 愿意

49-52.

爱神和恶鬼一起来到人间。春天的时候，他们一起去花园游玩。爱神说："啊！这么漂亮的鲜花，真美啊！" 恶鬼说："美什么呀？我怎么不 49 ？而且那花朵的下面还有刺呢！"

夏天到了，他们一起去山林游玩。爱神说："瞧，多么美好的 50 呀！"恶鬼说："美好什么？那树上还有虫子呢！"

秋天，他们一起到田野游玩。看到 51 孩子在做游戏，爱神说："看，多可爱的孩子呀！"恶鬼说："我可不这么认为，一群孩子吵吵闹闹， 52 。"

冬天，他们看到了满是白雪的人间。爱神说："哈！多么洁净的大地！"恶鬼说："有什么呀！那雪下全是脏土！"

其实，生活中并不缺少美好的东西，只是缺少一双发现它的眼睛。

49. **A** 觉得　　　　**B** 知道　　　　**C** 了解　　　　**D** 认识
50. **A** 风格　　　　**B** 风景　　　　**C** 风采　　　　**D** 风度
51. **A** 一堆　　　　**B** 一排　　　　**C** 一个　　　　**D** 一群

52. A 多可爱呀   B 一点儿都不安静
     C 玩儿得多开心呀   D 像花儿一样美丽

53–56.

    有一个农夫遇到了 53 ，人们让他去找上帝帮忙。于是农夫找到上帝，对他说："您能帮助我吗？我 54 给您一头牛作为感谢。"后来，农夫真的得到了上帝的帮助。当想到要给上帝一头牛的时候，农夫却舍不得了。要是不给上帝，他又怕上帝不高兴。于是他把牛带到 55 上去卖，另外又带了一只鸡。他把牛的价钱定为一百元，但是他定了一个条件：要买他的牛，就必须买他的鸡，不过鸡的价钱是两万元。结果， 56 ，这个农夫就将卖牛的一百元钱给了上帝。

53. A 事情   B 困难   C 办法   D 原因
54. A 愿意   B 意思   C 思想   D 想法
55. A 公园   B 操场   C 商店   D 市场
56. A 什么也没卖出去   B 卖了很多东西
     C 牛和鸡都卖了   D 只把鸡卖了

57–60.

    白菜 57 大白菜，原产地是中国的北方。白菜在 19 世纪传入日本和欧美。白菜的 58 非常多，北方的白菜有山东胶州大白菜、北京青白、天津绿、东北大矮白菜、山西阳城的大毛边等。 59 ，南方的这些白菜是从北方引进过去的。中国的老百姓 60 是北方老百姓都很喜欢吃白菜。

57. A 又叫   B 还是   C 名字   D 叫做
58. A 种类   B 种数   C 数量   D 数目
59. A 现在北方没有白菜了   B 现在南方没有白菜了
     C 现在中国没有白菜了   D 现在中国的南方也有白菜了
60. A 特殊   B 特别   C 奇特   D 奇怪

第61-70题：请选出与试题内容一致的一项。

61. 春节客运高峰期间，每名售票员每天售票的数目均在 1300 张以上，最熟练的售票员可以达到 1700 张以上。每人每天得说上万句话，特别是遇到听力差的老人或者旅行经验不丰富的旅客，更得多说几句。所以，售票员的工作是一项很辛苦的工作。

    A 售票员每日售票 1700 张以上
    B 业务熟练的售票员要多说话
    C 售票员每天都要说很多话
    D 售票员不必向旅客多说话

62. 导演张一鸣表示，影片的外景地除了上海、北京这两个大城市以外，还有沈阳。之所以选择沈阳，是因为沈阳是中国最有"情"的城市之一。沈阳人民非常热情，剧组拍摄所到之处，所有认识的人和不认识的人都热心地帮助他们。

    A 沈阳比上海和北京大
    B 影片的外景地有四个
    C 沈阳人民的热情吸引了导演
    D 沈阳人只对认识的人很热情

63. 在华联超市，散装"不老林"糖吸引了很多顾客，大家一买就是好几斤，很多市民都拿着袋子排队购买。不少顾客愿意买散装糖，因为经过比较后，每斤散装糖会比包装后的糖便宜两块多钱。现在又赶上过年，所以散装糖的销售量比平时增加了许多。

    A "不老林"糖在华联超市打折
    B "不老林"糖不受顾客欢迎
    C 很多市民都购买"不老林"糖
    D 带包装的"不老林"糖更便宜

64. 71 岁的白尔斯先生来中国 5 年了。他是一位快乐的老人，公司的年轻人都叫他"老白"。白尔斯先生对这个称呼很满意，他知道"老白"就像美国人之间的昵称一样，表现出中国人没有把他这个"老外"当外人。

    A 白尔斯先生今年 76 岁了

    B 白尔斯先生有两个名字

    C "老白"是中国人的敬称

    D "老白"现在很快乐

65. 山东省省会济南在泰山以北的黄河南岸。这里工业发达，交通方便。全市泉水很多，如风景美丽的大明湖就是许多泉水汇集而成的。所以，济南又叫"泉城"。晴天的早上，在山顶上可以看到海上日出的奇景。

    A 济南在泰山以南

    B 大明湖在济南

    C 济南只有泉水

    D 晴天能看见泰山日出

66. 怎样认识自身优势呢？大学生可以通过人才中心或一些招聘公司的评价来认识自己，也可以从自己与亲人、朋友或其他人的聊天儿中了解自身的优势，还可以通过回忆自己的经历慢慢了解自己。了解自身优势后，才能正确地认识自己，找到一份适合自己的工作。

    A 大学生要去人才中心认识自己

    B 大学生很难找到合适的工作

    C 老师更了解大学生自身的优势

    D 回忆成长经历有助于了解自己

67. 运动是消除焦虑的最好方式。在年末时大家可以选择一些游戏性强、能够转移注意力的运动项目，如台球、网球、乒乓球、羽毛球等。尽量不要选择一个人慢跑的运动方式，这样容易让人产生孤独感，反而影响心情。运动时，最好选择充满阳光的户外场所，让阳光帮助改变不好的情绪。

    A 打羽毛球会让人产生焦虑感

    B 一个人慢跑容易产生孤独感

    C 运动最好不要选择户外场所

    D 阳光能够转移人的注意力

68. 把阁楼设计成书房，在窗边摆放一张简单的书桌，用白色或淡淡的颜色装饰屋顶和四面墙壁，在墙上开一到两个窗户，配上淡雅的窗帘，会使阁楼书房充满情趣。在这样的书房里，一杯浓浓的咖啡，一本浪漫的小说，会让你度过愉快的一天。

    A 简单的书桌可以让人放松

    B 屋顶和墙壁最好不用淡色

    C 墙上的窗户最好多开几个

    D 淡雅的窗帘使书房充满情趣

69. 中央电视台一号厅太大。由于舞台距离观众比较远，演员在舞台上没办法像其他剧场里那样亲近观众。观众们在观众席上，恐怕也不能完全感受到演员们的努力表演。但是，一号厅的各项设施都是中国最好的，观众可以欣赏到最精彩的节目。

    A 一号厅不利于演员和观众交流

    B 舞台距离观众越远效果越好

    C 其他剧场舞台离观众距离较远

    D 在一号厅欣赏不到精彩的节目

70. 渔业局的一位工作人员介绍，天气逐渐变暖，海冰就会开始融化。漂浮着的海冰虽然很厚，但在海水中会慢慢消失，游客跑到海冰上面去很容易发生危险。另外，漂着的海冰受海浪的影响，也有漂进深海的可能。

    A 海冰融化后会很薄

    B 海冰不受天气影响

    C 漂着的海冰慢慢会结冰

    D 游客不应到海冰上去

第三部分

第71-90题：请选出正确答案。

71-74.

一个冬日的下午，我到路边的书店买杂志。我掏出五张一元的钞票，交到店主的手上。就在这个时候，突然间刮起一阵冷风，店主的手一松，其中一张一元钞票便随风飘到街角一个乞丐的身旁。

这时店主说："糟了！这下肯定拿不回来了！"我的脑子还没反应过来，只见乞丐拿起了膝前的钞票，站起身，一步一步向我们走近。他一言不发，将那张钞票还给了我。

我将钞票又塞回到乞丐的手中。他的手迟疑地停顿在半空中。我轻声说："这是你的。"他说："谢谢！"然后拿着那张钞票，慢慢地走回原地，跪在街头。

望着店主诧异的眼神，我从口袋里掏出另一张一元钞票，补给店主说："他是个好人！"店主紧紧握着这张钞票，说："你也是个好人！"

我笑了笑，寒冬中微弱的阳光，照在我身上，也照在乞丐的身上。

我不由感叹，"贫"和"贪"，这两个字看起来很像，意义却有很大差别。

71. 故事发生在什么时候？
   A 一个寒冬的下午　　　　　　B 一个晴朗的下午
   C 一个有风的下午　　　　　　D 一个寒冬的中午

72. "我"到书店做什么？
   A 买杂志　　　B 闲逛　　　　C 买书　　　　　D 换零钱

73. 店主认为乞丐会怎么处理那一元钱？
   A 自己留下　　　　　　　　　B 送给别人
   C 还给他们　　　　　　　　　D 扔掉

74. 下面哪一项用在乞丐身上比较合适？
   A 既贪又贫　　B 贫而不贪　　C 贪　　　　　　D 贫

75–78.

喂猴：猴子吃东西，不会像人那样吃完，更不可能去珍惜。比如猴子抓苹果吃，抓到脆甜的，吃上几口，就忙着抓下一个。抓到不甜的，吃一口后就扔了，回头再抓。等到没吃的了，才又捡回刚才丢掉的来吃。猴子是聪明的，但始终是小聪明。

喂猪：家里的猪群，到了应该吃食的时候，就会大叫，吃不到，叫声就不停。见到树影摇动都会以为是饲养员喂食来了，喂猪的声音在很远都听得到。等到食物放在窝里，就全都不出声了。猪只管吃饱，全然不顾吃食后的命运。就算明天会被杀掉，今天也要使劲地吃。

喂鱼：养鱼人常常在固定的地方把饲料撒下水塘。有鱼食的地方，就会有很多鱼。鱼长大后，养鱼人用不着为抓鱼而费心。只需像往常那样，撒下食物后，再把网一撒。可见，经常有好处的地方，往往是要命的地方。

喂牛：上天让牛长四个胃，却偏偏只给它草吃，以致于牛从来不知道什么是美食。牛把草卷在嘴里，慢慢地咀嚼，自我回味。其他动物还以为草的味道和营养都很好呢。心没有贪的想法，才懂得品味生活，过踏实的日子。

75. 猴子吃东西是什么样的？
    A 还没吃完就去吃下一个   **B** 吃东西声音很大
    C 总吃剩下的   **D** 只吃一种东西

76. 猪饿了会怎么样？
    A 大声地叫   **B** 叫一会儿就不叫了
    C 见到食物还是叫   **D** 想到会被杀就不吃了

77. 我们可以从养鱼人的经历上得到什么启示？
    A 鱼不用愁会没有吃的   **B** 有好处的地方常是要命的地方
    C 鱼吃食的地方不用固定   **D** 鱼经常聚在一起吃东西

78. 老牛吃草教会我们什么？
    A 心无贪念能过上踏实日子   **B** 平凡的人能过上幸福生活
    C 普通的食物很好吃   **D** 要学会慢慢品味

那是入夏以来最热的一天，街上每个来去匆匆的行人似乎都在寻找阴凉的地方，所以街角的那间雪糕店成了最受欢迎的地方。

一个叫珍妮的小女孩拿着硬币走进店里，她只想买一个最便宜的冰棒。可是还没来得及走近柜台就被服务员拦住了，告诉她看一看门上挂着的牌子。珍妮的脸一下子红了，她感到店里那些顾客的目光都集中在自己没有穿鞋的脚上。于是她转过身，想赶快走出去。但是她并没有发现，店里有位高个子先生悄悄起身，跟在她的后面走出了店门。

高个子先生看到门口的那块牌子上写着："本店不欢迎不穿鞋的顾客！"珍妮凝视着牌子，眼睛里充满泪水。就在珍妮正要离开的时候，高个子先生叫住她，并脱下脚上那双 46 号大的皮鞋放到她面前。"哦，孩子。"他轻松地说，"我知道你不喜欢它们，它们的确又大又笨。可是，它们却能带你去吃美味的雪糕。"他弯下腰帮珍妮穿上大皮鞋，"快去买吧，好让我的脚凉快凉快。我就坐在这里等你。你走路一定要小心。"

珍妮感激得说不出话来，她红扑扑的笑脸就像阳光下灿烂而甜美的花朵。她穿着那双特大号的皮鞋，一步一步走向柜台。店堂里突然安静下来。

一辈子，珍妮都会记得那位始终不愿告诉她名字的叔叔，记得他高大的个子，宽大的鞋子，博大的心。

79. 入夏以来最热的时候，最受欢迎的地方是哪里？

　　A 雪糕店　　　　B 大街上　　　　C 阴凉处　　　　D 皮鞋店

80. 珍妮为什么被服务员拦住？

　　A 因为她没有穿鞋　　　　　　　B 因为她的衣服很破

　　C 因为她没有钱　　　　　　　　D 因为她是小女孩

81. 高个子先生是怎么做的？

　　A 给她买了一双鞋　　　　　　　B 把自己的鞋借给了她

　　C 给她买了雪糕　　　　　　　　D 把她赶走了

82. 最后珍妮的心情怎么样？

　　A 感动　　　　　B 伤心　　　　　C 痛苦　　　　　D 高兴

83–86.

　　每天一大早，雷锋就来到学校打扫教室，把桌椅、黑板都擦得干干净净，然后坐下来读书、写字。他每一门课都认真听讲，从不放过任何一个小小的疑问。他的作业本总是写得工工整整，并且按照老师的要求按时完成作业。

　　一天晚上放学的时候，已经打过铃了，雷锋还有一道算术题没有做出来，坐在那里继续算。有个同学招呼他说："走吧，回去再做吧。"

　　雷锋说："就剩这一道题了，我总做不对。"

　　那个同学过来看了看说："这道题我做好了，你拿去看吧。"说着从书包里拿出作业本递了过去。

　　雷锋笑笑说："谢谢你，让我自己再想一想吧。"

　　他静下心来，反复想着课本上的例题，仔细回想老师的讲解，终于把题做出来了。他叫过那个同学说："我做好了，来，我们来<u>对一对</u>。"

　　这一对不要紧，两个人的结果却不一样。那个同学说："这就不知道是我错了，还是你错了。"雷锋说："我验算了好几次，不会错的，可能是你错了。"

　　"那就把你的给我抄一下吧。"

　　"不。"雷锋说，"你也别抄，自己再做做看。"

　　那个同学便坐下重做了一遍，原来是运算时粗心，所以做错了。这时，两个人都开心地笑了。

　　由于雷锋学习用功，各门功课的成绩都是 90 分以上。

83. 下列哪项不是雷锋来到学校所做的事情？
　　A 打扫教室　　　　　　　　**B** 擦黑板
　　C 读书写字　　　　　　　　**D** 抄作业

84. 雷锋是怎样对待没有做出的算术题的？
　　A 留在教室继续做　　　　　**B** 回家再做
　　C 抄同学的　　　　　　　　**D** 去问老师

85. 文中第六段画线词语"对一对"最可能是什么意思？
　　A 比较　　　　　　　　　　**B** 对错
　　C 对手　　　　　　　　　　**D** 对面

86. 下列哪个词语不能用来形容雷锋？
　　A 用功　　　　　　　　　　**B** 认真
　　C 粗心　　　　　　　　　　**D** 热心

87-90.

朋友是一种相知。朋友相处是一种相互认可、相互欣赏、相互感知的过程。对方的优点、长处都会印在你的脑海，哪怕是朋友身上一点点的可贵之处，也会成为你向上的力量，成为你终身受益的动力和源泉。朋友的智慧、知识、能力、激情，是吸引你靠近的力量。同时你的一切也是朋友认识和感知你的过程。

朋友是一种相伴。朋友就是人生路上的彼此相伴。她是你烦闷时送上的一句贴心话，寂寞时的欢歌笑语，得意时善意的一盆凉水。朋友能让你在倾诉中感知深情，在交流和接触中不断进步。

朋友是一种相助。风雨人生路，朋友可以为你挡风寒，为你分忧愁，为你解除痛苦和困难。朋友时时会伸出友谊之手。她是你登高时的一把扶梯，是你受伤时的一剂良药，是你饥渴时的一碗白水，是你过河时的一艘小船。她是金钱买不来的，只有真心才能够换来的最可贵、最真实的友情。

87. 朋友不会给你什么？

    A 力量   **B** 动力

    C 欺骗   **D** 智慧

88. 在你得意时，朋友会怎么做？

    A 送你一盆凉水   **B** 提醒你不要太得意

    C 和你不断交流   **D** 和你握手同乐

89. 下列哪项不是朋友为你做的？

    A 解决困难   **B** 分担忧愁

    C 解除痛苦   **D** 诉说忧愁

90. 上文的主要内容是什么？

    A 朋友   **B** 相助

    C 相伴   **D** 相知

三、书 写

第一部分

第 91-98 题：完成句子。

例如：发表　这篇论文　什么时候　是　的

　　　这篇论文是什么时候发表的？

91. 所　为你　成就　自豪　而　我　取得的

92. 朋友　这是　我的　送给　生日礼物

93. 往　说　也有　一百多斤　少　这袋大米　里

94. 呼吸的　能听见　静得　声音　教室里

95. 澡　没　我　洗　完　还　呢

96. 还是　你的　我　有用　建议　发现

97. 离　最近的　已经　超市　关门　我家　了

98. 在　写了　他　一段话　日记上

HSK（五级）模拟试卷 **10**　179

第二部分

第99-100题：写短文。

99. 请结合下列词语（要全部使用），写一篇80字左右的短文。

演出、顺利、以前、精彩、错过

100. 请结合这张图片写一篇80字左右的短文。

听力文本

HSK（五级）模拟试卷 *1*

（音乐，30秒，渐弱）

大家好！欢迎参加 HSK（五级）考试。
大家好！欢迎参加 HSK（五级）考试。
大家好！欢迎参加 HSK（五级）考试。

HSK（五级）听力考试分两部分，共45题。
请大家注意，听力考试现在开始。

第一部分

第1到20题，请选出正确答案。现在开始第1题：

1. 男：你看电视剧《神话》了吗？
   女：看了，我觉得没什么意思，还是电影《神话》好看。
   问：女的喜欢看什么？

2. 男：这次我们公司的宣传活动规模很大，还要上电视，一定得找一个合适的人负责。
   女：小王经验丰富，反应快，您放心吧。
   问：通过对话，可以知道什么？

3. 女：这两条裤子我都要了。
   男：好的，给您小票。收银台在那边，请您去那儿付款。
   问：他们最可能在哪儿？

4. 男：怎么这么快就回来了？
   女：我好不容易找到地方，人家却告诉我会议取消了。
   问：女的为什么回来了？

5. 女：我在网上买了一个简易书柜，可是怎么都装不好。
   男：说明书上写得很清楚，按照上面的步骤来。还不行的话，我明天去帮你。
   问：女的遇到了什么问题？

6. **女：**小王，你帮我看看这几个旅游路线哪个好。
   男：去云南吧，昆明、丽江、大理，够你玩儿一阵子的。
   问：下面哪个地方男的没有提到？

7. **女：**你准备什么时候去旅游？
   男：5 月中旬，15 号左右吧。打算 6 月 1 号回来。
   问：男的准备旅游多长时间？

8. **女：**关于付款方式，合同里是怎么规定的？
   男：货到付款，支票或现金都行，确认到账后开发票。
   问：合同规定怎么付款？

9. **女：**你去面试了？结果怎么样？
   男：我没去，他们只要研究生，我只有本科学历。
   问：关于男的，可以知道什么？

10. **男：**小李说周末请大家吃饭，你帮我通知一下其他人。
    女：还能有这么好的事儿？
    问：女的是什么意思？

11. **男：**你的总结写得怎么样了？
    女：才写了个提纲，领导让我再调整一下结构。
    问：关于女的的总结，可以知道什么？

12. **女：**我手机没电了，充电器借我用用好吗？
    男：你自己没有吗？又找不到了吧？东西总是乱放，你这个坏习惯什么时候才能改啊？
    问：男的是什么语气？

13. **女：**师傅，请问这里还有停车位吗？
    男：对不起，没有了，不过地下车库还有，下去后向左拐。
    问：女的在做什么？

14. **女：**我看这件白色的衬衫挺好，比蓝的和黑的都适合你。
    男：那就听你的吧。
    问：男的可能会选什么颜色的衬衫？

15. **男：**小李呢？不是安排他来做会议记录吗？
    女：他临时有事，所以就由我来做了。
    问：关于小李，可以知道什么？

16. **男**：你的病已经好得差不多了，要注意休息，下个月记得来复查。

　　女：听你这么一说，我就放心了。

　　问：他们最可能在什么地方？

17. **男**：吃西瓜吧，刚从楼下买的。

　　女：那我就不客气了。

　　问：女的是什么意思？

18. **男**：我的电脑速度越来越慢了，可能又中病毒了。

　　女：是你电脑里装的东西太多了，把没用的文件删掉就好了。

　　问：男的的电脑怎么了？

19. **女**：平时一定要注意锻炼，别一天到晚光顾着工作。

　　男：话虽然是这么说，可一忙起来，连吃饭都顾不上，哪还顾得上别的？

　　问：女的对男的提了什么建议？

20. **男**：你怎么没参加比赛？你网球那么厉害，拿冠军绝对没问题。

　　女：最近工作忙，准备得不充分。以后还会有机会的。

　　问：下面哪项不是女的没参加比赛的原因？

第二部分

第 21 到 45 题，请选出正确答案。现在开始第 21 题：

21. **女**：你的简历带了吗？

　　男：带了。这么重要的东西怎么会忘呢？

　　女：你怎么不系领带呢？去招聘会得穿正式点儿。

　　男：那我系这条蓝色的吧。

　　问：男的准备去做什么？

22. **女**：去机场，师傅！我赶飞机，咱们走高速。

　　男：好的。您是几点的飞机？

　　女：九点半的。

　　男：还有两个小时呢，来得及，不会耽误的。

　　问：男的觉得时间怎么样？

23. **男**：小赵，报告做出来了没有？

　　女：还没有呢，今天下班前恐怕做不完。

　　男：白天干不完晚上干，晚上干不完就明天干，反正我后天要看到报告。

女：是，局长！

问：男的什么时候要报告？

24. 女：你知道怎么在网上买东西吗？

男：知道，很容易，不过你得先注册成为会员。

女：要填很多个人资料吗？

男：只要填上你的邮箱，设定用户名和密码就可以了。

女：那我现在就注册一个，我想买个随身听。

问：女的为什么要在网上注册？

25. 男：晚上我给你做个水煮鱼怎么样？

女：你能做好吗？

男：放心吧，做水煮鱼，我最拿手了。

女：好啊，我这就去买鱼。

男：不过，晚上有没有时间不好说。

问：男的水煮鱼做得怎么样？

26. 女：出席明天上午会议的人员确定了吗？

男：确定了，21位专家，加上工作人员，一共27人。

女：好。另外，明天中午的宴会定在哪儿了？

男：就在四楼的餐厅。今天晚上我会把日程表拿给您看。

问：宴会安排在什么时候？

27. 男：喂，今晚我不回家吃饭了。

女：怎么了？有事啊？

男：有个好朋友出差来看我，晚上免不了要喝两杯。

女：嗯，打车回来吧，别开车了。

问：男的今晚要做什么？

28. 女：这款白色洗衣机是今年最受欢迎的，您看看。

男：现在有什么优惠活动吗？

女：从今天起到下个月5号，买洗衣机赠送一个电饭锅。

男：保修期是多长时间？

女：保修期一年，厂家免费上门修理。

问：关于这款洗衣机，下列哪项正确？

29. 男：你的相机看起来挺不错，新买的？

女：是。我喜欢摄影，买好相机，照出来的效果就是不一样。

男：那是，一分价钱一分货。

女：我看，你的也该换换了。推荐你也买这个牌子的吧。

问：他们在谈论什么？

30. 男：还在为找房子的事发愁啊？

女：是啊，一直没找到合适的。

男：你放心吧，这事包在我身上，后天就给你消息。

女：真的吗？那太好了，谢谢你了。

问：男的是什么意思？

第 31 到 33 题是根据下面一段话：

从前，有兄弟三人经常闹矛盾，天天吵嘴，甚至打架。父亲很为这件事烦恼，有什么好办法可以教育一下他们呢？一天，父亲拿来一把筷子，先给儿子一人一根，让他们把筷子折断，三个儿子很轻松地就将筷子折断了。然后父亲又给每个儿子一大把筷子，还是让他们把筷子折断，可是这次就没那么容易了。父亲说："你们是否想过，这些筷子就像你们一样，在一起时是一个大集体，力量很强大。然而当你们吵嘴打架时，你们就变成了一根根的筷子，很容易就会被人打败。"

31. 父亲为什么感到很烦恼？

32. 父亲是怎么教育三个儿子的？

33. 这段话主要说明了什么道理？

第 34 到 36 题是根据下面一段话：

医院里住着一个得了重病的病人。他从房间向窗外看去，看到窗外有一棵大树，秋风中叶子一片片地掉落下来。病人的身体状况一天不如一天了。他望着飞舞的落叶，说："当树叶全部掉光时，我也就要死了。"一位画家知道后，偷偷地在病人的窗户外画了一片绿色的树叶。一天，两天，三天，窗外那片树叶一直挂在树枝上，始终没有掉下来。正是因为窗外的这片绿叶，病人竟然奇迹般地活了下来。这就是欧·亨利著名的小说《最后一片树叶》。

34. 看到落叶，病人是怎么想的？

35. 病人为什么能活下来？

36. 这篇小说的名字是什么？

第 37 到 39 题是根据下面一段话：

《围城》是钱钟书所著的长篇小说。"围城"这个名字据称来自一句法国的谚语："婚姻就像一座被围困的城堡，城外的人想冲进去，城里的人想逃出来。"这句话曾在小说中出现，也是本书中最为人熟知的一句话。很多人认为这是本书的主题。书中描写了那个年代各种各样的人物，通过细节来表现人物的心理，让你清清楚楚地看到人物性格的各个方面。读者在阅读时，往往会对他们产生熟识的感觉。这部作品还多次被改编成话剧、电影、电视剧。

37. 钱钟书的《围城》是一部什么作品？

38. "围城"这个名字来自哪里？

39. "围城"比喻什么？

第40到42题是根据下面一段话：

一位记者去采访一位企业家，主要是为了获得他的一些丑闻资料。不一会儿，服务员将咖啡端上桌来。这位企业家端起咖啡喝了一口，立即大喊到："哦，好烫！"咖啡杯随之滚落在地。等服务员收拾好后，企业家又把香烟倒着插入嘴中，记者赶忙提醒他，企业家慌忙将香烟拿正，不料，又将烟灰缸碰翻在地。企业家的表现令记者大感意外，不知不觉中，原来的那种挑战情绪完全消失了，甚至产生一种同情。其实，这整个过程是企业家一手安排的。当人们发现比自己优秀的人也有许多弱点时，对他抱有的对立情绪就会消失，甚至还会产生某种程度的亲切感。

40. 记者为什么要采访这位企业家？

41. 企业家在记者面前的表现怎么样？

42. 企业家这么做的原因是什么？

第43到45题是根据下面一段话：

德国一项调查显示，在德国10到13岁的儿童中，一半的人拥有手机；在中国香港，6到15岁的儿童中29%有手机；一项网络调查显示，中国48.8%的家长愿意为孩子买手机。90%的家长表示，为孩子买手机的主要原因是因为他们太忙，没有足够的时间照顾孩子，担心孩子会遇上坏人。他们希望通过手机，随时联系孩子，知道孩子在哪儿，让孩子能够得到及时、正确的引导。然而，手机信息中的不健康内容，对孩子来说存在着很大的威胁，家长和老师对此也比较担心。

43. 德国10到13岁的儿童中，有多少人有手机？

44. 中国的家长为孩子买手机的原因不包括哪一项？

45. 对于儿童使用手机的问题，家长和老师担心什么？

听力考试现在结束。

HSK（五级）模拟试卷 2

第一部分

第1到20题，请选出正确答案。现在开始第1题：

1. **男：** 小姐，对不起，您点的香辣鸡块今天没有了。

女：那你帮我换一个京酱肉丝吧。

问：根据对话，可以知道什么？

2. 男：您好！请问您需要什么服务？

女：您好！我想把这张卡里的钱取出来，然后换成韩元。

问：对话最可能发生在什么地方？

3. 男：你的笔记本电脑多少钱？我正好也想买一台。

女：不到四千块钱，不过还有更便宜的，现在两千块钱就能买一台。

问：女的的笔记本电脑多少钱？

4. 男：周末准备干什么？还是在家睡觉吗？

女：本来想和朋友一起吃饭，但他想在家休息，我可能会去逛逛街吧。

问：女的周末可能干什么？

5. 男：回家的火车票买到了吗？

女：我早上六点钟就去排队了，可还是没买到。没办法，只好买了汽车票。

问：女的买到火车票了吗？

6. 男：家里的纯净水快没有了，你打电话要一桶吧。

女：没看我正在做饭吗？家里什么事情都得我操心！

问：女的是什么态度？

7. 男：打印机怎么又不好用了？

女：不是昨天刚修的吗？看，你电源没插能好用吗？

问：打印机怎么了？

8. 男：小王病了，咱们一会儿去看看他吧。你说是买水果还是买鲜花呀？

女：我觉得水果比鲜花好。他现在正是需要营养的时候。

问：女的想买什么？

9. 男：昨天看了一晚上电影，今天一直迷迷糊糊的，到现在头还疼呢。

女：你怎么总熬夜呢？这样对身体不好。一会儿喝杯咖啡吧。

问：男的昨天怎么了？

10. 男：我想买一张明天 10 点去北京的火车票。

女：不好意思，10 点的已经没有了，现在只有下午 3 点和 5 点的。

问：男的想买几点的车票？

11. 女：听说你最近养了只猫？

男：哪儿呀，我是在网上养了个电子宠物猫。
问：关于男的，可以知道什么？

12. 女：您好！我想把这些书邮到上海。
男：好的。每公斤 1 块钱，您的书是 5 公斤，还有两块钱的包装费。
问：女的一共需要花多少钱？

13. 女：现在的人啊，一边吃着红烧肉，一边喝着减肥茶，有什么用？
男：呵呵，舍不得口福呗。
问：他们在谈论什么？

14. 男：小刘，你真的决定要走了？
女：是的，虽然公司给我的待遇很好，同事们对我也很好，但我还是希望能有更大的发展空间。
问：女的为什么要离开公司？

15. 男：你们公司有没有合适的小姑娘？给小王介绍一个。
女：小王？他眼光那么高，我怕他看不上人家啊。
问：他们在谈论什么？

16. 男：自从你生了孩子，我在家里的地位一落千丈啊。
女：瞧你说的，还跟你自己的亲女儿比。
问：他们是什么关系？

17. 男：谢谢你，要不是你及时把文件给我送来，今天的会议我都不知道怎么开了。
女：一点儿小事，不用客气。
问：男的为什么感谢女的？

18. 女：你到底打算什么时候请我们喝喜酒啊？
男：快了，快了，今年肯定能喝上。
问：根据对话，可以知道什么？

19. 女：老李，周末干什么了？
男：老样子，白天给学生批改作业，晚上还备课。
问：男的最可能是干什么的？

20. 男：最近手头有点儿紧，你能帮我一下吗？
女：我也没有多少了，要不你问问别人？
问：男的想做什么？

第二部分

第 21 到 45 题，请选出正确答案。现在开始第 21 题：

21. **女：** 别学了，快去休息吧！学习得慢慢来，可不能一口吃个胖子啊！
    男： 不行，后天就要考试了，我已经答应妈妈这次一定考好。
    女： 那你平时就不应该天天逃课、上网，应该上课认真听讲、按时完成老师的作业。
    男： 说的就是啊。这可真是"早知现在，何必当初"啊！
    问： 从对话中可以知道什么？

22. **男：** 今天是周末，在家待着真是浪费时间，不如我们出去看电影吧！
    女： 不去。最近没什么有意思的电影，要是看电影的话还不如去逛街呢！
    男： 啊？又是逛街啊！上周咱们不是刚买了三件衣服吗？花了好几千呢！
    女： 亲爱的，你不希望我穿得漂亮点儿吗？
    男： 真拿你没办法。
    问： 上周末他们做什么了？

23. **女：** 下周你朋友来家里吃饭，我们得准备得丰盛一些，到时你做几个拿手菜吧。
    男： 他们都是我铁哥们儿，吃什么没关系，最重要的是大家又能聚在一块了。
    女： 那咱们也得把鱼呀、肉呀、青菜呀什么的都准备全了，面子上也得过得去吧。
    男： 那你就辛苦点儿吧，他们也是好不容易才来咱家一次。
    问： 从对话中可以知道什么？

24. **女：** 小王，这份报告什么时候交给张经理？是不是下星期五开会的时候用啊？
    男： 对。张经理说最好今天晚上下班之前交给他。
    女： 可现在都五点半了。李经理让我明天去和客户谈生意，恐怕得谈一天呢！
    男： 这可怎么办啊？你知道吗？张经理明天上午出差，要下周四晚上才回来呢。
    问： 报告应该什么时候交给张经理？

25. **女：** 你下班以后又没按时回家，是不是又出去喝酒了？
    男： 结婚以后你就总限制我喝酒，喝点儿酒又能怎么样啊？
    女： 我不是不让你喝，你看，我们想要孩子，像你这么喝，能生出个健康孩子吗？
    男： 你总拿孩子威胁我！好了，以后我不喝了。
    问： 女的为什么不让男的喝酒？

26. **女：** 你就不能帮我收拾收拾房间吗？刚收拾好的房间又弄乱了。
    男： 我这不是在看足球比赛吗？比赛快结束了，现在可是关键时刻。
    女： 你今天一整天都在看足球。饭也不做，衣服也不洗。

男：要不咱们请个钟点工吧。

女：行啊，那咱俩也用不着吃饭了。

问：根据对话，可以知道什么？

27. 女：你看看咱儿子，都那么大的人了，还不会说话，真让我操心！

男：这有什么呀！等再过几年他再长大点儿不就好了嘛。放心吧！

女：他呀，就像你，嘴笨、性格直，有什么就说什么，也不考虑别人的感受。

男：这就叫真实，你懂什么？就知道操没用的心。

问：从对话中可以知道什么？

28. 女：您还是别让我上台表演节目了，我一上台就紧张，怕演砸了。

男：别紧张，我们都知道你能唱能跳，还会很多乐器，大家都相信你。

女：可我已经很多年没表演节目了，心里直打鼓。您还是找别人吧。

男：没关系，你觉得哪个拿手就表演哪个。

问：女的要表演什么节目？

29. 男：昨天我在商场看见你和李明了。他是不是在给你选礼物啊？

女：我们是去商场作产品调查。我们俩呀，谁对谁都没有感觉。

男：别这么说，我觉得李明挺关心你的，上次你生病他多紧张啊。

女：那倒也是。别说他了，我对他没兴趣。

问：从对话中可以知道什么？

30. 女：昨天晚上陪客户唱卡拉 OK，特别高兴吧？你们都是年轻人，一定玩儿得很开心。

男：别提了，昨天是我女朋友的生日，我没能为她庆祝生日，现在她都不接我的电话了。

女：没关系，明天买束花送给她不就行了？可别因为这件事头疼，影响工作。

男：我的头不疼，手可是真疼啊！为了让客户高兴，我使劲儿鼓掌，可是他歌唱得实在不怎么样。

问：从对话中可以知道什么？

第 31 到 33 题是根据下面一段话：

　　唐山大地震，是 1976 年 7 月 28 日发生在中国河北省唐山市的 7. 8 级大地震。地震造成 24 万多人死亡。电影《唐山大地震》2010 年由冯小刚导演，根据小说《余震》改编，描述了地震中一位母亲只能选择救双胞胎姐弟之一的故事。母亲最终选择了救弟弟，但姐姐却奇迹般地活了下来，后来被解放军收养。32 年后一家人意外重逢，心中的裂痕等待他们去修补。电影再一次勾起了人们对那一段惨痛灾难的回忆。

　　31. 中国河北省唐山市大地震发生在哪一年？

　　32. 电影《唐山大地震》的导演是谁？

　　33. 电影《唐山大地震》中的母亲最终选择了救谁？

第 34 到 36 题是根据下面一段话：

父母对子女的意愿，必然会反映在家庭教育的内容上。父母是家庭教育中的老师，但是由于家庭教育是和家庭日常生活紧密结合在一起的，大多数的家长也就不可能制订一套详细的教育计划，只能根据孩子的不同年龄阶段，有针对性地安排教育的重点。社会因素、家长本身的文化修养、道德水平、个人经历和社会生活经验等，对家庭教育的内容也有很大影响。

34. 谁是家庭教育中的老师？
35. 家长根据什么制订家庭教育的重点？
36. 下列哪项不会对家庭教育的内容产生影响？

第 37 到 39 题是根据下面一段话：

夜深了，爸爸妈妈都睡着了。看着爸妈熟睡的样子，我心里感到很舒服，但是又有那么一点点难过。因为爸爸妈妈对我抱有很大的期望，而我却对他们说了一个谎。这个谎言让我变得很难过，因为一个谎言需要更多其他的谎言去遮盖，我自己也知道谎言终有被拆穿的那一天，但这次我说谎，还不是为了能让爸妈的家庭争吵可以停止吗？

37. 上文中的"我"为什么会难过？
38. 上文中的"我"说谎的原因是什么？
39. 这段叙述最可能发生在什么时候？

第 40 到 42 题是根据下面一段话：

我的一个朋友家里非常贫困，父亲常年在外工作，母亲是个工人。朋友的生日到了，他怕母亲在这天会因为没有能力为孩子过一个美好的生日而感到伤心，所以那天他很晚才回家。原以为母亲已经睡了，谁知母亲仍在灯下等他回来。等儿子吃完长寿面，母亲拿出了送给他的生日礼物，是他早就想要的一套书。他经常透过书店的玻璃窗看这套书，没想到这一举动被母亲注意到了。他接过书，母亲有些不好意思地说："新书太贵了，妈妈给你买了套旧的，不过什么都不缺，等以后有钱了，妈妈再给你买新的。"虽然是套旧书，但这是母亲省下两个月的早饭钱跑了很远的路为他买的。我的朋友捧着书，流下了眼泪。

40. 朋友家里的情况怎么样？
41. 生日那天，朋友为什么很晚才回家？
42. 朋友最后的心情怎么样？

第 43 到 45 题是根据下面一段话：

美国研究人员在他们的研究中发现，人如果一段时间睡眠不足，身体就会出现衰老症状，严重者会患上心脏病等疾病。这是科学家们首次发现衰老与睡眠不足有关。长期以来，人们都认为睡眠只会影响脑部。但研究人员在研究中还发现，睡眠不足还会影响身体功能。他们选择了 11 位健康男性作为研究对象，在实验的第一个晚上让他们睡 8 个小时，此后的 6 个晚上每晚睡 4 个小时，最后 7 个晚上睡 12 个小时。研究后发现，他们的身体均出现了不同程度的衰老状况。看来如果想要更加年轻，除了要保持心情愉快和健康的饮食之外，多睡点儿觉也是有效的方法之一。

43. 根据上文，什么时候会出现衰老症状？

44. 研究人员选择什么样的人作为研究对象？

45. 下列哪项使人更加年轻的方法文中没有提到？

听力考试现在结束。

HSK（五级）模拟试卷 *3*

第一部分

第 1 到 20 题，请选出正确答案。现在开始第 1 题：

1. **男**：下班一起去吃饺子怎么样？
 女：不好意思，我下班要回家吃饭，改天吧。
 问：根据对话，下面哪项正确？

2. **男**：你看起来比以前瘦多了，是不是又吃减肥药了？
 女：没有，我下午四点以后就不吃东西了，已经坚持很长时间了。
 问：女的在用什么方式减肥？

3. **男**：这个价钱太贵了，能不能便宜点儿？
 女：这已经是最低的折扣了。婚纱照不赚钱，不过可以送您一个相册。
 问：对话最可能发生在什么地方？

4. **男**：根据这份材料整理出一份报告，下班前交给我。
 女：下班前吗？可是我还有两份文件要整理呢。
 问：女的是什么意思？

5. **女**：小王一听电话坏了就生气了，板着脸就进办公室了。
 男：别管他，有什么大不了的？又不是咱们弄坏的。
 问：男的是什么态度？

6. **女**：老李一大早就急急忙忙地走了，是不是出什么事了？
 男：他就是喜欢小题大做，有点儿事就慌慌张张的，其实就是单位的电脑坏了。
 问：根据对话，可以知道什么？

7. **男**：小王今天请大家吃冰淇淋了，还是哈根达斯呢！
   女：不容易呀，我还从来没尝过小王请客是什么味道呢！
   问：女的觉得小王是个什么样的人？

8. **男**：妈妈，这是我画的小老虎，送给你的生日礼物。
   女：谢谢！我们的宝宝长大了，知道给妈妈过生日了。
   问：小男孩为什么画画儿？

9. **男**：周五有个中国山水画展，咱们一起去看看吧。
   女：好啊，正好我姐姐给我两张门票，现在票都买不到了。
   问：票是从哪儿来的？

10. **男**：本来想去上海旅行，假都请好了，可是孩子又病了。
    女：你怎么不早说呀？我帮你照顾孩子吧，小两口出去散散心。
    问：关于男的，可以知道什么？

11. **男**：就这家怎么样？很不错的私房菜。
    女：好啊！吃什么都行，只要和你在一起，我就很开心。
    问：女的是什么意思？

12. **男**：小芳，个人问题有没有消息啊？什么时候把男朋友带回来？
    女：爸，你就少操点儿心吧。
    问：他们在谈论什么？

13. **男**：工作找得怎么样？还顺利吗？
    女：别提了！好一点儿的公司都要求硕士及以上学历，看来我还得学啊！
    问：下列说法中哪项正确？

14. **男**：这种羊绒衫多少钱一件？
    女：原价三百，现在打八折，满二百还返二十元现金。
    问：这种羊绒衫现在多少钱一件？

15. **男**：这点儿小病，吃两片药就没事了，不用担心。
    女：你怎么对自己的身体这么马虎呢？赶紧去看大夫，别耽误了。
    问：女的让男的做什么？

16. **女**：你这么大个人，还跟女儿抢电视看。
    男：你懂什么，我这是怕女儿看电视的时间太长了，对眼睛不好。
    问：男的为什么跟女儿抢电视看？

17. **男**：别说话了，电影马上就要开演了。

女：好。你还说不来呢，这儿不比家好多了？

问：他们最可能在什么地方？

18. **男**：明天有汉语考试，今天晚上又要开夜车了！

女：你总是这样，要想成绩好，得平时努力啊。

问：关于男的，可以知道什么？

19. **男**：这是我们公司的新产品，今天搞活动，免费试用。

女：真的吗？太好了！

问：女的是什么语气？

20. **男**：您好！请问你们这儿现在还有空房间吗？

女：您好！现在我们只剩一套双人标准间了。

问：男的想做什么？

第二部分

第 21 到 45 题，请选出正确答案。现在开始第 21 题：

21. **女**：最近书店又打折了，我想买的那几本小说也正热销呢。

男：是不是发工资啦？可是你的书架已经很满了。

女：怎么？我看书你也反对吗？

男：你呀，让我说你什么好呢？

问：男的是什么意思？

22. **男**：这次考试又没考好。

女：你天天上网，能考好吗？你看人家李明。

男：他是他，我是我。你为什么总喜欢拿我和李明比呀？

女：你和李明是好朋友，平时应该多向李明学习学习。

问：从对话中可以知道什么？

23. **男**：听说王老师要当我们的班主任了。

女：啊？真要是这样的话，我们每天得写一大堆作业了。

男：可不是嘛！要真是这样，我连喝酒的时间都没有了。

女：那不是很好吗？还可以省钱了。

问：王老师是一个什么样的老师？

24. **女**：你什么时候下班啊？我都等了半个小时了。

男：今天晚上要加班，得很晚呢，你先回去吧。

女：周末还不让人休息！人家还想和你一起吃晚饭呢。

男：别让老板听见。我也想陪你，可是不加班，老板就得把我开除了。

问：女的为什么不高兴？

25. 女：最近我的皮肤又粗又干，用什么化妆品都这样。

男：一分钱一分货，贵的化妆品效果肯定好。再说，你应该多吃点儿水果，多喝点儿水。

女：好吧，我试试。可就算是这样做，每天用电热毯，皮肤能不干吗？

男：可不是嘛！房间里太干燥了，还得再买个加湿器。

问：女的的皮肤为什么又粗又干？

26. 女：新年晚会准备得怎么样了？参加的人多吗？

男：就那么回事呗，办不好还办不坏呀？

女：那你怎么不找人帮忙啊？现在报名演出的人多不多呀？

男：有那么几个，我正到处联系呢！

问：晚会准备得怎么样了？

27. 女：暑假打算去哪儿玩儿啊？玛丽想去海南，王兰想去青岛。

男：这两个地方我都去过。我想去上海。

女：上海不错啊。有外滩、东方明珠，还有世博园。你觉得桂林怎么样？

男：桂林也不错。"桂林山水甲天下"嘛。

问：关于男的，可以知道什么？

28. 女：孩子要去国外上学了，该准备什么得尽快呀。

男：给他拿点儿钱不就行了，有钱什么都能买得到。

女：还是在国内买好比较好，质量好，价格也便宜。

男：也对，还是得把钱用在刀刃上。

问：从对话中可以知道什么？

29. 女：小张和小王真是天生的一对儿啊！我真羡慕他们。

男：听说他们从小就认识，到了高中和大学还是同学。

女：是啊。小李，你和小王也是高中同学，你一定很了解他们吧？

男：当然啦。我们可是无话不说的好朋友。

问：小张和小王现在是什么关系？

30. 女：王强，怎么啦？看你的心情不好，是不是和女朋友吵架了？

男：别提了，李红想让我陪她去看电影，可是我最近经常出差，哪有时间啊？

女：所以她就生气了，不理你了？

男：要真是这样就好了，她还让我给她买项链。我只是个工薪族啊。

问：李红为什么生气？

第 31 到 33 题是根据下面一段话：

环境保护对我们来说并不是一个新问题，中国政府早就提出了明确的环保方案。方案包括对动物、森林的保护，防止大气和水的污染，也包括我们周围生活中无处不在的各种小事。对一般人来说，虽然不能直接从事环保工作，但也应养成保护环境的良好习惯。有些人认为，环境保护与人们的受教育程度有关，在大学校园里我们最容易找到支持环保的学生。可是我们也经常会在大学食堂的垃圾桶里发现大量的剩饭剩菜。这提醒我们，全面的环保意识和全民环保观念的提高并不容易。

31. 关于环境保护，下面哪项是正确的？

32. 我们应该怎样保护环境？

33. 大学食堂垃圾桶里的剩饭剩菜现象告诉我们什么？

第 34 到 36 题是根据下面一段话：

《杜拉拉升职记》被誉为白领女性的职场宝典。这部小说讲述了杜拉拉从一个默默无闻的职员，经过自己的努力，成长为一个企业领导的故事。杜拉拉在大学毕业 4 年后来到了世界 500 强企业 DB 公司，带着满心的抱负开始了自己的新生活。由于拉拉不仅有灵活的头脑，而且还具有踏实肯干的精神，她很快便受到了重视。她抓住了机遇，主持上海总部装修，不仅使自己在事业上获得了长足的发展，而且还收获了爱情。故事围绕杜拉拉在职场中的打拼经历，周围形形色色的人际关系展开，并且穿插了杜拉拉与公司市场部总监王伟的爱情故事，是一部很不错的职场小说。

34. 杜拉拉是一个什么样的女孩？

35. 杜拉拉抓住了什么机遇？

36. 下列哪项不是《杜拉拉升职记》中的情节？

第 37 到 39 题是根据下面一段话：

沈阳是历史文化名城，因地处古代沈水的北面而得名。沈阳是辽宁省省会，东北地区最大的中心城市，中国七大区域中心城市之一。沈阳的地形以平原为主，山地、丘陵集中在东南部，辽河、浑河、秀水河等在此流过。全年气温变化范围在-29℃-36℃之间，年平均气温 8.1℃，极端气温最高 38.3℃，最低-30.6℃。沈阳共有三处世界文化遗产保护单位，是除北京之外中国世界文化遗产最多的城市。它们是沈阳故宫、沈阳北陵和沈阳东陵，其中沈阳故宫是中国现存最完整的两座宫殿建筑群之一。

37. 关于沈阳，下列说法哪项正确？

38. 沈阳的年平均气温是多少？

39. 沈阳现存最完整的宫殿建筑群是哪一个？

第 40 到 42 题是根据下面一段话：

传说，法国一个偏僻的小村庄有一种特别奇特的泉水，可以医治各种疾病。有一天，一个拄着拐杖、少了一条腿的退伍军人一跛一跛地在马路上走。旁边的村民说："可怜的家伙，难道他要向上帝祈求再有一条腿吗？"这句话被退伍军人听到了，他转过身对他们说："我不是要向上帝祈求有一条新的腿，而是要祈求他告诉我，在我失去了一条腿后，也知道如何过好日子。"

学会为所失去的感恩，也接纳失去的事实；不管人生是得是失，都要让自己的生命充满亮丽的光彩；不要再为过去掉泪，而应努力活出每一段生命的精彩。

40. 退伍军人想向上帝祈求什么？

41. 根据上文，下列说法哪项正确？

42. 上文告诉我们什么？

第 43 到 45 题是根据下面一段话：

我觉得在我们的日常生活中到处都有污染的存在：楼上会有叮叮当当的争吵声；因为楼房之间的距离小，空气不流通，炒菜、做饭的油烟会跑到别人家；楼下的菜市场，只管卖菜赚钱，没人管卫生，还有人随地大小便。春天到了，我常想出去跑步，可汽车尾气使我不敢出去。这些都是污染的一部分，希望能引起有关部门的重视。

43. 下列哪项污染是文章中没有提到的？

44. 菜市场的问题是什么？

45. "我"为什么不敢出去跑步？

听力考试现在结束。

HSK（五级）模拟试卷 4

第一部分

第 1 到 20 题，请选出正确答案。现在开始第 1 题：

1. 女：师傅，157 路公交车的车站在哪里？
   男：就在前面，沿着这条路一直往前走，十字路口左拐就是。
   问：女的在做什么？

2. 男：你现在还经常去游泳吗？
   女：是的，除了游泳，偶尔也会打乒乓球。
   问：下列说法哪项是正确的？

3. **男**：天气预报说明天有大暴雨，你哪儿也别去了。
   女：那哪行啊！学生还等着我上课呢，就是生病也得去啊。
   问：女的是做什么的？

4. **男**：我今天给你打了一天电话也没人接，你干什么去了？
   女：你没收到吗？我给你发短信了呀。
   问：男的是什么语气？

5. **男**：小李，刚才有人来给你送花了。
   女：别和我开玩笑了，怎么可能呢？
   问：关于女的，可以知道什么？

6. **男**：小姐，请问您有预订吗？
   女：包间还需要预订呀？那我们在大厅吃吧。
   问：对话可能发生在什么地方？

7. **男**：小白，没看出来你乒乓球打得这么好啊！什么时候咱们一起练练？
   女：不敢当，不敢当，我还得向您请教呢。
   问：女的是什么语气？

8. **女**：你帮我上网看看什么牌子的洗面奶比较好，我想换一个。
   男：你整天把精力都用在这上怎么行？还是想想怎么写论文吧。
   问：男的是什么意思？

9. **男**：这双有点儿小，有大一号的吗？
   女：对不起，没有了，这已经是最大号的了。
   问：他们最可能在什么地方？

10. **男**：你快点儿呀，还有半个小时就 6 点了。
    女：着什么急，不是 7 点才上课吗？
    问：现在几点了？

11. **男**：你就知道房子，没有房子我们就不能结婚吗？
    女：我需要的是一个温暖的家，不是一句简单的"我爱你"。
    问：女的是什么意思？

12. **女**：你白天上课晚上打工是不是太辛苦了？
    男：没关系，还有四个月就毕业了。
    问：男的是什么职业？

13. **女**：难道你忘了今天是什么日子？

    男：我怎么会忘呢？十年前的今天我的妈妈有了一个孝顺的儿媳妇。

    问：他们是什么关系？

14. **男**：办公室里现在都有谁？我想找个人帮帮忙。

    女：现在大家都很忙，小张和小胡出差了，就剩老赵和老杨。

    问：办公室一共有几个人？

15. **男**：老师，不好意思，我的校园卡忘在宿舍了，我想进去还一本书。

    女：你的校园卡号是多少？什么专业的？

    问：下面说法哪项正确？

16. **男**：听说小明的妈妈病了。

    女：是啊，为了给他妈妈治病，他甚至连房子都卖了。

    问：小明是一个什么样的人？

17. **男**：你看，这上面说油价下个月还会涨。

    女：我从来不信这些小道消息，除非电视新闻报道出来。

    问：男的可能在干什么？

18. **男**：麻烦问一下，几层卖儿童服装？

    女：五层，你再上一层左拐就是。

    问：他们现在在几层？

19. **男**：您好！我是106号话务员。请问您需要什么帮助？

    女：你好！我想查一下我手机的积分和话费。

    问：女的在干什么？

20. **男**：最近怎么样？还是很忙吗？

    女：可不是，姐姐给我寄的包裹都是杨华去邮局替我取来的。

    问：包裹是谁的？

第二部分

第21到45题，请选出正确答案。现在开始第21题：

21. **女**：最近天气越来越冷了，很多人都得了感冒。你也得注意点儿啊！

    男：是啊。我打了一天喷嚏，刚把感冒药买回来。

    女：我看看。这个药的效果不错，我们办公室的同事吃完以后感冒很快就好了。

    男：今天正好在家，不用上班，我得赶紧把药吃了，等感冒严重了再吃就来不及了。

    问：对话可能发生在什么地方？

22. **女：** 哎，老张和他老伴结婚已经30年了吧？

男： 是啊。听说他和刘老师从来没红过脸，让人好不羡慕啊！看，那不是老张吗？

女： 今天怎么就老张一个人出来买菜呀？他们是不是吵架了？

男： 别胡说！你以为人家像咱俩呢？可能是老张想给刘老师一个惊喜吧。

问： 从对话中可以知道什么？

23. **女：** 过几天刘明就要从英国回来了。我还真有点儿想他了，记得那年他是刚过完中秋节走的。

男： 可不是嘛！自从我去日本留学，就再也没见过他，算一算都五年了。

女： 从2000年我们在学校第一次见面到现在已经快十年了。我还真想看看刘明变成什么样了！

男： 你还别说，刘明肯定跟英国绅士一样，也许还能带回来一个英国女朋友呢。

问： 现在大概是哪一年？

24. **女：** 告诉你做菜时少放点儿盐，你就是不听，这菜怎么吃啊？

男： 我已经比平时少放了，没想到你的口味这么轻。

女： 你就是只顾自己，不考虑我和孩子。

男： 好了，别生气。不就是一顿饭么？咱们今天出去吃。

女： 这还差不多，不过钱得从你的零花钱里面扣啊！

问： 女的为什么生气？

25. **男：** 玛丽，怎么啦？是这次HSK考试没通过，还是又跟飞龙吵架了？

女： 唉！别提了。刚才我和飞龙逛街时才知道他没通过考试。现在他的心情非常不好，我又不知道怎么劝他。

男： 你是他的女朋友，这时候应该多陪陪他。我给你们介绍一位老师吧，他汉语教得可好了，保证飞龙下次一定能通过考试。

女： 太好了，那我先谢谢你了。

问： 从对话中可以知道什么？

26. **男：** 来北京这么长时间，你都去哪玩儿了？

女： 天安门、故宫、香山……大多数景点我都去了。

男： 是吗？还真玩儿得差不多了。

女： 我再也没看过比香山更美的风景了，我永远也忘不了那儿的红叶。

问： 香山的风景怎么样？

27. **男：** 最近怎么没看见小张？听说他当上你们公司的经理了？

女： 是啊。他都把公司当成家了。我们一星期才能见上一面。这样也好，省得吵架了。

男： 这可就是你的不对啦，你应该多关心关心他。听说小李和小王下个月就结婚了，你们什么时候有消息啊?

女: 唉! 这是很遥远的事情啊。现在工作最重要,其他的事以后再说吧。

问: 女的和小张是什么关系?

28. **男:** 你好! 请问张主任在吗? 我有事想和他谈一谈。

女: 对不起,他不在家。他先去北京出差,然后去哈尔滨开会,大概周末能回来。

男: 可是我有很重要的事想和张主任谈谈,最早什么时候能见到他?

女: 那你就周一下午到单位找他吧,他那时候一定在。

问: 从对话中可以知道什么?

29. **女:** 昨天去逛街真是什么事都不顺!

男: 那么热的天你还去逛街? 但是商场里应该有空调啊,是谁惹你生气了?

女: 唉! 温度是降下来了,可是心里的火却上来了,售货员的态度就像我欠她钱似的。

男: 算了,咱是为了买衣服,为了她生气不值得。快给我看看你昨天买的新衣服。

女: 我要是买到了就好了,下回再也不去那家商店了。

问: 什么事让女的最生气?

30. **女:** 你最近好像没什么精神,是不是病了?

男: 别提了。我家楼上刚搬来一位新邻居,每天晚上总是很晚才回家,而且走路的声音特别大。

女: 怪不得这几天总看见你趴在桌子上睡觉呢! 晚上休息不好,第二天上班怎么能有精神呢?

男: 我最近正忙着搬家,看来邻居比房子更重要。真让人头疼啊!

女: 找房子我比你有经验,我陪你一起找吧!

问: 男的认为什么更重要?

第 31 到 33 题是根据下面一段话:

王珞丹是中国内地的女演员,因出演电视剧《奋斗》中的"米莱"受到大家的喜爱。从内蒙古赤峰独自来北京闯荡娱乐圈,并非轻而易举。她没有米莱优越的家庭背景,而是靠自己的努力获得了成功。当初接第一部戏时,王珞丹的片酬低得可怜,出去吃喝花的钱都远远超过她的片酬,可她却接受了,并从中学到了很多东西。就这样,凭借日益成熟的演技和坚持不懈的精神,王珞丹如今已成为中国演艺界的"新四小旦"之一,是众多 80 后乃至 90 后心中的偶像。

31. 王珞丹的职业是什么?

32. 王珞丹能够取得成功靠的是什么?

33. 当初为什么片酬很低王珞丹也要出演?

第 34 到 36 题是根据下面一段话:

我的父亲很爱我,但却不像母亲那样细心地照顾我生活中的每一件事。我去北京学习时，父亲没来送我，只有母亲来了。看到别的同学都有父母陪着，我觉得父亲一定很讨厌我，否则他不会这样做。在去北京的路上，我想父亲现在一定在家里庆祝吧，庆祝我终于离开他了。可是，从北京回来的那一天，母亲告诉我："知道吗？你父亲舍不得你，一直在家里说着你，他怕去送你会让他更难过……"

34. 去北京学习的时候，谁送"我"了？

35. 去北京学习时，"我"认为父亲对"我"的态度怎么样？

36. 母亲的话说明了什么？

第 37 到 39 题是根据下面一段话：

如今出门真怕见到熟人。碰到多年不见的熟人，他们总要问你："现在在哪儿发财？"碰到多日不见的熟人，他们大多也要问你这么一句："你们单位经济效益如何？"你回答一句还不够，他们还想知道更多，比如你具体的工资、奖金等。其实，在国外，人们是不随便打听别人的经济状况的，因为这是个人的私事。我不是害怕别人问这方面的情况，我只是觉得，人与人之间见了面只问这个，实在有点儿不是味道。说真的，还真是怀念过去"吃了吗"这三个字。

37. 作者为什么说如今出门怕见到熟人？

38. 为什么在国外人们不随便打听别人的经济状况？

39. 作者对"在哪儿发财"这句话的态度是什么？

第 40 到 42 题是根据下面一段话：

结婚七年，日子越来越没有意思。向妻子提出离婚后，妻子建议我们去云南。在船上一边欣赏表演，一边品尝着云南人的三杯茶。第一杯喝起来很甜，妻子说："第一杯是甜茶。所有的婚姻都有过爱情的甜美。只不过，再甜的茶，时间长了也会变淡。"第二杯是苦茶："从甜到苦，这就是我们的婚姻。人生很长，不吃苦，又哪来白头到老的婚姻呢？"第三杯名字也叫茶，喝起来却好像水一样，只不过刚刚喝过苦茶，现在却也感到了一些甘甜。婚姻到最后就像一杯白开水，无论开始多么浪漫，最后还是会成为一杯白开水。慢慢品尝着三杯茶的味道，我已经理解了妻子的真正意思。

40. 妻子为什么带丈夫去云南喝茶？

41. 关于这三杯茶，可以知道什么？

42. 根据上文，下列哪项对婚姻的理解是恰当的？

第 43 到 45 题是根据下面一段话：

现在很多人选择喝瓶装水，无论在家还是在外都喝这样的水。一是因为方便，二是认为它干净，对身体有好处。但是瓶装水真的干净又健康吗？不一定。首先，瓶子的材料是塑料，但是有些质量不好的瓶子有杂质或黑点，甚至还有重金属原料，会对人体产生危害；其次，瓶装水的制作过程很复杂，其中的一些过程可能产生了新的污染。另外，人们选择瓶装水，也与瓶装水公司的宣传有很大的关系。这些公司提醒人们，只要每天喝八杯水，就能保持健康。但是实际情况是我们吃的饭、水果、蔬菜等食物中已经包含了很多水，所以根本没有必要喝那么多的水。

43. 人们为什么喝瓶装水？

44. 关于瓶装水，可以知道什么？

45. 根据上文，下列哪项是正确的？

听力考试现在结束。

HSK（五级）模拟试卷5

第一部分

第 1 到 20 题，请选出正确答案。现在开始第 1 题：

1. 男：听说你下周要去日本旅行，飞机票买好了吗？
   女：这次时间比较充足，我觉得坐船去更便宜一些。
   问：女的可能怎么去日本？

2. 男：你能陪我看会儿电视吗？
   女：不好意思，我太忙了，都把你忘了。
   问：女的是什么态度？

3. 女：这两件看上去都不错，你帮我挑一下吧。
   男：你要是赶时髦就买这件大红色的，现在大街上的人都穿这种颜色的。
   问：他们在谈论什么？

4. 男：我昨天没来上课，能借我看一下你的笔记吗？
   女：太不巧了，昨天我去医院了，也没来上课，你问一下莉莎吧。
   问：通过对话，可以知道什么？

5. 男：最近怎么总也看不见老谷呢？
   女：你还不知道吗？上个星期他出了车祸，说走就走了。
   问：女的是什么意思？

6. 男：打扰了，请问这是张老师的办公室吗？
   女：是的，不过他现在正上课呢，你先坐这儿等一会儿吧。
   问：张老师在干什么？

7. **男**：你最近怎么总去新世界买东西啊？那儿的东西多贵呀。
   女：我朋友给了我几张新世界的打折卡。
   问：女的最近为什么总去新世界买东西？

8. **男**：咱们班新来的丁瑞汉语怎么样？
   女：没的说，有什么问题你尽管问他。
   问：关于丁瑞，可以知道什么？

9. **女**：亲爱的，咱家的热水器又坏了，你能过来修一下吗？
   男：都用了这么多年了，明天咱们去买台新的吧。
   问：根据对话，两个人的关系最可能是：

10. **男**：喂，你好！麻烦找一下王老师。
    女：好的，请稍等！王老师，你的电话。
    问：他们在做什么？

11. **男**：小王，你怎么了？看起来这么没精神呢。
    女：别提了，我家邻居昨晚搞聚会，我也跟着一宿没睡。
    问：根据对话，下列说法哪项是正确的？

12. **女**：各位游客早上好，我们今天行程的第一站是都江堰。
    男：那儿离青城山远吗？
    问：女的可能是做什么的？

13. **男**：宝贝，都 11 点了，快睡吧。
    女：不行啊，爸爸，我的作业还没做完呢。
    问：他们是什么关系？

14. **男**：我昨天晚上酒喝多了，到现在还头疼呢。
    女：快喝点儿茶水吧，好好儿休息一下，要不怎么上班啊？
    问：关于男的，可以知道什么？

15. **男**：你今天晚上去参加方宇的生日宴会吗？
    女：哪能不去啊？我上了一上午的课，刚下课，正准备去吃饭呢。
    问：对话最可能发生在什么时候？

16. **男**：下周就要放假了，这个假期还打算去韩国旅游吗？
    女：我的英语成绩太差了，想去北京学学英语，给自己充充电。
    问：女的假期想干什么？

17. **女**：这件衬衫真好看，可是价钱太贵了。

男：是有点儿贵，我们回家上网看看，网上肯定比商场便宜。

问：男的准备在哪儿买衬衫？

18. **女**：刘星说如果他这次考了全班第一，他就请大家吃肯德基。

男：别做梦了，要想吃刘星的东西可比登天还难。

问：男的是什么意思？

19. **男**：你女儿不小了吧？怎么还没结婚呢？

女：都30了，比你儿子还大两岁呢。看你多好，孙子都1岁了。

问：男的的儿子今年多大？

20. **男**：你们家每天谁做饭？

女：你说呢？你哥哥从来都是一到家就吃饭。

问：根据对话，可以知道什么？

第二部分

第21到45题，请选出正确答案。现在开始第21题：

21. **女**：小张要去英国留学了，咱们送他份礼物吧。

男：好啊，送他一件大衣怎么样？英国的天气特别冷，刚去肯定不适应。

女：好吧。到时你帮我选选款式和颜色，给点儿意见吧。

男：没问题。等哪天你有时间告诉我，咱俩一块儿去商场看看。

问：从对话中可以知道什么？

22. **女**：早就告诉你哈尔滨比沈阳冷多了，你要是多穿点儿就不会感冒了。

男：当初听你的就好了，现在说这些也没用了啊！

女：我最近也不太舒服，不知道是不是吃了不干净的东西，这几天一直拉肚子。

男：我看是因为你吃了减肥药吧？

问：男的怎么了？

23. **女**：快睡觉吧，都12点了，明天还得上班呢。

男：我才想起来这份报告明天必须交。这几天一直在看足球比赛，把这事儿都忘了。

女：你都这么大的人了，还总是让我操心。

男：别唠叨了，你先睡吧，不用等我了。

问：男的是什么态度？

24. **女**：我们这儿交通特别方便，附近还有银行、幼儿园、医院、超市，您选择这套房子一定不会错。

男：就是房租有点儿贵，你能不能和房东再商量商量？

女：您放心吧，我们的租金绝对合理。再说，您送孩子去幼儿园还能省下打车钱呢。

男：那倒也是，那我后天就搬进来吧。

问：男的打算做什么？

25. 女：昨天的考试成绩公布了，你知道吗？李明居然没通过！

男：是挺奇怪的，以前他的成绩可不错啊，但最近他一直没来上课。

女：他不会生病了吧？

男：不知道，他很少缺课，可能是家里有什么事吧。

问：关于李明，可以知道什么？

26. 男：你们家老张最近忙什么呢？是不是旅游去了？

女：哪儿啊！他每天就在家躺着，而且年纪大了，老毛病还不少。

男：这老年人啊，上了岁数就应该多到外面锻炼锻炼，要不然很多病都会找上门来的。

女：说的就是啊。回头你帮我劝劝他。

问：关于老张，下列说法哪项正确？

27. 女：请问，去体育场怎么走？

男：你说的是哪个体育场？五里河体育场还是朝阳体育场？

女：我只知道那儿的附近有个公园。

男：哦，那是朝阳体育场。你一直往前走，坐15路公共汽车，到终点站下车就行了。

问：女的想去哪里？

28. 男：小宋昨天辞职了，真让我们大吃一惊。他可真是想干什么就干什么呀！

女：这你就不懂了，人家想趁年轻出国学习，丰富自己的知识，多见见世面。

男：可是他这一走，父母、爱人、孩子怎么办呢？

女：又不是一辈子都不回来了，只不过几年的时间，就克服一下呗！

问：他们在谈论什么？

29. 女：今年7月我和张明打算去日本旅行。

男：你和张明恋爱快5年了吧，打算什么时候结婚啊？这次日本旅行是不是就是蜜月旅行啊？

女：想哪儿去了！我们今年的确打算结婚，不过是在10月，到时候去新加坡旅行。

男：原来是这样啊。那我就提前祝你们新婚愉快！

问：根据对话，下列说法哪项正确？

30. 女：快尝尝我做的菜味道怎么样，给评价一下。

男：我看厨师做的也就是这个水平。

女：你呀，就知道哄我开心，我刚学做饭，还不知道自己是什么水平吗？

男：真的很好，刚学会就做成这样已经很不错了，我还不如你呢。

问：男的认为女的做饭怎么样？

第 31 到 33 题是根据下面一段话：

《论语》流传了 2500 多年，影响了世世代代的中国人。几乎每一个中国人都能说出几句《论语》中的经典语句。《论语》的真谛就是告诉大家怎么样才能过上我们心灵所向往的那种快乐的生活。北京师范大学于丹教授紧扣 21 世纪人类面临的心灵困惑，结合其深厚的文学修养，运用女性特有的情感，从中国人的理想和人生观等七个方面，以独特的个性视角解读了《论语》，从而著成了《论语心得》一书。全书以白话解释经典，以经典解释智慧，以智慧解释人生，是一本可以了解中国文化的好书。

31. 《论语》流传了多少年了？

32. 根据上文，于丹教授：

33. 上文是关于哪本书的介绍？

第 34 到 36 题是根据下面一段话：

美国人口普查局周四公布的最新报告显示，美国九大都会圈人口超过了 500 万。该报告统计了自 2000 年 4 月 1 日以来美国 361 个大都会地区的居民人口。其中排名前九位的大都会地区人口均超过 500 万。排名前三的大都会圈分别为大纽约地区（1880 多万），大洛杉矶地区（约 1290 多万）以及芝加哥地区（950 多万）。报告同时指出，移民人口成为美国大都市圈的重要支撑。如果没有移民的大量迁入，全美像纽约、洛杉矶和波士顿等主要大都会圈的居民人口都将大幅度缩水。

34. 美国有多少个大都会圈人口超过了 500 万？

35. 下列哪项不属于美国排名前三的大都会圈？

36. 根据上文，下列哪项是美国大都会圈的支撑？

第 37 到 39 题是根据下面一段话：

我和他是在网上认识的。那时候，我还是个大学生。第一次去聊天室，就认识了他。我们聊得不错，几个月后便交换了电话号码。他是一个军人，而那时的我正是疯狂迷恋军人的年龄。而正因为他是军人，我才会跟他聊天儿。后来我们恋爱了，他问我到底是爱他还是爱他的军装，我告诉他，尽管是他身上的军装吸引了我，但是现在，我更爱他。如今，我们仍然不能常常见面，只是靠短信联系，但是距离不会影响我们的感情。

37. 文中的"我们"是怎么认识的？

38. 文中的"我们"刚认识的时候，"我"是做什么的？

39. 根据上文，下列说法哪项正确？

第 40 到 42 题是根据下面一段话：

老板在一次培训课上用图画解释了人生的意义。他首先在黑板上画了一幅图：在一个圆中间站着一个人。接着，他在圆的里面加上了一座房子、一辆汽车、一些朋友。

老板说："这是你的舒服区。这个圆里面的东西对你很重要：你的住房、你的家庭、你的朋友，还有你的工作。在这个圆里面，人们会觉得自在、安全。而当你跳出这个圆，你会从错误中学到东西。你增加了自己的见识，所以你进步了。"他再次转向黑板，在原来那个圆之外画了个更大的圆，还加上了些新的东西，如更多的朋友、一座更大的房子，等等。

　　40. 下列哪项是图画中没有的？

　　41. 关于老板，可以知道什么？

　　42. 在圆里面的人们会觉得怎么样？

第 43 到 45 题是根据下面一段话：

带孩子是件辛苦的事。有时候，对着不会说话的宝宝，年轻妈妈会感到很寂寞，而电视、手机的确能给这段时光增加一点儿乐趣。最近的一项试验发现，类似电视、手机这样的东西很容易吸引母亲的视线，因而在喂奶时，就会造成妈妈看电视玩手机、孩子自己喝奶的情况。一旦孩子习惯了这种没有交流的世界，就会出现即使身边没人孩子也不哭的现象，这会影响到孩子的语言发育，日后还可能影响母子关系。因此，在给孩子喂奶或者哄孩子睡觉的时候，年轻妈妈应该随时注意孩子的情况，即使孩子不会说话，也要学会用眼神去和孩子交流。

　　43. 面对不会说话的宝宝，年轻妈妈会有什么感觉？

　　44. 最近的一项试验发现了什么？

　　45. 身边没人孩子也不哭，这种现象的后果是什么？

听力考试现在结束。

HSK（五级）模拟试卷 *6*

第一部分

第 1 到 20 题，请选出正确答案。现在开始第 1 题：

1. **男**：对不起，我昨天在这儿买了件毛衣，觉得有点儿小，能换一件吗？
　　女：您带小票了吗？
　　问：对话可能发生在哪儿？

2. **男**：你好，请给我一张取款单。
   女：好的。桌子上有填好的取款单，照着填就行了。
   问：他们最可能在什么地方？

3. **男**：快过年了，我准备周末把房间打扫一下。
   女：那周末我去帮你吧，正好我休息。
   问：男的为什么要打扫房间？

4. **男**：听小雪妈妈说，小雪住院了。
   女：小雪是住院了，不过昨天就已经出院了，今天都去上课了。
   问：通过对话，可以知道什么？

5. **女**：小王，听说你假期去旅行了？
   男：是啊。我们家三口去了华东五市，也就是上海、苏州、杭州、南京和无锡。
   问：一共有几个人去旅游了？

6. **男**：明天我爸爸过生日，晚上到我们家吃饭吧。
   女：好啊，我买个生日蛋糕，顺便给你们露一手。
   问：女的是什么意思？

7. **男**：开学才一个星期，你都迟到两次了！
   女：我的自行车坏了，保证下次不会了。
   问：关于对话，下列哪项正确？

8. **女**：您好！这里是客房部，请问您需要什么帮助？
   男：麻烦您送一份匹萨和一杯饮料到我的房间，晚上十点后不要让任何人打扰我。
   问：男的可能在哪儿？

9. **男**：你说这是什么天气啊？都四月了，还下雪呢。
   女：是啊，去年的这个时候我都已经穿单衣了，可今年还穿大衣呢。
   问：现在的天气怎么样？

10. **男**：一年不见，你可真发福了啊！
    女：可不是，尤其是生了我女儿之后，我是吃什么都长肉啊！
    问：男的是什么意思？

11. **男**：张扬和刘航都结婚半年多了，也不知道他们的关系怎么样。
    女：人家过得可美了，从来没见小两口红过脸。
    问：关于张扬和刘航，下列说法哪项正确？

12. **男**：早餐只吃水果对身体不好，你应该再吃点儿面包和牛奶。

    女：是吗？我习惯了这么吃，看来真得改改。

    问：从对话中可以知道什么？

13. **男**：小明可真够可怜的了，现在他家里就剩下他和 7 岁的妹妹了。

    女：我也听说了，他的父母在前几天的车祸中去世了。

    问：小明家现在有几口人？

14. **男**：这一桌菜一共多少钱？可以刷卡吗？

    女：您好，总共 386 元，现金、刷卡都可以。

    问：他们是什么关系？

15. **男**：你看见我的健身卡了吗？我记得在客厅啊！

    女：我给你放在卧室的抽屉里了，你总是扔在地板上。

    问：男的的健身卡在哪儿？

16. **男**：老李，又下楼锻炼啊？

    女：哪有时间啊？给我那宝贝孙子买奶粉去，现在每天围着他转。

    问：女的每天可能干什么？

17. **男**：这两个孩子真有意思，姐姐反而没有妹妹高。

    女：我看也是，但姐姐比妹妹成绩好。

    问：姐姐和妹妹谁高？

18. **男**：这是谁给你买的衣服啊？真漂亮！

    女：除了我妈妈，谁还能给我买衣服呢？

    问：衣服是谁买的？

19. **男**：怎么了？眼睛这么红！是不是昨天晚上又开夜车了？

    女：没有，是看了一部很感人的电视剧，我比较爱动感情。

    问：女的的眼睛为什么红？

20. **男**：你好，这是我的机票和座位号。

    女：谢谢，请您走那边，第二排就是。

    问：对话可能发生在哪儿？

第二部分

第 21 到 45 题，请选出正确答案。现在开始第 21 题：

21. 男：最近工作找得怎么样了？
    女：别提了，现在真是最不缺的就是人啊。
    男：不顺利吗？不行再想想别的办法吧。
    女：总是碰壁，真有点儿不想找了。
    男：别灰心，慢慢来吧。总会找到的。
    问：通过对话，可以知道什么？

22. 男：听说《阿凡达》这部电影不错。你觉得呢？
    女：我也觉得特别有意思，值得一看。
    男：你看过了吗？
    女：当然了，我还想再看一遍呢。
    男：那周末一起去看吧！顺便叫上你的新男朋友。
    问：男的周末要做什么？

23. 男：别为这么点儿小事生气了，和这种人生气不值得。
    女：但是我觉得很委屈呀。他为什么那么对我？
    男：他就是那样的人。别理他！喝点儿水，消消气！
    女：谢谢你，还是你好！
    问：男的在做什么？

24. 男：这个问题现在只有你能解决。
    女：你以为我不想吗？我比你还着急呢。
    男：那还等什么呢？快点儿啊！
    女：这也不是我想解决就能解决的，我也得请示领导啊！
    问：通过对话，可以知道谁想解决问题？

25. 男：昨天是小张请的客吗？
    女：别提了！每次让他请客，他都找理由拒绝。
    男：他真是个小气鬼，留着钱给谁花啊？
    女：就是啊，下次吃饭不找他了。
    问：小张是个什么样的人？

26. 男：你最近坚持锻炼身体了吗？
    女：三天打鱼，两天晒网的。
    男：那可不行。你得坚持，要不没有效果啊！
    女：我也想啊，可是最近工作太忙了。
    问：女的最近锻炼身体了吗？

27. **男：** 请问，这件黑色的羽绒服多少钱？

　　女： 现在打6折，140元。这件羽绒服的样式很适合您。

　　男： 这么便宜，是不是质量不好啊？

　　女： 不是的，质量您尽管放心，现在商场在搞促销活动。

　　问： 羽绒服降价的原因是什么？

28. **男：** 你在电话里都说了一个小时了！能不能快点儿？

　　女： 谁让你不肯过来的？我早就说了这事不好弄。

　　男： 早知道这么麻烦我就过去了。

　　女： 马上就好了！还有最后一个环节。

　　问： 男的认为打电话解决问题怎么样？

29. **男：** 你看过小人书吗？

　　女： 没有啊。是小人物写的书吗？

　　男： 哪儿啊，就是故事书。里面画有很多有意思的故事，很多人都喜欢看。

　　女： 是吗？能借我看看吗？

　　男： 没问题。你来我的宿舍拿吧，我有好几本呢。

　　问： 关于小人书，下列说法哪项正确？

30. **男：** 现在有时间吗？我想和你谈谈。

　　女： 我现在没有时间陪你瞎聊。

　　男： 我就想跟你说几句话，不会耽误你很久的。

　　女： 我们之间还有什么可谈的？你还是节省点儿时间吧。

　　问： 女的对男的是什么态度？

第31到33题是根据下面一段话：

　　《非诚勿扰》是江苏卫视一档适应现代生活节奏的大型婚恋交友节目，它为广大单身男女提供了公开的恋爱交友平台，优秀的节目制作和全新的婚恋交友模式使它得到了观众和网友的广泛关注。

　　新节目的互动形式完全突破了过去传统的交友方式，体现了新时代男女的恋爱观。节目中的24位单身女生以亮灯和灭灯的方式来决定报名男嘉宾的去留。经过"爱之初体验"、"爱之再判断"、"爱之终决选"、"男生权利"等规则来决定男女嘉宾的速配结果。

　　31. 上文中的《非诚勿扰》指的是什么？

　　32.《非诚勿扰》的主题是什么？

　　33. 下列哪项不是《非诚勿扰》的规则？

第 34 到 36 题是根据下面一段话：

15 世纪，一位威尼斯商人经常要出门做生意，但又担心妻子会外出和别的男人在一起。一个雨天，他走在街道上，鞋后跟沾了许多泥，因而步履艰难。商人由此受到启发。因为威尼斯是座水城，船是主要的交通工具。商人认为妻子穿上高跟鞋将无法在跳板上行走，这样就可以把她困在家里了。

不料，他的妻子穿上这双鞋子，感到十分新奇，就由佣人陪伴，上船下船，到处游玩。高跟鞋使她变得更加漂亮，讲求时髦的女士争相效仿，于是，高跟鞋便很快地流行起来了。

34. 这位商人受到了什么启发？

35. 穿上高跟鞋之后，商人的妻子怎么样？

36. 这位商人最初发明高跟鞋的目的是什么？

第 37 到 39 题是根据下面一段话：

明天就是母亲节了，这是我当母亲之后迎来的第一个母亲节。看着 5 个月大的儿子，我情不自禁地落下了眼泪。真是没有孩子的时候体会不到父母的恩情。妈妈为我辛苦了一辈子，我从来没给她买过什么母亲节的礼物。每当提起礼物的时候，妈妈总是说浪费，让我省下钱自己买书。这次母亲节我该为妈妈做点儿什么了，哪怕只是为妈妈捶捶背、洗洗脚、陪她老人家吃顿饭，也可以表达我对妈妈的祝福。

37. "我"为什么情不自禁地落下了眼泪？

38. 这个母亲节，"我"可能给妈妈送什么礼物？

39. 关于"我"，下列说法哪项正确？

第 40 到 42 题是根据下面一段话：

今天是周末，兰州人的夜生活刚刚开始，但是张永良却没有这样的心情和条件。他又开始上夜班了，为了早一点儿实现他的买房梦，他要尽量抓紧时间多拉客人。最近，善于观察的张永良发现，晚上医院门前的生意不错，于是晚上大部分时间他都在这里等活儿。上夜班的这些大夫一出门就要打的，在这地方拉人既安全又可靠。夜班的疲劳会让张永良在等活儿时偶尔会闭上眼睛小睡一下。尽管是一小会儿，但他未来的房子也许正悄悄地出现在他的梦中。

40. 张永良是做什么工作的？

41. 张永良有一个什么样的梦想？

42. 为什么医院门前的生意比较好？

第 43 到 45 题是根据下面一段话：

生活中杨秀丽休闲的方式都跟京剧有关，她不但在家里听戏，还经常参加戏迷的表演活动。通过表演能够释放压力，还能够找到一些工作之外的自信。为了学戏，她把自己喜欢的京剧片段存到电脑里，一有时间就仔细研究。电脑里还保存着她自己在电视台表演时录下来的节目。不久前，她和戏迷朋友还在互联网上建了一个名叫"戏迷之家"的主页。通过这个主页，杨秀丽认识了很多地方的戏友，也经常跟他们在网上讨论，交流心得体会。杨秀丽有很多心爱的首饰，可是在日常生活中她从来不戴，这些珍贵的首饰只在她登上舞台时人们才能看到，而且，家里衣柜的绝大部分空间都放满了她收集的各类戏服。

    43. 杨秀丽的休闲方式是什么？

    44. 杨秀丽经常在哪儿和戏迷们交流心得体会？

    45. "戏迷之家"是什么名字？

听力考试现在结束。

HSK（五级）模拟试卷 7

第一部分

第 1 到 20 题，请选出正确答案。现在开始第 1 题：

 1. **男**：您好！请问您几位？

    女：您好！两位。帮我们找一个清净点儿的位置。

    问：对话最可能发生在什么地方？

 2. **男**：快来看看我新买的电视！

    女：4000 块就买了这么一个破东西，一点儿都不值！

    问：根据对话，可以知道什么？

 3. **男**：你怎么也养狗了？是从宠物市场买来的吗？

    女：我原来不喜欢小狗，看见陈姐家的小狗很可爱，就要来了。

    问：根据对话，下列哪项正确？

 4. **男**：您好！我想把这张卡销户。

    女：请稍等。这是您的存款本金和利息。

    问：对话可能发生在哪儿？

 5. **男**：听说小李又去北京了，他怎么总出差呀？

    女：这次可不是为了工作，而是去看演唱会。

    问：小李这次为什么去北京？

 6. **男**：今天我们出去吃饭吧，我发工资了！

女：太好了！你好久没有请我出去吃饭了。

问：根据对话，下列哪项正确？

7. 男：就这么点儿事儿，你还打电话告诉我妈妈了。

女：事情这么严重，你还好意思说是小事儿！

问：男的是什么意思？

8. 男：别吃蛋糕了，吃一块西瓜吧。

女：谢谢，不吃了。晚上吃的海鲜，刚才还吃了几根黄瓜。

问：男的让女的吃什么？

9. 男：同等质量的茶叶，你再也找不到这么便宜的了。

女：的确，你们的价格很吸引人。

问：通过对话，可以知道什么？

10. 男：晚上一起吃饭吧，我有几个朋友想见见你。

女：今天晚上要加班，再说吧。

问：女的是什么意思？

11. 男：这几天有没有时间？我给你约好陈大夫了。

女：太谢谢你了，不过总麻烦你真不好意思。

问：根据对话，可以知道什么？

12. 男：明天过节，来我家吃元宵吧，然后我们一起去看灯会。

女：好啊！我正想尝尝北方的元宵呢，看跟南方的汤圆到底有什么不同。

问：明天最可能是什么节日？

13. 女：喝点儿什么，可乐还是咖啡？

男：谢谢，给我杯热水吧，最近有点儿感冒。

问：男的想喝什么？

14. 男：我们班小丽考上研究生了。

女：她那样也能考上研究生啊？早知道我也去考了。

问：女的是什么意思？

15. 男：听说云南有很多名胜古迹，我最近打算去那儿旅旅游。

女：我是去不了了，帮我买点儿茶叶回来吧。

问：根据对话，可以知道什么？

16. 男：明天有大雪，多穿点儿衣服。

女：不用你提醒，我已经看天气预报了。

问：现在最可能是什么季节？

17. **男：**对不起，请出示您的驾驶执照。

    女：对不起，我忘带了。

    问：根据对话，可以知道什么？

18. **女：**大夫，我昨天晚上发烧了，现在还头疼呢。

    男：是感冒。我先给你开点儿药，回去以后按时吃。

    问：他们最可能在什么地方？

19. **男：**现在小孩衣服都比大人衣服贵。

    女：可不是嘛！小孩的东西哪有便宜的啊？

    问：女的是什么意思？

20. **男：**你们先去吧，我想背完英语单词再走。

    女：天都黑了，你也别看得太晚，我们吃完饭再回来找你。

    问：男的什么时候走？

第二部分

第 21 到 45 题，请选出正确答案。现在开始第 21 题：

21. **男：**李老师今天又发火了。

    女：他怎么总发火啊？

    男：谁知道呢？看样子挺生气的。

    女：既然当了班主任，很多事就避免不了了。

    问：根据对话，可以知道李老师怎么样？

22. **男：**明天的面试准备得怎么样了？

    女：一直在准备呢。

    男：这次面试对你来说很重要，得把握住机会呀。

    女：我知道，我会尽力的。

    男：那我们可就等你的好消息了。

    问：女的对明天的面试是什么态度？

23. **男：**你的毕业论文写完了吗？

    女：还差一点儿。

    男：你到现在还没写完，究竟想不想毕业了？

    女：论文的电子文件不见了，所以才耽误了。

男：好，明天一定要交给我。

问：女的的论文写得怎么样了？

24. 女：先生，这件衣服挺适合您的。

男：好是好，就是有点儿贵。

女：您别嫌贵，这件衣服无论是上班还是出差都可以穿。

男：好，那我再考虑考虑吧。

问：男的觉得这件衣服怎么样？

25. 男：小王又买了套新房子。

女：他家里人不是都反对他买房子吗？

男：可不是嘛！不过这次买房子，他没有向家里人借钱。

女：他哪儿来那么多钱呀？

男：银行贷款。

问：小王买房子的钱是从哪儿来的？

26. 女：先生，请问您需要点儿什么？

男：你们这儿的特色菜是什么？

女：川菜。我们这儿的川菜很正宗。

男：是吗？那我看看菜单。

问：对话可能发生在什么地方？

27. 男：咱爸最近在忙什么？

女：还是老样子。

男：还那么爱下象棋呀？

女：咱爸不抽烟，不喝酒，就是爱下象棋，怎么玩儿也玩儿不够。

问：他们爸爸的爱好是什么？

28. 男：这么好的办法是谁想出来的？

女：当然是小丽。

男：看不出来呀，小丽还真有两下子。

女：她平时不言不语的，关键时候总能想出好点子。

男：真了不起！

问：根据对话，下列哪项正确？

29. 男：周末又不能出去玩儿了。

女：为什么呀？

男：我们单位临时决定加班。

女：那只能改天了，你这个大工程师可真忙啊！

男：我也没办法呀，只能服从领导安排。

问：根据对话，下列哪项正确？

30. **男**：怎么一个人在这儿喝咖啡？

女：办公室里人太多，我想安静一下。

男：在开会吗？

女：不是，小李的大学同学来了。

问：谁来办公室了？

第 31 到 33 题是根据下面一段话：

　　号称人间仙境的九寨沟位于四川省境内，因周围有 9 个藏族村寨而得名。九寨沟海拔在 2000 米以上，周围是原始森林，沟内分布着 108 个湖泊，有"童话世界"之誉。九寨沟一年四季都适合旅游，但是秋天去最好。过去人们都以为冬季九寨沟不适合旅游，但是随着成都到九寨沟旅游公路的开通，才发现九寨沟冬季也同样很美丽。九寨沟的藏家房屋顶上都要插上彩色的帆，帆的颜色有蓝色、白色、红色、绿色、黄色，蓝色代表天空，白色代表云朵，红色代表大山，绿色代表树木，黄色代表大地。

　　31. 九寨沟因为什么而得名？

　　32. 下列说法哪项不正确？

　　33. 藏家屋顶上红色的帆代表什么？

第 34 到 36 题是根据下面一段话：

　　毛泽东少年时代和小伙伴放牛时，经常在山坡上玩耍，一玩儿起来往往就误了放牛。怎样才能既保证放好牛，又让大家玩儿得痛快呢？毛泽东和大家商量了一个办法。他把同伴们组织起来分成三班：一班看牛，不让它们吃了庄稼；一班割草；一班去采野果子。每天轮班，今天看牛的，明天割草，后天去采野果子。这样，各人都有自己的工作。和毛泽东在一起，不仅能放好牛，而且玩儿得痛快。因此，小伙伴都乐意同毛泽东一起放牛，还称他为"牛司令"。

　　34. 下列哪项是正确的？

　　35. 毛泽东把同伴们分成几班？

　　36. 下列哪项不是少年毛泽东的性格特点？

第 37 到 39 题是根据下面一段话：

　　我有一个朋友，一直在澳大利亚上学，偶尔也会去一家超市打工。据说，他上班的第一天就学习遇到歹徒抢劫的情况该怎么办。令他很吃惊的是，人家告诉他要积极地配合歹徒抢劫。为什么呢？因为在西方人看来，生命是第一重要的，任何物质都没有生命重要。在超市里发生抢劫时一定不能反抗，因为那样冒险的做法可能会导致歹徒失去理性，反而更容易危及顾客的生命安全。最明智的做法是暂时答应歹徒的要求，保护好顾客的安全。同时，超市里安的监视器不只是用来监视顾客的，它更大的作用是在遇到歹徒抢劫时能拍下歹徒的长相以便于警察破案。

37. 朋友在什么地方打工？

38. 根据上文，在超市如果遇到歹徒抢劫该怎么办？

39. 在西方人看来，什么是第一重要的？

第40到42题是根据下面一段话：

公司有个规定，谁要是违反了这个规定，就要被扣200块钱。昨天，小孙愁眉苦脸地说："我被发现违反规定了。"小丽问："怎么回事呀？"小孙说："我上网看奥运会直播的时候被经理当场发现了。"小丽替小孙感到不服气，说："关心一下奥运怎么了？看着咱们国家的金牌数不断增加，说不定工作起来更有劲儿呢！""就是啊！"小孙委屈地说，"怎么就我倒霉啊！"小丽说："也怪你不会看。我是先计算好比赛快结束的时间，然后再点开网页直接看比赛的关键时刻，这样被发现的机会就小了。"小孙一听，笑着说："还是你聪明。不过，经理说，要是我能抓住另一个工作时间看比赛的，就可以用这个来弥补我的过错了。"

40. 违反公司的规定会怎样？

41. 小孙为什么发愁？

42. 小丽怎么在工作时间看奥运比赛？

第43到45题是根据下面一段话：

每天清晨六七点钟，如果你注意一下，就会发现有很多中小学生匆匆地赶路去学校。他们有个共同的特点，就是背着又大又沉的书包。有时，书包大得能遮住他们的身体，只露出小小的脑袋。

有关部门对全市中小学生书包的重量进行了调查，发现一年级小学生书包的重量是3公斤左右。到了小学六年级，书包重量就增加到6.5公斤。到了初一则达到9.6公斤！高中生书包的重量还会有所增加。

因为学习压力很大，中小学生的上学时间普遍很早，大多数学校7：30上学是正常的，有的地方7：10就算迟到了。因此，早上6点多，甚至5点多孩子们就必须起床。晚上，为了完成作业，学生们常常要到10点才能睡觉。

43. 小学一年级学生书包的重量是多少？

44. 学生们早上大概几点起床？

45. 学生们晚上大概几点睡觉？

听力考试现在结束。

HSK（五级）模拟试卷 8

第一部分

第 1 到 20 题，请选出正确答案。现在开始第 1 题：

1. **男**：小梅，你听听这首歌好听吗？
   女：你怎么总听这些老掉牙的歌啊？我给你介绍几首新的吧。
   问：女的是什么意思？

2. **男**：李明昨天和我说他不想练琴了，这孩子可是学琴的料，不学可惜了。
   女：其实他也想学啊，不过最近他妈妈病了，家里的钱都给他妈妈治病了。
   问：关于李明，可以知道什么？

3. **男**：我觉得这几天特别冷，今天穿了两件毛衣。
   女：现在都四月份了，你别整天在屋子里，到外面多运动运动就好了。
   问：女的是什么意思？

4. **男**：我看你最近总用手机上网，感觉怎么样？
   女：我觉得不错，一个月五块钱，既方便又便宜。
   问：他们在谈论什么？

5. **男**：昨天你考得怎么样？听说你为了考试一宿都没睡。
   女：哪儿的话，我 12 点就睡了。我对这个要求不高，过了就行。
   问：关于女的，下列说法哪项正确？

6. **男**：你们家的特色菜是什么？给我们介绍介绍。
   女：我们家的川菜很有名，您就点一个水煮鱼吧。
   问：他们最可能在什么地方？

7. **男**：我女朋友昨天买双鞋就花了 800，比你的还贵 200 呢。
   女：那可真不便宜，不过为了女朋友，你出点儿血是应该的。
   问：女的买鞋花了多少钱？

8. **男**：听陈姐说你病了，现在怎么样了？
   女：好多了，吃完药不发烧了，只是有点儿头疼，明天就能上班。
   问：女的现在怎么样了？

9. 男：你和老板说工资的事情了吗？
   女：说了，他不说同意也不说不同意，你说可怎么办啊？
   问：老板是什么态度？

10. 男：怎么了？今天脸色这么差，不开心吗？
    女：昨天晚上下班回家，手机被偷了，里面有很多重要的电话号码呢！
    问：关于女的，可以知道什么？

11. 男：您帮了我们这么大的忙，我都不知道说什么好了。
    女：别客气，这都一个楼住着，有什么事儿您就说话。
    问：男的是什么意思？

12. 男：你怎么回来了？不是说去奶奶家吗？
    女：下班以后去的，可是邻居说奶奶去散步了，我就先回来了。
    问：女的下班以后干什么了？

13. 女：你怎么又买了一件格子衬衫？
    男：这件不是我买的，是我女朋友的妈妈给我买的。
    问：男的的衬衫是谁买的？

14. 男：咱们回家的火车票买到了吗？
    女：没有，火车站买票的人都排到售票处外面了，我看还是坐汽车吧。
    问：女的是什么意思？

15. 女：都7点多了，快起床吧，要不上班又迟到了。
    男：早着呢，我今天晚点儿去，昨天晚上又熬夜了。
    问：现在最可能是什么时间？

16. 男：小张和小王是兄妹吗？长得可真像啊！
    女：别看人家长得像亲兄妹，其实人家是两口子。
    问：小张和小王是什么关系？

17. 男：在这儿住真好，空气好，还安静。
    女：可不是，就是上班远点儿，要是有车还行。
    问：他们在谈论什么？

18. 男：你中午自己把剩的饺子热一下吃了吧。
    女：好吧，我自己对付一口，不过这饺子好像有味儿了。
    问：女的觉得饺子怎么样？

19. **男：** 你们去北京玩儿得怎么样？

　　女： 不错，正好那几天天气特别好，还遇到了许多热心人。

　　问： 女的心情怎么样？

20. **男：** 你的事情办得怎么样了？去找老王了吗？

　　女： 别提老王了，我这第一次找他办事就碰了一鼻子灰。

　　问： 关于老王，下列说法哪项正确？

第二部分

第 21 到 45 题，请选出正确答案。现在开始第 21 题：

21. **女：** 都 12 点了，你怎么还不睡觉？

　　男： 我明天有考试，再不学就来不及了。

　　女： 你这孩子，平时不努力学习，一到考试就着急。

　　男： 你快出去吧，我还要复习呢。你再不走，明天就真不及格了。

　　问： 下列说法哪项正确？

22. **女：** 新来的学生怎么样？

　　男： 挺好的，就是有些学生很想家，总是在半夜里哭。

　　女： 慢慢适应就好了，再过两个月就不会像现在这么想家了。

　　男： 是啊，我们也应该多关心关心他们。

　　女： 走吧，我们去看看他们。

　　问： 新学生遇到了什么问题？

23. **男：** 大夫，我还是头疼，感觉没有力气。

　　女： 你晚上睡眠怎么样？

　　男： 不太好，经常做梦，有时候还失眠。

　　女： 这可能与你工作太累有关系。不用着急，我给你开点儿药就会好的。

　　男： 好的，谢谢！麻烦您了。

　　问： 对话可能发生在什么地方？

24. **男：** 今天食堂的饭怎么样？

　　女： 挺好的，你赶快去吧，要不一会儿没有好吃的了。

　　男： 好的。你吃什么了？

　　女： 我吃了一两米饭，一个馒头，两份菜和一碗汤。

　　男： 还真不少啊！休息一会儿运动运动吧。

　　问： 女的没吃什么？

25. **男：** 小张的病怎么样了？
    女： 还没完全好，这次感冒很严重。
    男： 那赶快打针吧，这样会好得快点儿！
    女： 打了，前天打了一针，昨天打了两针，今天又打了一针。
    问： 小张一共打了几针？

26. **男：** 明天就是周末了，你有什么打算？
    女： 可能去图书馆吧，我的论文还没写完呢。
    男： 这样吧，周六一起去图书馆，周日我请你去看电影。
    女： 现在有什么好电影啊？还不如去逛街呢，正好买件衣服。
    男： 那好吧，用看电影的钱给你买衣服。
    问： 他们周日准备干什么？

27. **男：** 小芳回来了吗？
    女： 在屋里呢。一回来就把电视打开了。
    男： 这孩子怎么不做作业就看电视呢？快让她看书去！
    女： 今天是周末，她想看就让她看一会儿吧。
    问： 小芳在做什么？

28. **男：** 最近忙什么呢？总也见不到你。
    女： 学习啊！我们要考试了，还有好多论文要写。
    男： 那你来这里干什么？有什么要寄的吗？
    女： 我在网上订了一本书，刚把钱寄走，不知道什么时候能收到呢。
    男： 放心吧，现在网上送货很快的。
    问： 女的去哪儿了？

29. **男：** 唉！昨天我儿子又来信了！
    女： 你儿子来信你愁什么啊？他可是在北大啊，应该高兴才对。
    男： 是应该高兴，但他一写信我就得去银行。
    女： 现在的孩子都这样，花钱多也正常。
    问： 男的为什么发愁？

30. **男：** 老李，新买的羊毛衫吗？不错，显得年轻。
    女： 都这岁数了，还年轻什么？明年就退休了。
    男： 你明年55了吗？真不像啊！最多也就40。
    女： 你的嘴就是甜，快好好儿工作吧。
    问： 女的今年多大？

第 31 到 33 题是根据下面一段话：

根据最新的一项调查显示，现在美国人均每年消费 160 片口香糖，而中国为人均每年 11 片。要是这些随处丢弃的东西粘在了我们的衣服上或者是生活用品上，就会给我们带来很多不方便。不过，很多小常识可以使我们的生活变得更加轻松简单。如果口香糖粘到衣服上也不用担心，可以把衣服先用冰块冻一下，等口香糖变硬凝固之后就可以轻松去除。如果口香糖不小心粘在头发上了，只要在口香糖及头发的四周抹上润发乳，稍等片刻，就可以用干布擦掉了。

31. 口香糖不小心粘到衣服上应该怎么办？
32. 口香糖不小心粘到头发上应该怎么办？
33. 这段话的题目最好是什么？

第 34 到 36 题是根据下面一段话：

把一只青蛙直接放进热水锅里，由于它对不良环境的反应十分敏感，青蛙就会迅速跳出锅外。如果把一只青蛙放进冷水锅里，慢慢地加温，青蛙并不会立即跳出锅外，水温逐渐升高的最终结局是青蛙被煮死了。因为等水温高到青蛙无法忍受时，它已经来不及或者说没有能力跳出锅外了。青蛙现象告诉我们，很多时候，我们生活中的主要威胁，并非来自突如其来的事件，而是来自缓慢渐进而无法察觉的一些事件。一些突发事件往往容易引起人们的警觉，而易致人于死地的却是在自我感觉良好的情况下，对实际情况的逐渐恶化没有清醒的察觉。

34. 把青蛙放进热水锅里时，下列哪项不属于青蛙的反应？
35. 根据上文，我们生活中的主要威胁来自哪一方面？
36. 上文告诉我们什么道理？

第 37 到 39 题是根据下面一段话：

祖逖是个心胸宽阔、具有远大抱负的人。祖逖 24 岁的时候，曾有人推荐他去做官，他没有答应，仍然努力地读书。一次半夜里，祖逖在睡梦中听到公鸡的叫声，别人都认为半夜听见鸡叫是不吉利的，可祖逖不这样想，听见鸡叫他就起床练剑。就这样，他坚持了很久，并且最终成为能文能武的全才，既能写得一手好文章，又能带兵打胜仗。这就是成语"闻鸡起舞"的故事。现在这个成语用来形容奋发有为，也比喻有志向的人及时振作。

37. 祖逖 24 岁的时候在做什么？
38. 关于半夜里听见鸡叫，下列哪项正确？
39. 成语"闻鸡起舞"用来形容：

第 40 到 42 题是根据下面一段话：

有一个农夫养了一条狗。他每天都带着这条狗去田里干活。有一天，在回家的路上，农夫遇到了一只狼，狼非常饥饿，想把农夫吃掉。就在这个时候，狗咬住了狼的一条腿，奋力地保护了农夫。最后狼逃跑了，可是狗却死了。农夫非常伤心，把死掉的狗埋了，还在旁边种了一棵树。农夫每天给小树浇水，希望它快快长成大树陪着狗，这样狗就不会那么孤单了。其实狗是人类的朋友，它们了解人类的需要，听从人类的命令。 无论主人是贫困还是富贵，狗都会守在主人的身旁。

40. 农夫在回家的路上遇到了什么？
41. 农夫养的狗最后怎么了？
42. 农夫为什么种了一棵树？

第 43 到 45 题是根据下面一段话：

过去，中国教育的唯一考察标准就是分数，尤其是高考。每年高考后，媒体都要宣传各地高考分数最高的学生，请他们介绍自己的成功经验。这些都说明，在中国，分数对学生来说是多么重要。在这种"一切为了分数，一切为了高考"的指挥棒下，学校和老师、家长和学生，没有一个人轻松。对学校来说，有多少人能够考上大学成为了检验学校好坏的重要标准。如果学生考试成绩好，这所学校就被人们认为是好学校。因此，为了提高学生的成绩，教师拼命增加课外作业，给学生造成了很大的负担。

43. 过去，中国教育唯一的考察标准是什么？
44. 过去，检验学校好坏的主要指标是什么？
45. 过去，教师如何提高学生的成绩？

听力考试现在结束。

HSK（五级）模拟试卷 9

第一部分

第 1 到 20 题，请选出正确答案。现在开始第 1 题：

1. 男：喂，你好，我是北京语言大学的王老师，我想找一下李教授。
   女：你好，李教授在开会，麻烦你过一会儿再打过来吧。
   问：他们在做什么？

2. 男：我今天太累了，改天一定陪你去。
   女：算了，你歇歇吧，这是我最后一次找你了。
   问：女的是什么意思？

3. 男：你周末有空儿吗？能帮我个忙吗？

女： 我周末回家，你要是有什么事儿等我回来再帮你做吧。

问： 根据对话，可以知道什么？

4. **女：** 有什么事儿你就不能好好儿说吗？

　　男： 咱俩都过这么多年了，你怎么还不了解我？

　　问： 他们是什么关系？

5. **男：** 你喜欢听流行歌曲吗？

　　女： 是啊，我经常听韩国歌曲，偶尔也听听英文歌或港台歌。

　　问： 女的经常听什么歌曲？

6. **男：** 我不想做生意，我的理想是当一名画家。

　　女： 别再想当画家的事儿了，你爸爸的公司需要你帮忙啊。

　　问： 根据对话，下列哪项正确？

7. **男：** 你今天早上买的牛奶肯定过期了，我现在肚子特别疼。

　　女： 是吗？那赶紧吃药，不行的话就去医院吧。

　　问： 关于男的，下列哪项正确？

8. **女：** 你应该吃点儿蔬菜，对身体有好处。

　　男： 可我还是想吃肉，没有肉就想吃鱼，反正除了蔬菜，什么都行。

　　问： 关于男的，下列哪项正确？

9. **男：** 现在的人啊，有的都把狗当孩子养。

　　女： 可不是嘛！你看那些人对狗比对自己的父母都好。

　　问： 关于现在养狗的人，下列哪项正确？

10. **男：** 你是北京来的吗？普通话说得这么好。

　　女： 不是，我是从辽宁来的，但我妈妈是广东人，我爸爸是吉林人。

　　问： 女的是哪儿的人？

11. **女：** 你妈妈做菜可比我妈妈强多了，尤其是这个麻婆豆腐，太好吃了。

　　男： 那当然！我妈妈做的四川菜可地道了，以后你常来啊。

　　问： 关于男的的妈妈，下列哪项正确？

12. **男：** 你别跟小王说了，他是不会轻易相信别人的。

　　女： 说的也是，那我就不说了，还是自己管好自己的事吧。

　　问： 关于女的，下列哪项正确？

13. **男：** 今天晚上有空儿吗？一起吃饭吧。

女： 再说吧，晚上可能会加班，到时候给你打电话吧。

问： 女的是什么意思？

14. **女：** 今天这辆公共汽车上的人真少，居然还有空座儿。

男： 是我们今天从家出来晚了，没赶上人多的时候。

问： 对话可能发生在哪儿？

15. **男：** 太好了，我的汉语考试通过了！

女： 祝贺你！这段时间没白努力。

问： 根据对话，可以知道什么？

16. **男：** 上大学的时候多有意思啊！还记得当年王强追你的事儿吗？

女： 是呀，这么多年过去了，也不知道他现在怎么样了。

问： 他们在谈论什么事？

17. **男：** 这个假期我想报个英语班，练习一下口语。

女： 我也有这个想法，真是不谋而合啊！一起去吧。

问： 女的是什么意思？

18. **男：** 你今天怎么又迟到了？别告诉我你的闹钟又坏了。

女： 今天是我起晚了，昨天晚上又开夜车了。

问： 女的今天为什么迟到了？

19. **男：** 你的电脑借我用一下可以吗？

女： 真不好意思，刚被小王借走了，你要是早点儿来就好了。

问： 关于女的，可以知道什么？

20. **男：** 你的手机是不是又没带？我不告诉你，你又该忘了。

女： 谢谢，我这个习惯是改不了了。

问： 下面哪个词形容女的最合适？

第二部分

第21到45题，请选出正确答案。现在开始第21题：

21. **女：** 你今天怎么才回来？我都等你半天了。

男： 刚下班就下雨了，我又没带雨伞，就在公司等了一会儿。

女： 你不会打车回来吗？

男： 下班的时候人太多，打不着车啊。

问： 男的为什么回来晚了？

22. 男：听说山本获得了口语大赛一等奖。
　　女：你听谁说的？
　　男：玛丽呀，她说她听英贤说的。
　　女：你别逗了。就凭他的实力，怎么可能获奖呢？
　　问：听到山本获奖的消息，女的是什么态度？

23. 男：今天玩儿得怎么样？听说你去长城了？
　　女：玩儿得还行，就是太累了。
　　男：怎么回事？你不是坐车去的吗？
　　女：可我回来的时候坐错车了，转了好半天才找到回宾馆的路。
　　男：找不到就打车啊，怎么就认准坐公交了呢？
　　问：关于女的，下列哪项正确？

24. 男：你看这儿又盖了一座新楼，原来还是一片草地呢。
　　女：是啊，这是我们的教学楼。
　　男：是吗？什么时候我们能在这里上课啊？
　　女：原定今年12月就可以使用的，可是建筑公司说还得3个月才能完成。
　　男：真希望能快点儿啊，我们明年6月就毕业了。
　　问：教学楼可能什么时候使用？

25. 女：你今天去参加演讲比赛了吗？
　　男：当然去了，我得对得起我交的报名费啊！
　　女：结果怎么样？一定不错吧？
　　男：我太紧张了。站在台上，脑子一片空白，一句话都没说出来。
　　问：关于男的，下列哪项正确？

26. 女：你答应给我买的钻石戒指，什么时候买呀？
　　男：你还当真啊！我就是随便说说，那天不是有特殊情况嘛。
　　女：我不管，你还想不想让我嫁给你了？要么买戒指，要么分手！
　　男：真拿你没办法，等我领工资的时候吧。
　　问：通过对话，可以知道什么？

27. 男：我今天看见小丽了，她和她的男朋友在逛商店。
　　女：是吗？她现在怎么样了？
　　男：现在的小丽和以前可不大一样了，又温柔又漂亮。
　　女：真是女大十八变啊！
　　问：现在的小丽怎么样？

28. **男**：妈妈，大夫说我怎么了？我胃还是很疼。
    女：没事儿，你的胃有点儿小问题，好好儿养养就好了。
    男：我想喝点儿水行吗？我有点儿渴。
    女：大夫刚才说了，你检查结束之前不能喝水，听大夫的话，忍一下吧。
    问：对话可能发生在什么地方？

29. **男**：现在的人还有感情吗！
    女：为什么这么说？
    男：你看这些人，怎么能不要自己的亲生女儿呢？还一点儿也不知道惭愧。
    女：这只是个别现象，并不是所有人都这样。假如人没有感情，世界就没有爱，就没有温暖，人也就没有了快乐。
    问：从对话中可以知道什么？

30. **男**：没想到经理是个这么好的人。
    女：经理人不错，对待员工一直很好。
    男：是啊。今天他亲自去看望生病的小王，小王没想到经理会亲自来看他，一时不知道说什么好。
    女：要是我也会像小王一样的。
    问：关于经理，下列哪项正确？

第 31 到 33 题是根据下面一段话：

话剧《茶馆》是老舍在 1956 年完成的作品，1958 年由北京人民艺术剧院首排。此剧以茶馆为社会缩影，透过半个世纪的世事变化，通过 70 多个角色展现各阶层人民的生活状况。故事讲述了茶馆老板王利发一心想让父亲的茶馆兴旺起来，为此他八方应酬，然而严酷的现实却使他每每被嘲弄，他最终被冷酷无情的社会所吞没。经常出入茶馆的民族资本家秦仲义从雄心勃勃搞实业救国到破产；豪爽的八旗子弟常四爷在清朝灭亡以后走上了自食其力的道路。故事还揭示了刘麻子等一些小人物的生存状态。全剧以老北京一家大茶馆的兴衰变迁为背景，向人们展示了从清末到抗战胜利后的 50 年间，北京的社会风貌及各阶层人物的不同命运。

　　31.《茶馆》描述的是下列哪个城市人民的生活状况？
　　32.《茶馆》是老舍什么时候完成的作品？
　　33. 下列哪个不是《茶馆》中的人物？

第 34 到 36 题是根据下面一段话：

在一群羊前面横放一根木棍，第一只羊跳了过去，第二只、第三只也会跟着跳过去。这时，把那根棍子撤走，后面的羊走到这里，仍然会像前面的羊一样，向上跳一下，尽管拦路的棍子已经不在了，这就是所谓的"羊群效应"，也称"从众心理"。这是管理学上一些企业常见的市场行为。它是指由于对信息缺乏充分的了解，投资者很难对市场未来的不确定性作出合理的预期，往往是通过观察周围人群的行为而提取信息。在这种信息的不断传递中，许多人的信息将大致相同且彼此强化，从而产生从众行为。"羊群效应"是由个人理性行为导致的集体的非理性行为的一种非线性机制。

34. 把木棍拿走后，后面的羊的反应是什么样的？
35. "羊群效应"又可以叫做什么？
36. 根据上文，"羊群效应"对哪一领域影响较大？

第 37 到 39 题是根据下面一段话：

家住朝阳区的赵女士今年"十一"长假没有选择外出旅游。她认为，旅游虽然可以欣赏自然美景、了解风土人情，但游景点、爬高山、在外吃住对已经疲倦的身体来说确实是一件非常辛苦的事。"前几年长假我经常外出旅游，但这两年我最希望的是能够花钱买健康。今年'十一'，我和朋友想办法预订了羽毛球馆，好好儿打了几场，白天锻炼了身体，晚上睡得也好，确实是给身体放了假。"记者在采访中发现，很多上班族都像赵女士一样，在这个假期选择锻炼身体，所以出现了长假期间"花钱买健康"的说法。

37. 今年"十一"，赵女士为什么没有选择外出旅游？
38. 记者在采访中发现，现在很多上班族的长假是怎样安排的？
39. 赵女士这个长假是怎么安排的？

第 40 到 42 题是根据下面一段话：

有七个人住在一起，每天分一大桶粥吃。可是，粥每天都是不够的。一开始他们每天由一个人来分粥，每天轮一次。每周下来，他们只有一天是饱的，就是自己分粥的那一天。后来他们推选出一个道德高尚的人来分粥。但大家都努力地去讨好他，搞得分粥还是不公平。于是大家每天吃饭前都会争吵，最后粥吃到嘴里全是凉的。最后他们想出一个方法：还是轮流分粥，但分粥的人要等其他人都挑完后拿剩下的最后一碗粥。为了不让自己吃到最少的，每人都尽量分得平均。从那以后，大家快快乐乐、和和气气，日子越过越好。

40. 最开始轮流分粥的结果是什么？
41. 道德高尚的人分粥，结果怎么样？
42. 最后大家过得怎么样？

第 43 到 45 题是根据下面一段话：

酒除了可以在餐桌上饮用之外，还有很多用处。做米饭时，在米中加少量水的同时，加入四分之一或五分之一的啤酒，与米中的水混合后蒸出来的米饭非常香甜，而且看起来特别透明。炒鸡蛋时，如果在下锅之前往鸡蛋中滴几滴白酒，炒出的鸡蛋会很软而且又鲜又嫩。如果你在做菜时不小心醋放多了，你可往菜中再加点儿米酒，可使醋的酸味减轻。如果火腿没用完，夏天炎热不太容易存放，你可在开口的地方涂些葡萄酒，包好后放入冰箱，这样就便于存放，而且可以保持原有的口味。

43. 做米饭时加入什么可以使米饭更香甜？

44. 炒鸡蛋时放一点儿白酒可以使鸡蛋怎么样？

45. 根据上文，葡萄酒的用处是什么？

听力考试现在结束。

HSK（五级）模拟试卷 10

第一部分

第 1 到 20 题，请选出正确答案。现在开始第 1 题：

1. **男**：请问 255 路公交车在哪儿？我想去辽宁大学。
   女：就在前面，你也可以坐 236 路公交车，就在这里等。
   问：他们最可能在什么地方？

2. **男**：你戴的围巾是你自己织的吗？真漂亮！
   女：我哪有这巧手啊？是丽云送给我的。
   问：通过对话，可以知道什么？

3. **男**：今天都零下 20 度了，小丽怎么还穿那么少啊？
   女：这不是有了男朋友了嘛，在她眼里美丽比什么都重要。
   问：女的是什么意思？

4. **男**：冬天还能吃到西瓜，真是幸福啊！
   女：现在和过去可不一样了，只有想不到的，没有做不到的。
   问：通过对话，可以知道什么？

5. **男**：我昨天晚上又看见你爸爸跟老李在一起喝酒了，你说说他啊！
   女：还是你来说吧，我说了多少遍了，全当耳旁风。
   问：女的为什么让男的说？

6. **男**：你就不能安静一会儿吗？学几天唱歌就把自己当歌星啦？
   女：你就知道说我，昨天晚上是谁半夜才回来的？
   问：关于女的，下列哪项正确？

7. **男**：这件事是我不好，真是太过意不去了，有空儿请你吃饭。
   女：看你说的，哪有那么严重啊，我早就忘了。
   问：男的在做什么？

8. **男**：原来只知道你会说汉语、韩语和日语，没想到你的英语说得也这么流利。
   女：您过奖了，我的俄语可远不如您呢！
   问：女的觉得自己哪门语言不太好？

9. **男**：现在有些大学生，刚毕业就想找一份高收入的工作，太不切实际了。
   女：可不是嘛！他们也不想想怎么样才能提高自己的能力。
   问：他们在谈论什么？

10. **男**：你跟谁聊天儿呢？这么高兴。
    女：我的一个美国朋友，好久不见了，今天上网正好看见他了。
    问：女的在什么地方看见了朋友？

11. **男**：我这个人啊，旅游的时候就爱吃东西，你看又胖了。
    女：我正好和你相反，一累什么都不想吃。
    问：男的干什么去了？

12. **女**：别看电视了，早点儿睡吧，都快 12 点了。
    男：明天是星期六，一会儿还有球赛呢。
    问：现在可能是什么时候？

13. **男**：你怎么淋得像落汤鸡似的？早上告诉你带伞了啊。
    女：别提了，我把伞忘在办公室了。
    问：关于女的，可以知道什么？

14. **男**：妈妈，这中药也太苦了，我实在是不想再喝了。
    女：听话！你上课的时候不是学过吗？越苦的药越能治病。
    问：他们是什么关系？

15. **男**：圣诞节你有什么安排？一起看电影怎么样？
    女：圣诞节是星期三，我得上班啊。真想那天在家休息。
    问：女的圣诞节有什么安排？

16. **男**：听说小王要结婚了，妻子是他的高中同学。
    女：是吗？这我可得给他个大红包，好好儿祝贺一下。
    问：女的是什么意思？

17. **男：**不好意思，又得麻烦你帮我带孩子了，他妈妈上夜班去了。

　　女：不用客气呀，我在家也是闲着，你好好儿上课吧。

　　问：孩子的妈妈干什么去了？

18. **男：**真没想到啊，你做饭还真有两下子。

　　女：是吗？那就经常到我家来吃饭吧。

　　问：男的是什么意思？

19. **男：**这种水果虽然看上去不好看，可是吃起来味道好极了！

　　女：可是我一看见它就什么胃口都没有了。

　　问：根据对话，下列哪项正确？

20. **女：**王老师都 37 岁了，真看不出来啊。

　　男：可不是，我还以为她不到 30 呢，结果比我姐姐还大两岁。

　　问：男的的姐姐多大了？

第二部分

第 21 到 45 题，请选出正确答案。现在开始第 21 题：

21. **女：**今天天气真好啊！我们开车去湖边玩儿吧。

　　男：现在都提倡环保，我们还是坐公交车去吧，走走还能锻炼身体。

　　女：你今天怎么了？平时你不都是开车上班的吗？

　　男：我刚才看电视了，从明天起我就坐地铁上班了。

　　问：男的明天怎么去上班？

22. **女：**听说你最近学游泳了？

　　男：是啊，你也学学吧。游泳不仅可以锻炼身体，还能减肥呢。

　　女：我也想学，可是我平时工作太忙了，根本没有时间呀。

　　男：你可以晚上或者周末去学，凭你的能力一定很快就能学会。

　　问：通过对话，可以知道什么？

23. **女：**昨天的运动会因为下雨取消了，你觉得今天能开吗？

　　男：我看今天的天儿啊，十有八九是没戏。

　　女：真是，要是学校有个体育馆就好了，能在屋子里面开运动会。

　　男：那得盖多大的一个体育馆才能容下我们这么多人啊！

　　问：通过对话，可以知道什么？

24. **男：**听说小刘要当经理了，他真是没白努力呀！

女：可不是，他自身条件很好，还经常帮助同事和领导干活，特别受大家欢迎。

男：看来只有付出才能得到回报，我们一起努力吧。

女：好，只要我们肯努力，我相信咱俩的日子会越过越好的。

问：他们可能是什么关系？

25.**男**：明天我们要去参加婷婷的生日聚会，你给她买礼物了吗？

女：还没有呢，不是说好了今天下午和你一起去吗？顺便给你买条领带。

男：不好意思，下午公司有个紧急会议，你找璐璐和你一起去吧。

女：每次想和你一起上街你就有各种理由，不想去就直说！

问：女的是什么态度？

26.**女**：你觉得这件衣服怎么样？玛丽穿上一定特别好看。

男：这件衣服样式不错，可是我觉得适合身材苗条的人穿，再看看别的吧。

女：那这件深绿色的呢？像她那样皮肤白的人穿应该不错。

男：这件还可以，不过，你先看看价钱之后再决定。

问：从对话中可以知道什么？

27.**女**：我打算今年冬天去海南旅游。听说12月的海南就像我们这儿的夏天一样。

男：我觉得冬天要去就去更冷的地方，比如哈尔滨，那儿的冰灯可漂亮了！

女：哈尔滨多冷啊！我可怕冻感冒了。还是海南好，冬天也可以到海里游泳。

男：其实，去哪儿都不如在家好，不冷不热还省钱！

问：男的想去什么地方？

28.**女**：都11点半了，你快点儿行吗？

男：这就走，你急什么啊？要不是上次你催我，我也不会忘带护照。

女：你还怨上我了，你早干什么去了？这么大的人了还总让我操心。

男：好了，好了，我错了。飞机还有两个小时才起飞呢。

问：关于男的，下列哪项正确？

29.**女**：郭敬明的这本小说写得非常好。我一口气全看完了。

男：好是好，但是你不觉得最后的结局太令人伤感了吗？

女：其实，生活就是这样不完美，不过总体上生活还是很美的。

男：真不愧是学文学的，以后我得好好儿向你学习。

问：关于女的，下列哪项正确？

30.**女**：你最近忙什么呢？打电话家里没人接，打手机还关机。

男：我去北京出差了，天天开会，手机忘了带了。

女：那就好，我还以为又和你妻子吵架了呢。明天咱们同学聚会，你一定得来哦。

男：没问题。我还给大家带了一些北京特产。

女：你太客气了。还是老班长关心大家啊！

问：关于男的，下列哪项正确？

第 31 到 33 题是根据下面一段话：

　　昨天，记者在超市卖水果的地方看到了一个特别贵的苹果，标价 8800 元，大小与一个排球差不多，又红又亮，大概 1.5 公斤重。苹果上面还有图画，非常漂亮。这个"天价苹果"是从日本最著名的苹果产地——青森县空运过来的。据介绍，像这种 8800 元一个的苹果在培育期间，一棵树上一般只能结两个苹果，其余不符合标准的苹果会被果农摘掉。更费力的是，每个苹果在刚结出的时候就开始贴膜，要经过一百次以上的换膜，才能得到苹果上各种美丽的图案。这种苹果有一个其他苹果都没有的优点，就是它在常温下可以保存半年，这样我们就不用担心吃不了会浪费的问题了。

　　31. 这个"天价苹果"多少钱一个？

　　32. 这个苹果的大小和什么差不多？

　　33. 这种苹果常温下可以保存多久？

第 34 到 36 题是根据下面一段话：

　　一个房子如果窗户破了，没有人去修补，过不了多久，其他的窗户也会莫名其妙地被人打破。一面墙，如果出现一些涂鸦没有被清洗掉，很快，墙上就会布满乱七八糟的东西。一个很干净的地方，人们不好意思丢垃圾，但是一旦地上有垃圾出现之后，人们就会毫不犹豫地扔，丝毫不觉羞愧。一扇窗户被打破，如果没有修复，将会导致更多的窗户被打破，甚至整栋楼被拆毁。由美国政治学家威尔逊和犯罪学家凯琳观察总结的"破窗理论"指出，环境可以对一个人产生强烈的影响。

　　34. 如果一个房子窗户破了，没有人去修补，会有什么后果？

　　35. 下列哪项最适合做上文的题目？

　　36. 根据"破窗理论"，环境对一个人的影响怎么样？

第 37 到 39 题是根据下面一段话：

　　牛顿研究学问非常专心。有一次，朋友请他到家里吃饭。吃饭的时候，他想起自己家中有瓶好酒，于是告诉朋友等一下，自己回家取酒。可是，这位朋友左等右等，就是不见牛顿回来，只好去看看发生了什么事情。原来牛顿在回家的路上，突然想起了一项实验的做法，到家后，就走进实验室做起了实验，把取酒和朋友吃饭的事忘得一干二净。又有一次，他饿了，想煮一个鸡蛋吃。他一边想问题，一边把鸡蛋放进锅里。等问题解决了，想吃鸡蛋时，揭开锅盖一看，里面放的竟然是自己的手表。

　　37. 牛顿为什么回家？

　　38. 牛顿为什么很久没回来？

　　39. 牛顿是一个什么样的人？

第 40 到 42 题是根据下面一段话：

有人说大学生应该住在学校里才能体会到真正的大学生活。住在学校里不但能经常和同学们交流，而且还能很方便地参加学校的各种活动。另外，学校里的学习气氛也很好，晚上没有课的时候可以随时到教室上自习。但是住在学校里虽然花钱少，也有很多不方便的地方。比如，学校宿舍里没有冰箱、洗衣机，自己洗衣服实在太麻烦。最不方便的是，在学校里你必须和其他人共用一个房间。大家性格不一样，生活习惯不一样，长期生活在一起，容易产生不愉快。

40. 上文主要谈论了什么问题？

41. 下列哪项不是住在学校的好处？

42. 住在学校里最不方便的是什么？

第 43 到 45 题是根据下面一段话：

英国一家超市最近宣布，禁止顾客穿睡衣或光脚购物。这是英国第一家对顾客穿着作出规定的超市。据英国《每日邮报》28 日报道，由于越来越多的顾客，尤其是年轻女性经常身穿睡衣在超市购物，所以这家超市在入口处贴出了这样的通知。通知上写着："为避免给他人造成不便，希望您能文明穿衣，禁止光脚或身穿睡衣。"但超市一名工作人员说："我们的穿衣规定不是必须遵守的，只是不希望看到顾客身穿睡衣购物，因为这样有可能会使其他人感到不方便。"

43. 这家超市作出了一个什么样的规定？

44. 为什么这家超市会有这样的规定？

45. 根据上文，下列哪项正确？

听力考试现在结束。

■ 答案及说明

HSK（五级）模拟试卷 1

答案

一、听力

第一部分

1. A	2. C	3. D	4. C	5. B
6. A	7. B	8. C	9. D	10. C
11. D	12. C	13. A	14. A	15. B
16. A	17. C	18. A	19. A	20. C

第二部分

21. C	22. D	23. D	24. A	25. A
26. B	27. A	28. A	29. A	30. B
31. A	32. C	33. D	34. C	35. A
36. D	37. A	38. C	39. A	40. D
41. A	42. C	43. C	44. C	45. B

二、阅读

第一部分

46. D	47. B	48. A	49. C	50. B
51. D	52. C	53. D	54. B	55. B
56. C	57. A	58. C	59. B	60. D

第二部分

61. A	62. D	63. D	64. C	65. B
66. D	67. A	68. D	69. D	70. D

71. C	72. B	73. A	74. A	75. A
76. C	77. B	78. D	79. B	80. C
81. A	82. A	83. A	84. B	85. C
86. C	87. B	88. C	89. B	90. A

三、书写

第一部分

91. 我们的活动计划因为天气的原因而取消了。

92. 桌子上的东西好像被人翻过。

93. 你怎么可以破坏这项计划呢?

94. 是这位老大夫治好我的病的。/我的病是这位老大夫治好的。

95. 我曾经找她帮我们一个忙。

96. 我不知道该听谁的好。

97. 我实在忙不过来了。

98. 我从不随便相信别人的话。

第二部分

99. 短文写作参考

	下	个	月	,	我	的	好	朋	友	就	要	回	国	了	。	以	前	她	常	常	帮	助	我	,	虽	然	我
不	想	让	她	离	开	,	但	这	次	却	不	得	不	跟	她	说	"	再	见	"	了	。	我	们	在	一	起	学
习	的	时	间	很	短	,	有	些	遗	憾	,	但	我	还	是	祝	福	她	以	后	生	活	幸	福	,	一	切	顺
利	。																											

100. 短文写作参考

　　现在，中国人手里的钱越来越多了，消费观念也发生了改变。尤其是年轻人，他们不愿像父母那样，把钱存在银行里，而是更愿意把钱投资在股票上、商业上。他们善于抓住机会，实现理想。

答案说明

1. 从对话中"还是电影《神话》好看"一句可知，与电视剧《神话》相比，女的更喜欢看电影版《神话》，所以选 A。

2. 对话中女的对男的说："小王经验丰富，反应快，您放心吧。"可以看出小王负责这个活动没问题，所以选 C。

3. 根据对话中"裤子"、"收银台"、"付款"等词语，可以判断说话人在商场，所以选 D。

4. 根据"我好不容易找到地方，人家却告诉我会议取消了"这句话，可知会议不开了，所以选 C。

5. 根据对话中女的说的"我在网上买了一个简易书柜，可是怎么都装不好"这句话，可知她遇到的问题是安装不好书柜，所以选 B。

6. 男的提到了"云南、昆明、丽江、大理"，没提到"河南"，所以选 A。

7. 根据对话中男的说的"5 月中旬，15 号左右吧。打算 6 月 1 号回来"这句话，可知男的旅游时间是半个月，所以选 B。

8. 根据对话中"货到付款，支票或现金都行"这句话，可知付支票、付现金都可以，所以选 C。

9. 根据对话中男的说的"我没去，他们只要研究生，我只有本科学历"这句话，可知他是本科毕业，所以选 D。

10. 对话中女的说"还能有这么好的事儿"，这是一个反问句，意思是说不相信会有这么好的事，也就是女的认为小李不会请大家吃饭，所以选 C。

11. 根据对话中"才写了个提纲，领导让我再调整一下结构"这句话，可知女的的总结是结构有问题，所以选 D。

12. 根据对话中"你自己没有吗？又找不到了吧？东西总是乱放，你这个坏习惯什么时候才能改啊"这句话的反问语气，可以判断男的在批评女的，所以选 C。

13. 根据对话中"请问这里还有停车位吗"这句话，可知女的在找停车位，所以选 A。

14. 对话中男的说"那就听你的吧"，意思是同意对方的建议，买白色的，所以选 A。

15. 根据对话中"他临时有事，所以就由我来做了"这句话，可知今天小李没做记录，所以选 B。

16. 对话中"病"、"好得差不多了"、"注意休息"、"复查"等词语都是在医院经常使用的话，所以选 A。

17. 对话中女的说"那我就不客气了"，意思是"那我就吃了"，所以选 C。

18. 根据对话中女的说的"是你电脑里装的东西太多了，把没用的文件删掉就好了"这句话，可以排除 B、C、D 项，所以选 A。

19. 根据女的说的"平时一定要注意锻炼，别一天到晚光顾着工作"这句话，可知女的建议男的要注意锻炼，所以选 A。

20. 根据女的说的"最近工作忙，准备得不充分。以后还会有机会的"这句话，可知女的不是因为水平不高才没有参加比赛，所以选 C。

21. 根据"你怎么不系领带呢？去招聘会得穿正式点儿"这句话，可知男的准备去参加招聘会，所以选 C。

22. 对话中"还有两个小时呢，来得及，不会耽误的"这句话，"还有两个小时呢"表示时间足够用，所以选 D。

23. 根据男的说的"反正我后天要看到报告"这句话，可知男的后天要报告，所以选 D。

24. 根据女的说的"那我现在就注册一个，我想买个随身听"这句话，可知女的在网上注册是想买东西，所以选 A。

25. "拿手"一词表示很擅长做某事，在某方面做得好。根据对话中男的说的"做水煮鱼，我最拿手了"这句话，可知他很会做水煮鱼，所以选A。

26. 根据女的说的"另外，明天中午的宴会定在哪儿了"这句话，可知宴会安排在明天中午，所以选B。

27. 根据对话中"有个好朋友出差来看我"这句话，可知男的要和朋友见面；"喝两杯"就是"喝酒"的意思，可推出男的晚上要和朋友喝酒，所以选A。

28. 根据对话中女的说的"这款白色洗衣机是今年最受欢迎的"这句话，可知A符合题意，选A。

29. 根据对话中男的说的"你的相机看起来挺不错"和女的说的"推荐你也买这个牌子的吧"这两句话，可知他们在谈论相机，所以选A。

30. 对话中"这事包在我身上"这句话，表示有把握做某事，一定能够完成。对话中女的想找房子，男的这样说是表示一定能帮女的找到房子，所以选B。

31. 根据文中"兄弟三人经常闹矛盾，天天吵嘴，甚至打架。父亲很为这件事烦恼"这句话，可知父亲烦恼的原因是他的三个儿子关系不好，所以选A。

32. 文中父亲没有批评他的三个儿子，而是通过让他们折筷子来启发他们思考明白一个道理，所以选C。

33. 根据"这些筷子就像你们一样，在一起时是一个大集体，力量很强大。然而当你们吵嘴打架时，你们就变成了一根根的筷子，很容易就会被人打败"这句话，可判断父亲想让三个儿子明白团结起来力量大的道理，所以选D。

34. 根据文中病人说的话"当树叶全部掉光时，我也就要死了"，可知选C。

35. 根据文中"一位画家知道后，偷偷地在病人的窗户外画了一片绿色的树叶。一天，两天，三天，窗外那片树叶一直挂在树枝上，始终没有掉下来。正是因为窗外的这片绿叶，病人竟然奇迹般地活了下来"这几句话，可知是画家帮助了这位病人，所以选A。

36. 根据文中"这就是欧·亨利著名的小说《最后一片树叶》"这句话，可知选D。

37. 根据文中"《围城》是钱钟书所著的长篇小说"这句话，可知《围城》是一部小说，所以选A。

38. 根据文中"'围城'这个名字据称来自一句法国的谚语"这句话，可知选C。

39. 根据文中"婚姻就像一座被围困的城堡，城外的人想冲进去，城里的人想逃出来"这句话，可知"围城"被用来比喻婚姻，所以选A。

40. 根据文中"一位记者去采访一位企业家，主要是为了获得他的一些丑闻资料"这句话，可知记者采访这位企业家的原因是想了解他的丑闻，所以选D。

41. 根据文中"这位企业家端起咖啡喝了一口，立即大喊到：'哦，好烫！'咖啡杯随之滚落在地。等服务员收拾好后，企业家又把香烟倒着插入嘴中，记者赶忙提醒他，企业家慌忙将香烟拿正，不料，又将烟灰缸碰翻在地"这几句话，可以看出这位企业家在记者面前表现得很紧张、很慌乱，所以选A。

42. 文中"其实，这整个过程是企业家一手安排的。当人们发现比自己优秀的人也有许多弱点时，对他抱有的对立情绪就会消失，甚至还会产生某种程度的亲切感"这几句话表明，这位企业家是有意这样做，目的是消除记者对他的对立情绪，所以选C。

43. 由文中"在德国10到13岁的儿童中，一半的人拥有手机"这句话，可知C正确，选C。

44. 根据文中 "90%的家长表示，为孩子买手机的主要原因是因为他们太忙，没有足够的时间照顾孩子，担心孩子会遇上坏人。他们希望通过手机，随时联系孩子，知道孩子在哪儿" 这段话，可知 "担心孩子走错地方" 不是家长为孩子买手机的原因，所以选 C。

45. 根据文中最后一句话 "然而，手机信息中的不健康内容，对孩子来说存在着很大的威胁，家长和老师对此也比较担心"，可知 B 正确，选 B。

46. 根据后文 "不好意思" 一词，可知这个人是在道歉，所以选 D。

47. 根据文意，残疾人一直在等待那个人，所以选择 "期待"，"期待" 是 "等待、盼望" 的意思，选 B。

48. "当成……看待" 是固定搭配，符合文意，选 A。

49. 根据文章大意和 "可是" 一词，可知李宁已经下定决心，选 C。

50. "坚定的信念" 是固定搭配，选 B。

51. "表现出……样子" 是固定搭配，选 D。

52. 根据前后文意，领奖后的感言应该是 C 最符合题意，选 C。

53. "理由" 多来自人的主观意念，表示事情为什么这样做，符合题意，选 D。

54. 他给猪每天吃好吃的、价钱贵的东西，应该是 "浪费" 食物，选 B。

55. "检查" 是指为了发现问题而进行查看，符合题意，选 B。

56. 因为农夫不知道给猪吃什么，所以应该是 "让它们自己出去吃"，选 C。

57. "闻名于" 是固定搭配，选 A。

58. 根据文意，"不去看……" 应该是一种 "遗憾"，选 C。

59. "价值连城" 意思是 "很贵"，所以 "值得好好儿看一看"，选 B。

60. 根据文中关键词 "其中"，应该选择 "包括"，选 D。

61. 文中 "大熊猫这种独特的饮食特性使它被当地人称做 '竹熊'"，意思是大熊猫和竹熊是同一种动物，所以选 A。

62. 文中 "在睁眼观看电视或使用电脑时，眨眼次数会减少到每分钟 4–5 次"，意思是说看电视或使用电脑时眨眼的次数较少，所以选 D。

63. 根据 "真正能看出效果的美白保养需要持续两个月" 这句话，可知 D 正确，选 D。

64. 答案 C 最全面地概括了整段的内容，选 C。

65. 根据文中 "因为中国书法是在中国文化里产生、发展起来的" 这句话，可知选 B。

66. 根据文中 "中国南方的 '面' 是以面粉制成的面条，以蛋面为主" 这句话，可知 D 正确，选 D。

67. 根据文中 "一身淡黄色的长毛上夹杂着黑色条纹" 这句话，可知选 A。

68. 根据文中 "儿童的身高正好处于空气中铅浓度较高的位置，排铅能力又差，所以也是受害者" 这句话，可知 D 正确，选 D。

69. 根据文中 "细节的修饰也要注意" 这句话，可知 D 正确，选 D。

70. 文中 "2009 年中国游客在法国旅游时，所购买的商品远远超过俄罗斯游客，成为法国的旅游消费冠军"，意思是说中国游客去法国旅游时的消费能力超过了俄罗斯人，所以选 D。

71. 根据第一段第一句话"一个人爱好打纸牌赌博，但是一赌就输"，可知这个人爱好赌博，所以选 C。

72. 根据第二段"'我就不信，一个人打也会输？'于是他非常高兴地玩儿了起来"这句话，可知这个人高兴的原因是他相信一个人打牌会赢，所以选 B。

73. 根据最后一段"其实，人一旦恶习不改，他的人生就失去了赢的机会"这句话，可知人们只有改了恶习才能赢，所以选 A。

74. 根据第一段最后一句话"喝茶的客人也要以礼还礼，特别是晚辈，应双手把茶接过来，并点头致谢"，可知主人给自己倒茶时，要用双手接过茶杯，并点头致谢，所以选 A。

75. 根据第二段"为了表示尊敬，一道菜上来，应先转到主人或长者面前，待其享用之后，其他人再慢转转盘"这句话，可知 A 项不是聚会吃饭时所忌讳的，所以选 A。

76. 根据第三段"用左手压住右手则象征或表达了中国人热爱和平的意愿"这句话，可知 C 正确，选 C。

77. 本文第一段讲以茶待客，第二段讲餐桌上的礼仪，第三段讲拱手礼，只有 B 选项概括了文章的各个方面，其他三个选项都概括得不够全面，所以选 B。

78. 根据第二段"可他还是不放心，让我帮他挑毛病"这句话，可知朋友担心店里还存在一些小毛病，所以选 D。

79. 根据第五段"'为什么'？我有些不解"这句话，可知我一开始不理解朋友，所以选 B。

80. 根据第四段"不，我不能拿顾客做试验"这句话，可知朋友迟迟不开业的原因是他不想拿顾客做试验，所以选 C。

81. 根据第二段最后一句话"所以我要请咨询公司替我找最挑剔的顾客来免费试吃"，可知朋友要请一些顾客来他的店里免费试吃，所以选 A。

82. 根据最后一段得知，人生需要把握每一次机会，所以选 A。

83. 根据第一段"结果没人肯出来试一试"这句话，可知没有人搬木头，所以选 A。

84. 根据"商鞅这一举动在百姓心中树立了威信"这句话，可知商鞅得到了百姓的信任，所以选 B。

85. 概括第三段"周幽王有个美丽的妃子，从来不笑。为了能够让她笑一笑……"这句话，可知周幽王点燃烽火是为了让妃子高兴，所以选 C。

86. "一诺千金"的字面意思是一句话值一千两黄金，用来形容人非常讲信用，所以选 C。

87. 根据第一段第一句话"'小虎队'是 80 年代末 90 年代初中国流行歌坛最走红的演唱组合之一"，可知"小虎队"是演唱组合的名字，选 B。

88. 文中没有提到 C 选项，所以选 C。

89. "而立之年"是三十岁的意思，所以选 B。

90. 根据第二段"但他们却成为美好青春、年轻朝气的最好象征"这句话，可知 A 正确，选 A。

91. 我们的活动计划因为天气的原因而取消了。
   说明：本题考查的是"因为……而……"的紧缩句，原因在前，结果在后，主语只能位于句首。

92. 桌子上的东西好像被人翻过。

说明：本题考查的是被动句：主语+被+宾语+动词+其他成分，其中副词"好像"用在"被"字前面。

93. 你怎么可以破坏这项计划呢？

说明：此句是用"怎么"引导的反问句，表达与字面相反的意思。

94. 是这位老大夫治好我的病的。/我的病是这位老大夫治好的。

说明：本题考查的是"是……的"句，强调施事。

95. 我曾经找她帮我们一个忙。

说明："帮忙"是离合词，中间可插入其他成分，使用时多用动词"找"，组成"找……帮忙"。

96. 我不知道该听谁的好。

说明：固定用法："不知道（该）……（才）好"。

97. 我实在忙不过来了。

说明：复合趋向补语"形容词/动词+过来"表示恢复到原来的、正常的状态。可能补语的否定形式是"形容词+不+补语"，表示没有实现行为的可能性。

98. 我从不随便相信别人的话。

说明：本题考查两个语言点，"从不"表示完全否定，用在主语后、动词前；形容词"随便"做状语，修饰动词"相信"。

HSK（五级）模拟试卷2

 答 案

一、听力

第一部分

1. C	2. D	3. C	4 C	5. B
6. A	7. B	8. A	9. D	10. B
11. B	12. B	13. C	14. D	15. D
16. A	17. A	18. B	19. C	20. D

第二部分

21. C	22. A	23. A	24. B	25. C
26. B	27. C	28. D	29. D	30. A
31. A	32. C	33. B	34. C	35. A
36. A	37. A	38. B	39. D	40. A
41. C	42. B	43. A	44. A	45. D

二、阅 读

第一部分

46. A	47. D	48. B	49. A	50. C
51. D	52. A	53. A	54. B	55. A
56. B	57. D	58. A	59. C	60. A

第二部分

61. D	62. D	63. B	64. C	65. D
66. D	67. A	68. D	69. C	70. C

第三部分

71. A	72. C	73. B	74. A	75. C
76. D	77. C	78. A	79. A	80. C
81. B	82. A	83. B	84. D	85. D
86. A	87. A	88. C	89. C	90. A

三、书 写

第一部分

91. 她怎么也想不起来了。/ 怎么也想不起来她了。

92. 你不想去就别去了。

93. 父母总是把我当成不懂事的孩子。

94. 我们一定会再见面的。

95. 我们再也没有去过那个地方。

96. 他们有说不完的话。

97. 我好容易才听懂她说的话。

98. 我被这儿的音乐吵得一夜没睡好。

第二部分

99. 短文写作参考

　　我常常跟朋友聚会，但如果开车去，我从来不喝酒。因为酒后开车很危险，如果发生了意外，就一定会很后悔。不过，要是朋友再三要求我喝酒，我就把车停在酒店门口，自己坐出租车回家。

100. 短文写作参考

　　美丽的玫瑰花代表着美好的爱情。爱情来临时，会给我们带来快乐，让我们体会到幸福。有时候它可以克服一切困难，给人最大的安慰和鼓励，但有时候它也会给人带来痛苦和离别。

答案说明

1. 根据"您点的香辣鸡块今天没有了"这句话，可知 C 正确，选 C。
2. 根据"我想把这张卡里的钱取出来，然后换成韩元"这句话，可知选 D。
3. 根据"不到四千块钱"这句话，可知笔记本价钱是三千多块，选 C。
4. 根据女的说的"我可能会去逛逛街吧"这句话，可知选 C。
5. 根据"我早上六点钟就去排队了，可还是没买到"这句话，可知选 B。
6. 根据"没看我正在做饭吗？家里什么事情都得我操心"这句话，可知女的生气了，选 A。
7. 根据"你电源没插能好用吗"这句话，可知打印机不好用的原因是没插电源，打印机没什么问题，选 B。
8. 对话中"我觉得水果比鲜花好"，意思是女的觉得应该买水果，选 A。
9. 根据"昨天看了一晚上电影"这句话，可知选 D。
10. 根据"我想买一张明天 10 点去北京的火车票"这句话，可知选 B。
11. 根据"我是在网上养了个电子宠物猫"这句话，可知选 B。
12. 根据"每公斤 1 块钱，您的书是 5 公斤，还有两块钱的包装费"这句话，可知 B 正确，选 B。
13. 对话中"一边吃着红烧肉，一边喝着减肥茶"这两件事是相互矛盾的，他们在谈论现在人的矛盾行为，所以选 C。
14. 对话中女的说"但我还是希望能有更大的发展空间"，意思是现在公司的发展空间不够，所以选 D。
15. 根据文中"你们公司有没有合适的小姑娘？给小王介绍一个"这句话，可知他们在谈论给小王介绍对象的事，所以选 D。
16. 根据对话中"自从你生了孩子"和"亲女儿"等信息，可知两人是夫妻关系，所以选 A。
17. 根据对话中"要不是你及时把文件给我送来"这句话，可知男的感谢女的把文件送来，所以选 A。
18. 对话中"你到底打算什么时候请我们喝喜酒啊"中"喝喜酒"的意思是"结婚"，说明男的快要结婚了，所以选 B。
19. 对话中"给学生批改作业"、"备课"都是老师要做的事，所以选 C。
20. 对话中"最近手头有点儿紧"的意思是缺钱，"你能帮我一下吗"，说明男的想向女的借钱，所以选 D。
21. 根据对话中"早知现在，何必当初"这句话，可知男的对自己以前不努力学习的做法感到后悔，所以选 C。
22. 根据"又是逛街啊！上周咱们不是刚买了三件衣服吗"这句话，可知他们上周逛街了，所以选 A。
23. 根据女的要男的做几个拿手菜，可知男的很会做饭，所以选 A。
24. 根据"张经理说最好今天晚上下班之前交给他"这句话，可知选 B。
25. 根据"我们想要孩子"这句话，可知女的不让男的喝酒是因为他们想要孩子，所以选C。

26. 根据女的说的"你今天一整天都在看足球"这句话，可知男的一直在看球赛，别的什么也没做，选 B。

27. 根据对话中女的说儿子"嘴笨"、"性格直"、"不会说话"，可知选 C。

28. 根据对话中"你觉得哪个拿手就表演哪个"这句话，可知女的还没决定表演什么，所以选 D。

29. 根据女的说的"我对他没兴趣"这句话，可知选 D。

30. 对话中男的因为要陪客户，不能为女朋友过生日，使女朋友很生气，可知男的昨天并不愿意去陪客户，所以选 A。

31. 根据"唐山大地震，是 1976 年 7 月 28 日发生在中国河北省唐山市的 7.8 级大地震"这句话，可知选 A。

32. 根据"电影《唐山大地震》2010 年由冯小刚导演"这句话，可知选 C。

33. 根据"母亲最终选择了救弟弟"一句，可知选 B。

34. 根据"父母是家庭教育中的老师"这句话，可知选 C。

35. 根据"只能根据孩子的不同年龄阶段，有针对性地安排教育的重点"这句话，可知选 A。

36. 根据"社会因素、家长本身的文化修养、道德水平、个人经历和社会生活经验等，对家庭教育的内容也有很大影响"这句话，可知选 A。

37. 根据"这个谎言让我变得很难过"这句话，可知我难过的原因是因为说谎，所以选 A。

38. 根据"还不是为了能让爸妈的家庭争吵可以停止吗"这句话，可知选 B。

39. 根据文中"夜深了，爸爸妈妈都睡着了"这句话，可知选 D。

40. 根据"我的一个朋友家里非常贫困"一句，可知选 A。

41. 文中提到朋友因为怕母亲没能力给孩子过生日而伤心，才很晚回家，可知选 C。

42. 文中母亲为了给儿子买到书，省下早饭钱，跑了很远的路，这个行为让朋友感动得流下了眼泪，可知选 B。

43. 根据"人如果一段时间睡眠不足，身体就会出现衰老症状"这句话，可知选 A。

44. 根据"他们选择了 11 位健康男性作为研究对象"一句，可知选 A。

45. 文中提到"保持心情愉快"、"健康饮食"和"多睡觉"，并没有提到"锻炼"，所以选 D。

46. "常常"表示频率高，文中意思是有些人总是跟上帝抱怨，选 A。

47. 文中给自己的重，给别人的轻，是上帝分配"公平"的问题，选 D。

48. 结果跟预想的相反，用"反而"一词，选 B。

49. 量词"块"与"地"搭配，同时与后边的"那块土地"对应，选 A。

50. 文中那个人请两位朋友看看土地"怎么样"，是想听听他们的意见，所以选 C。

51. 句子缺少谓语动词，只有 D 项含有谓语动词"是"，所以选 D。

52. 根据后文"够你烧一辈子"这句话，可知前面应是能烧的东西，所以选 A。

53. 根据"到森林干活"、"只带了一块雨披"，可知下雨是他们没想到的、突然发生的情况，所以选 A。

54. 这是一个"把"字句，选 B。

55. 文中提到强大和弱小的关系，应该用"保护"，所以选 A。

56. 本文主要是说强大者对弱小者的保护和帮助，可知选 B。

57. "不在于"与后面的"而在于"形成对照关系，选 D。

58. 根据"合力"，可知是强调整体，选 A。

59. "起到……作用"是固定搭配，选 C。

60. 根据"不是一个人球踢得好"一句，举例中提到"踢足球"，所以选 A。

61. 文中说春节期间当地旅游价格出现了明显的上涨，所以选 D。

62. 文中提到为了吃出健康和新鲜，城里人愿意多付钱，到农村买年货，可知选 D。

63. 文中提到很少有人关注肥胖群体，可知多数商家不经营胖人服装，选 B。

64. 文中提到保健菜系很丰富，所以选 C。

65. 文中提到为了吸引客人，美容院的价格没有提高，所以选 D。

66. 文中提到适当的信用卡透支可以考虑，所以选 D。

67. 根据"2009 年，有多达几百万的城市人成为了新车主"这句话，可知选 A。

68. 文中提到代驾服务解决了"吃客"们的后顾之忧，可以更放心地吃喝，选 D。

69. 根据"有条件的人也可以根据情况转入室内运动"这句话，可知选 C。

70. 根据题意，要收取外国人服务费用和检查、化验等费用，所以选 C。

71. 根据"这个人选择了一次吃掉所有的洋葱"这句话，可知选 A。

72. 在忍受不了前两种惩罚之后，那个人最后选择了交纳罚金，选 C。

73. 根据"由于对自己的能力缺乏足够的了解，导致决策失误，从而尝到了不少不必要的苦头"这句话，可知文章要告诉我们应正确认识自己的能力，选 B。

74. 文中提到，立春时吃春饼是中国的一种古老风俗，被称为"咬春"，选 A。

75. 根据"在食用时间上，大部分地区仍流行立春时吃春饼的古俗"这句话，可知选 C。

76. 本文主要讲了中国春饼的来历及吃春饼的一些知识，A、B、C 项均不全面，选 D。

77. 根据"在福建漳州，有清明节前吃春饼的习俗，据说这是为了纪念英雄郑成功"这句话，可知选 C。

78. 根据"有两个饥饿的人得到了一位长者的赏赐：一根鱼竿和一篮大鱼"这句话，可知选 A。

79. 文中第一段叙述了先前得到鱼的那个人把鱼吃光了，选 A。

80. 根据"只是他们并没有各奔东西，而是商定共同去寻找大海"这句话，可知他们共同合作达到了目标，选 C。

81. "只有把理想和现实有机结合起来，才有可能成为一个成功的人"，这句话点明了文章的中心，选 B。

82. 根据"一个人目标高远"，前面应该对应"目光短浅"，可知选 A。

83. 根据第一段第二句话"他拒绝所有新闻媒体的采访"，可知选 B。

84. 文中已经提到待遇好、可带夫人、有生活费三种待遇，但都被钱钟书拒绝，可知选 D。

85. 根据第三段最后一句话，可知钱钟书很幽默，选 D。

86. 最后一段提到钱钟书的生日时，很多人要给他祝寿，所以选 A。

87. 文中提到诚信是一种道德，是我们的第二张"身份证"，所以选 A。

88. 根据文中"无论在过去还是现在……是极为重要的"这句话，可知选 C。

89. 遵守法律是诚信的作用和结果，选 C。

90. 中国的古书告诉人们要讲诚信，选 A。

91. 她怎么也想不起来了。/ 怎么也想不起来她了。

说明：考查可能补语的否定形式：动词+不+补语。

92. 你不想去就别去了。

说明："(要是)……就……"搭配，表示假设；"了"是语气词，用在句尾。

93. 父母总是把我当成不懂事的孩子。

说明：考查"把"字句：主语+把+宾语+动词+其他成分。其中副词"总"用在"把"字前面。

94. 我们一定会再见面的。

说明：考查副词和助动词的位置关系，副词用在助动词的前面。

95. 我们再也没有去过那个地方。

说明：固定用法："再也+没/不……"。

96. 他们有说不完的话。

说明：考查可能补语的否定形式，"说不完"表示不能完成。

97. 我好容易才听懂她说的话。

说明：考查"好容易才（好不容易才）……"，表示不容易；"她说的话"为主谓结构做定语。

98. 我被这儿的音乐吵得一夜没睡好。

说明：考查"被"字句：主语+被+宾语+动词+其他成分。

HSK（五级）模拟试卷 *3*

 答案

一、听力

第一部分

1. C	2. C	3. A	4. A	5. B
6. B	7. B	8. A	9. A	10. B
11. C	12. D	13. D	14. D	15. C
16. D	17. D	18. A	19. A	20. D

第二部分

21. A	22. B	23. B	24. A	25. D
26. C	27. A	28. D	29. A	30. B
31. D	32. C	33. C	34. C	35. D

36. D	37. A	38. C	39. C	40. D
41. B	42. A	43. A	44. B	45. A

二、阅读

第一部分

46. D	47. B	48. D	49. B	50. C
51. A	52. D	53. A	54. B	55. D
56. A	57. D	58. B	59. A	60. D

第二部分

61. D	62. A	63. D	64. C	65. D
66. B	67. B	68. C	69. D	70. B

第三部分

71. B	72. A	73. C	74. A	75. B
76. A	77. A	78. A	79. B	80. D
81. A	82. C	83. A	84. C	85. B
86. D	87. D	88. A	89. C	90. B

三、书写

第一部分

91. 学生们一个小时就把作业做完了。

92. 客厅里摆着几把椅子。

93. 全班同学向他表示祝贺。/他向全班同学表示祝贺。

94. 不要躺在床上看电视。/躺在床上不要看电视。

95. 她真被坏人骗了。

96. 他的童年生活很美好。

97. 老师说出了自己的心里话。

98. 小王来美国留学三年多了。

第二部分

99. 短文写作参考

如果我们想获得别人的尊重,就一定要努力学习,不断提高自己的知识水平。在生活中,无论遇到什么困难都不要逃避,要坚持自己的理想,永远不放弃。

100. 短文写作参考

遇到名人时，我们常希望得到他们的签名。生活中，我们也会在各种收据上签名，如刷卡消费时、银行取款时、签订合同时，等等。签名不仅是现代社会的一种普通现象，同时也是一种责任。

答案说明

1. 根据"我下班要回家吃饭"这句话，可知选 C。
2. 根据"我下午四点以后就不吃东西了，已经坚持很长时间了"这句话，可知选 C。
3. 对话中"婚纱照不赚钱，不过可以送您一个相册"，说明对话发生在照相馆，所以选 A。
4. 对话中女的说"可是我还有两份文件要整理呢"，说明女的还有其他的工作要做，任务太多了，所以选 A。
5. 对话中男的说"别管他，有什么大不了的"，意思是说事情不严重，不必理会小王，所以选 B。
6. 对话中"小题大做"的意思是喜欢把小事闹大，把小事夸大，其实没有什么严重的事情，所以选 B。
7. 对话中女的说"不容易呀，我还从来没尝过小王请客是什么味道呢"，意思是说小王是第一次请客，很难得，这个人平时很小气，所以选 B。
8. 根据"这是我画的小老虎，送给你的生日礼物"这句话，可知选 A。
9. 根据"正好我姐姐给我两张门票"这句话，可知选 A。
10. 根据"可是孩子又病了"这句话，可知选 B。
11. 根据"只要和你在一起，我就很开心"这句话，可知选 C。
12. 对话中"个人问题"的意思是有没有恋爱对象，所以选 D。
13. 根据"好一点儿的公司都要求硕士及以上学历，看来我还得学啊"这句话，可知女的学历不够，所以选 D。
14. 对话中"原价三百，现在打八折，满二百还返二十元现金"，三百打八折是 240，满二百还返二十元现金，所以是 220，选 D。
15. 对话中"赶紧去看大夫"的意思是赶紧去医院，所以选 C。
16. 根据"我是怕女儿看电视的时间太长了，对眼睛不好"这句话，可知选 D。
17. 根据"电影马上就要开演了"这句话，可知他们在电影院里，所以选 D。
18. 对话中"今天晚上又要开夜车"，意思是说今天晚上要熬夜，所以选 A。
19. 对话中"真的吗？太好了"是一种惊喜语气，所以选 A。
20. 根据"请问你们这儿现在还有空房间吗"这句话，可以判断男的想预订房间，所以选 D。
21. 根据对话中"你呀，让我说你什么好呢"这句话，可知男的不满意女的再去买书，所以选 A。
22. "你天天上网，能考好吗？你看人家李明"，前面的反问句说明男的没有考好，而后面的句子说明男的不如李明，所以选 B。
23. 根据"我们每天得写一大堆作业了"这句话，可知王老师会留很多作业，所以选 B。
24. 根据"我也想陪你，可是不加班，老板就得把我开除了"这句话，可知男的因为加班不能陪女的，所以选 A。

25. 对话中"可就算是这样做，每天用电热毯，皮肤能不干吗"，意思是"即使用贵化妆品、多喝水、多吃水果，每天用电热毯皮肤也干"，所以女的的皮肤干的真正原因是经常使用电热毯，选 D。

26. 对话中"就那么回事呗"，表示情况一般，所以选 C。

27. 根据对话中男的说的"这两个地方我都去过"这句话，可知他去过海南和青岛，所以选 A。

28. 对话中"还是得把钱用在刀刃上"，说明他们要在国内为孩子准备出国用品，所以选 D。

29. 对话中"小张和小王真是天生的一对儿啊"中的"天生的一对儿"，一般用来指恋人或夫妻，所以选 A。

30. 对话中"要真是这样就好了"，说明男的否定了女的先前的说法，而后面"她还让我给她买项链"才是李红生气的真正原因，所以选 B。

31. 根据"环境保护……也包括我们周围生活中无处不在的各种小事"这句话，可知选 D。

32. 根据"对一般人来说，……但也应养成保护环境的良好习惯"这句话，可知选 C。

33. 根据"这提醒我们，全面的环保意识和全民环保观念的提高并不容易"这句话，可知选 C。

34. 根据"由于拉拉不仅有灵活的头脑，而且还具有踏实肯干的精神"这句话，可知选 C。

35. 根据"她抓住了机遇，主持上海总部装修"这句话，可知选 D。

36. 根据"故事围绕杜拉拉在职场中的打拼经历，周围形形色色的人际关系展开，并且穿插了杜拉拉与公司市场部总监王伟的爱情故事"这句话，可知选 D。

37. 根据"沈阳是辽宁省省会，东北地区最大的中心城市"这句话，可知选 A。

38. 根据"年平均气温 8.1℃"这句话，可知选 C。

39. 根据"其中沈阳故宫是中国现存最完整的两座宫殿建筑群之一"这句话，可知选 C。

40. 根据文章第一段军人的话"我不是要向上帝祈求有一条新的腿，而是要祈求他告诉我，在我失去了一条腿后，也知道如何过好日子"，可以判断选 D。

41. 根据第一段第一句"有一种特别奇特的泉水，可以医治各种疾病"，可以判断选 B。

42. 文章最后一段告诉我们，要忘掉过去，忘掉得失，接纳失去的事实，为新生活努力奋斗，因此选 A。

43. 文中提到了楼上的噪音污染、做饭时的油烟污染和汽车尾气污染，所以选 A。

44. 根据"楼下的菜市场，只管卖菜赚钱，没人管卫生"这句话，可知选 B。

45. 根据"我常想出去跑步，可汽车尾气使我不敢出去"这句话，可知选 A。

46. 根据"他找了 20 年，走了几千里路"这句话，可知他找得很不容易、很辛苦，所以选 D。

47. "经过"与后面的"一户人家"搭配，所以选 B。

48. 与上文"去寻找人生的意义"相对应，所以选 D。

49. "谨慎"是褒义词，意思是做事小心仔细，与文中医生说的"明明是个优点"、"而这样的人是最可靠、最值得信任的"相符合，而且下文中医生的话"谨慎是优点"更直接说明了 B 项是正确的。

50. 文中"就好像白银跟黄金相比，人们更注重黄金"的"更"说明，人们对黄金和白银都很注重，只不过程度上有区别，因此"并不否定白银"符合文意，所以选 C。

51. "战士"应该是勇敢的，对战士来说，胆小很明显是缺点，因此 A 项是正确答案。

52. "拥有较多的见识和宽广的视野"是说明一个人好的方面，因此"当你拥有较多的见识和宽广的视野后"，就不可能成为胆小的人，D 项符合题意。

53. 文中"房间的窗户整天都是关着的"，说明屋里光线不好，所以选 A。

54. 根据文中最后一句"何必装进袋子里呢"，可知选 B。

55. 妈妈觉得他们的行为不正常，所以选 D。

56. 根据文中"房间太暗了"和"阳光自然会进来，何必装进袋子里呢"这两句话，可知选 A。

57. 因为主语是"我"，"搞理论研究"做句子的宾语，中间缺少谓语动词，A、B、C 项都是形容词，不能带宾语，所以选 D。

58. "创造"与"成果"搭配，所以选 B。

59. 上文提到每天看到自己的成果，可知这一定会使"我"很高兴，所以选 A。

60. 此句的意思是想知道别人究竟比我们强多少，所以选 D。

61. 根据"旅游市场一统天下的情况正在发生改变"这句话，可知过去长假期间旅游市场是一统天下的，所以选 D。

62. 根据"消费者开始出现了消极情绪"中的"消极情绪"，可知汽车市场加价现象使消费者不高兴，可知选 A。

63. 根据"因为汽车前排的安全气囊会对儿童造成伤害，这比出事故还要严重"这句话，可知选 D。

64. 根据"挤在会议室外的记者已经超过了百人"这句话，可知来到现场的记者有一百多人，所以选 C。

65. 根据"这些短信基本上都是一些人使用短信群发器发送的"这句话，可知选 D。

66. 根据"由于大熊猫贝贝从小生活在美国，对汉语比较陌生，所以回到家乡后很难听懂养育员的话"这句话，可知选 B。

67. 根据"在车站和人多的地方不要显露随身钱财"这句话，可知选 B。

68. 根据"学生流与务工人员的返乡流分开了，所以春节前铁路并没有出现人流大量集中的现象"这句话，可知选 C。

69. 根据"由于白色屋顶可反射部分光热，那么室内温度也会有所下降，市区温度也将明显降低"这句话，可知选 D。

70. 根据"不少湿地公园里的动物模型都是用软木做成的，既减少了费用，又不会造成环境污染"这句话，可知选 B。

71. 根据文章第一段"经过几天的深思熟虑，他终于下决心剃掉大胡子，留个小胡子"这句话，可以判断选 B。

72. 根据文章第一段中"结果，没有人对他的改变作任何评价"这句话，可以判断选 A。

73. 根据文章最后一段最后一句话"大家都在做自己的事情，应该把注意力放在工作上，不要总想着别人怎么评价你"，可以判断选 C。

74. 根据第一段的介绍，可知机遇就是把握命运给予的机会，所以选 A。

75. 根据第一段"在人生路上，我们会有很多次机遇"一句，可知选 B。

76. 根据第一段"抓住一个，你就会成功"这句话，可知选 A。

77. 根据第二段第一句"有机遇就有挑战"，可知机遇与挑战是并存的，所以选 A。

78. 根据"哪儿能找到一位助手帮他整理一下资料"一句，可知这位陌生人需要人帮他整理资料，所以选 A。

79. 根据第三段"但朗格却还是愿意留下来帮助他"一句，可知朗格留下来帮助了那个陌生人，所以选 B。

80. 根据第四段和第五段第一句，可知朗格要 1000 美元只是开玩笑，所以选 D。

81. 根据文意可知，律师欣赏朗格的做事态度和人格，所以选 A。

82. 根据最后一句"因为机会总是变成'麻烦'的样子"，可知有的时候机会也是"麻烦"，但正是这"麻烦"给了我们机会，所以选 C。

83. 根据第一段"他还经常为了省钱买书而饿肚子"一句，可知他拿吃饭的钱去买书了，所以选 A。

84. "将心比心"是用自己的心地比照别人的心地，比喻设身处地替别人着想，所以选 C。

85. 富兰克林把面包给老奶奶了，所以他自己什么都没吃，光看书了，所以选 A。

86. 只有 D 项文中提到了，所以选 D。

87. 根据"勇敢就是人们有勇气承担责任的精神或气质"这句话，可知选 D。

88. 根据第二段第一句"勇敢可分为两大类：一类是外在的勇敢，一类是内在的勇敢"，可知选 A。

89. 根据第二段"外在的勇敢是表面的勇敢，是假勇敢"这句话，可知选 C。

90. 根据第二段"理智型勇敢一方面可以害怕，一方面可以用理智去克服控制恐惧，即使害怕，也还要勇敢去做"这句话，可知选 B。

91. 学生们一个小时就把作业做完了。

    说明：考查"把"字句：主语+把+宾语+动词+其他成分。时间副词、助动词等用在"把"字前面。

92. 客厅里摆着几把椅子。

    说明：考查存现句"处所+动词+人/物"和量词"把"。

93. 全班同学向他表示祝贺。/他向全班同学表示祝贺。

    说明：考查连动句。主语+动词₁+……+动词₂+……；介词"向"引出对象，即"向……表示祝贺"。

94. 不要躺在床上看电视。/躺在床上不要看电视。

    说明：考查祈使句的否定形式"不要……"，这里的"不要"等于"别"。

95. 她真被坏人骗了。

    说明：考查被动句：主语+被+宾语+动词+其他成分。

96. 他的童年生活很美好。

    说明：考查名词做定语。

97. 老师说出了自己的心里话。

    说明：考查简单趋向补语"说出"。

98. 小王来美国留学三年多了。

    说明：数量补语用在动词后，"多"表示概数，如果数量小于 10，则用在量词之后，数量大于 10，则用在数词后，量词前。比较：小王来美国二十多年了。

HSK（五级）模拟试卷4

答 案

一、听 力

第一部分

1. C	2. B	3. A	4. A	5. A
6. B	7. D	8. D	9. A	10. C
11. B	12. A	13. B	14. C	15. C
16. B	17. B	18. B	19. A	20. A

第二部分

21. D	22. A	23. B	24. C	25. C
26. B	27. B	28. D	29. C	30. A
31. B	32. A	33. C	34. B	35. C
36. A	37. B	38. A	39. A	40. C
41. D	42. C	43. D	44. A	45. B

二、阅 读

第一部分

46. A	47. C	48. A	49. B	50. B
51. D	52. B	53. A	54. A	55. B
56. C	57. A	58. D	59. C	60. B

第二部分

61. B	62. C	63. C	64. D	65. C
66. B	67. B	68. C	69. C	70. D

第三部分

71. A	72. D	73. C	74. D	75. C
76. A	77. A	78. B	79. C	80. B
81. A	82. A	83. A	84. D	85. A
86. C	87. C	88. D	89. C	90. A

三、书写

第一部分

91. 我把包忘在车里了。

92. 我们班取得了第一名的好成绩。

93. 学完这本书需要三个月左右。

94. 请您为我指导毕业论文。

95. 我洗完澡就睡觉了。/我洗完了澡就睡觉。/洗完澡我就睡觉了。/洗完了澡我就睡觉。

96. 今年冬天出奇地冷。

97. 电话不是爸爸打来的。/不是爸爸打来的电话。

98. 书架上摆着一对精致的花瓶。/精致的书架上摆着一对花瓶。

第二部分

99. 短文写作参考

　　拿到公司发的奖金后，我陪孩子们参观了一次故宫。参观者中有很多外国人，他们都对故宫很感兴趣，觉得这里的建筑太完美了。他们不但在这儿摄影留念，还围绕在导游身边不停地询问。

100. 短文写作参考

　　过节的时候，我们常常要考虑给亲戚朋友送礼物。中国人喜欢送礼物，但不同的年龄送的礼物也有不同。给老年人，一般送烟、酒和保健品；给年轻人的礼物就比较自由，送鲜花、工艺品等都可以。

答案说明

1. 根据女的说的"师傅，157 路公交车的车站在哪里"这句话，可知她在问路，选 C。

2. 根据"除了游泳，偶尔也会打乒乓球"这句话，可知选 B。

3. 根据"学生还等着我上课呢"这句话，可知选 A。

4. 对话中"我今天给你打了一天电话也没人接，你干什么去了"，表明男的很生气，在责怪女的，所以选 A。

5. 对话中"别和我开玩笑了，怎么可能呢"，意思是这是不可能的事，女的不相信有人送花给她，所以选 A。

6. 对话中"那我们在大厅吃吧"，说明对话发生在饭店，所以选 B。

7. "不敢当，不敢当，我还得向您请教呢"是一种谦虚的说法，所以选 D。

8. 对话中"你整天把精力都用在这上怎么行？还是想想怎么写论文吧"，意思是男的让女的把精力用在学习上，所以选 D。

9. 对话中"双"是鞋的量词，"大一号的"、"最大号的"是形容鞋的大小，所以选 A。

10. 对话中"还有半个小时就 6 点了"，意思是现在是 5 点半，所以选 C。

11. 根据"我需要的是一个温暖的家"这句话，可知选 B。

12. 根据"没关系，还有四个月就毕业了"这句话，可知男的是学生，所以选 A。

13. 根据"十年前的今天我的妈妈有了一个孝顺的儿媳妇"这句话，可知他们是夫妻，所以选 B。

14. 根据"小张和小胡出差了，就剩老赵和老杨"这句话，可知办公室一共有四个人，所以选 C。

15. 根据"校园卡"、"还书"等词语，可知对话发生在图书馆，所以选 C。

16. 根据"为了给他妈妈治病，他甚至连房子都卖了"这句话，可以推断小明很孝顺，所以选 B。

17. 对话中的"小道消息"一般指不正规的报纸或杂志上刊登的信息，所以选 B。

18. 根据"五层，你再上一层左拐就是"这句话，可知选 B。

19. 根据"话务员"、"查询积分和话费"等词语，可知女的在打电话，所以选 A。

20. 根据"姐姐给我寄的包裹"这句话，可知选 A。

21. 对话中男的说"今天正好在家，不用上班"这句话，可知他们在家，所以选 D。

22. 对话中有"听说他和刘老师从来没红过脸"，"没红过脸"是"从来没生过气"的意思，可知选 A。

23. 根据"从 2000 年我们在学校第一次见面到现在已经快十年了"这句话，可知今年应是 2010 年，所以选 B。

24. 根据"告诉你做菜时少放点儿盐，你就是不听，这菜怎么吃啊"这句话，可知女的因为男的做菜咸了生气了，所以选 C。

25. 根据"我给你们介绍一位老师吧，他汉语教得可好了，保证飞龙下次一定能通过考试"这句话，可知男的给飞龙介绍了一位汉语老师，所以选 C。

26. "再也没看过比香山更美的风景了"中的"再也没（有）……比……更……的了"，表示"最……"，这里的意思是香山的风景最美，所以选 B。

27. 根据"听说小李和小王下个月就结婚了"这句话，可知后面问"你们什么时候有消息啊"就是问"你们什么时候结婚"，所以女的和小张是情侣关系，所以选 B。

28. 根据对话"他不在家"一句，可知对话发生在张主任的家里，所以选 D。

29. 根据"售货员的态度就像我欠她钱似的"这句话，可知售货员的态度非常差，所以选 C。

30. 根据"看来邻居比房子更重要"这句话，可知选 A。

31. 根据"王珞丹是中国内地的女演员"这句话，可知选 B。

32. 根据"靠自己的努力获得了成功"这句话，可知选 A。

33. 根据"可她却接受了，并从中学到了很多东西"这句话，可知选 C。

34. 根据"我去北京学习时，父亲没来送我，只有母亲来了"这句话，可知选 B。

35. 根据"我觉得父亲一定很讨厌我，否则他不会这样做"这句话，可知选 C。

36. 根据母亲说的话，父亲是怕会更加难过而没有去送我，说明父亲很爱我，选 A。

37. 根据"碰到多年不见的熟人，他们总要问你：'现在在哪儿发财'"这句话，可知人们一见面就谈钱，所以选 B。

38. 根据"在国外，人们是不随便打听别人的经济状况的，因为这是个人的私事"这句话，可知选 A。

39. 根据"人与人之间见了面只问这个，实在有点儿不是味道。说真的，还真是怀念过去'吃了吗'这三个字"一句，可知作者对见面问经济状况持反感态度，选 A。

40. 根据文中所提到的这三杯茶的意义，可知妻子的意思是用喝茶对婚姻作个总结，选 C。

41. 根据文中"第三杯名字也叫茶，喝起来却好像水一样，只不过刚刚喝过苦茶，现在却也感到了一些甘甜"这句话，可知选 D。

42. 文章讲述这三杯茶有苦也有甜，而这正是对婚姻的总结，所以选 C。

43. 根据文中"一是因为方便，二是认为它干净，对身体有好处"这句话，可知选 D。

44. 根据文中"但是瓶装水真的干净又健康吗？不一定"这句话，可知选 A。

45. 根据文中"我们吃的饭、水果、蔬菜等食物中已经包含了很多水"这句话，可知选 B。

46. 根据文章第一句话，此处应该填一个动词，"希望"表示心里想着某种目的或出现某种情况，所以选 A。

47. 根据后文公鸡吃了牛粪后飞到了树枝上，说明牛粪很有营养。A 和 B 不能和"牛粪"搭配，选 C。

48. 根据后文公鸡飞到了树枝上，可知公鸡获得了足够的力量，所以选 A。C 项不能和"力量"进行搭配。

49. 后文有"它是……"，"它"指代中国功夫，因为前面有逗号，所以此处应该是一个陈述句，选 B。

50. 根据文意，中国功夫走出了中国，传到了世界各国，可知事件完成了。"已经"表示事情完成或时间过去，符合题意，选 B。

51. "流传"的意思是"（事迹、作品等）传下来或传播开"，符合题意，选 D。

52. "促进……发展"是固定搭配，选 B。

53. 因为是在河里，所以用"漂"，选 A。

54. 根据文意，理氏又热又渴，所以应该是把李子吃了，选 A。

55. "给……取名"是固定搭配，选 B。

56. 根据后文内容，"他指着院子中的李子树说"，可知选 C。

57. 根据文意，句号的作用是使文章的语句"完整"，所以选 A。

58. 根据全文内容，标点符号都在谈论自己的功劳，所以选 D。

59. 标点符号谈论的是功劳问题，选 C。

60. 因为每个人都有功劳，所以每个人都"缺"不得，"缺"是"少"的意思，选 B。

61. 根据"桌面上摆着显示器和出票的打印机"这句话，可知选 B。

62. 根据"飞机上的乘客无人伤亡"这句话，可知选 C。

63. 根据本段第一句话，可知《难忘今宵》是由李谷一演唱的，所以选 C。

64. 根据最后一句"现在灰太狼成了城市女性喜欢的好男人代表"，可知选 D。

65. 根据文中第二句"希望父母们……注意孩子的饮食结构"，可知选 C。

66. 根据文中"越来越多的男性成为父亲后，选择放弃工作、回归家庭"一句，可知选 B。

67. 根据"冰与雪制成的食品在古罗马时期已开始出现"一句，可知选 B。

68. 文中提到，很多家长希望在过年时多给孩子压岁钱作为补偿，所以选 C。

69. 文中提到，"如果消费者的贵重物品没有保险，就很可能会被寄丢。而且没有保险，邮寄公司的赔偿金就少得可怜"，从反面提示消费者，邮寄贵重物品时需要保险，所以选C。

70. 根据最后一句"不过消费者仍旧可以凭消费小票到服务台办理退货"，可知选D。

71. 根据第一段"小王经常想：如果有一天能见到经理，有机会展示一下自己的才能就好了"一句，可知选A。

72. 根据第一段"同事小张更进一步。他详细了解经理的奋斗历程，弄清经理毕业的学校、喜欢什么、关心的问题，精心设计了几句简单却有分量的开场白，然后算好时间去乘坐电梯"这两句话，可知选D。

73. 根据第二段"成功者善于创造机会"一句，可知选C。

74. 根据文章开头的排比句，只有D项没提到，所以选D。

75. 根据第一段最后一句，宽容你的敌人是人性中最美丽的花朵，所以选C。

76. "败"指"失败"，"俱"是"全"的意思，"两败俱伤"指斗争的双方都受到损伤，所以选A。

77. 整篇文章都在讲宽容，所以选A。

78. 根据第一段"有一天他们外出旅行回家，发现大楼停电了"这句话，可知选B。

79. 根据第二段，他们到了40层太累了，开始互相埋怨，所以选C。

80. 根据第二段最后一句"终于到了80层！然而，兴奋地来到家门口的兄弟俩发现他们的钥匙落在了20层的包里了"，可知他们因为没钥匙而没有进屋，所以选B。

81. 根据最后一段"这个故事反映的其实就是我们的人生"一句，可知选A。

82. 根据最后一段"到了60岁，发现人生已所剩不多，于是告诉自己不要再抱怨了，珍惜剩下的日子吧"一句，可知选A。

83. 根据第一段校长讲"立命"，可知就是给学生讲怎样立志，所以选A。

84. 根据第一段校长修身课是要讲怎样立志，前三位学生的回答都表明没有远大志向，校长都不满意，所以选D。

85. 根据周恩来的回答，可以看出周恩来立志于中国的强大，所以选A。

86. 校长讲的是立志课，是号召年轻的学生都树立远大的志向，所以选C。

87. 根据第一段排比句，只有C项不是因为感恩才存在的，所以选C。

88. "呕心沥血"是形容为了一件事或一个人而费尽心思，所以选D。

89. 根据第三段"你是否在父母劳累后递上一杯暖茶"一句，可知选C。

90. 根据文章最后一句"感恩需要你用心去体会，去报答"，可知选A。

91. 我把包忘在车里了。
   说明：考查"把"字句：主语+把+宾语+动词+其他成分。

92. 我们班取得了第一名的好成绩。
   说明：考查"的"的位置。人称代词做定语，用在亲属称谓或所属单位前，不能用结构助词"的"；单音节形容词做定语也不能用结构助词"的"。

93. 学完这本书需要三个月左右。
   说明：动词性短语可以做主语。

94. 请您为我指导毕业论文。
   说明：考查兼语句：主语+动词$_1$+兼语+动词$_2$。

95. 我洗完澡就睡觉了。/我洗完了澡就睡觉。/洗完澡我就睡觉了。/洗完了澡我就睡觉
     说明：考查结果补语：动词+结果补语+宾语+了；动词+结果补语+了+宾语。

96. 今年冬天出奇地冷。
     说明：考查形容词短语充当谓语。

97. 电话不是爸爸打来的。/不是爸爸打来的电话。
     说明：考查"是……的"句的否定形式："不是……的"。

98. 书架上摆着一对精致的花瓶。/精致的书架上摆着一对花瓶。
     说明：考查存现句：处所+动词+着+人/物。

HSK（五级）模拟试卷 5

答 案

一、听 力

第一部分

1. B	2. A	3. D	4. C	5. C
6. A	7. D	8. D	9. B	10. C
11. B	12. B	13. A	14. A	15. C
16. D	17. C	18. B	19. B	20. C

第二部分

21. C	22. B	23. A	24. C	25. D
26. C	27. A	28. C	29. A	30. C
31. C	32. B	33. B	34. D	35. D
36. A	37. B	38. A	39. B	40. D
41. C	42. C	43. B	44. A	45. B

二、阅 读

第一部分

46. A	47. C	48. A	49. B	50. A
51. D	52. B	53. C	54. A	55. B
56. C	57. C	58. A	59. A	60. A

61. A	62. D	63. C	64. D	65. C
66. A	67. A	68. A	69. B	70. C

第三部分

71. B	72. A	73. A	74. A	75. B
76. A	77. C	78. A	79. B	80. A
81. D	82. A	83. B	84. B	85. B
86. D	87. A	88. A	89. C	90. C

三、书写

第一部分

91. 你说的那个地方不太好找。

92. 她马上就去学习舞蹈。

93. 你能把事情都做完吗?

94. 不打招呼就走是不礼貌的。

95. 我不去食堂吃饭。

96. 她可不那么努力。

97. 门口的人被玻璃划伤了。

98. 这个小电影院只坐得下一百人。

第二部分

99. 短文写作参考

中国人有早睡早起的习惯,尤其是老年人。现在公园里的运动设施很齐全,老年人起床后,经常去那里锻炼身体。运动使他们看起来更年轻、更健康,也使他们的生活更加精彩。

100. 短文写作参考

我们都要珍惜时间,浪费时间就是浪费生命。有时我们感觉时间不够用,其实是自己没抓紧。你不能让时间停止,只能让自己更珍惜它;一旦失去了时间,就永远找不回来了。

答案说明

1. 根据女的说的"我觉得坐船去更便宜一些"这句话,可知选 B。

2. 根据女的说的"不好意思"这句话,可知女的是在道歉,选 A。

3. 根据"要是赶时髦就买这件大红色的,现在大街上的人都穿这种颜色的"这句话,可知他们在谈论今年流行什么颜色,所以选 D。

4. 根据男的说的"我昨天没来上课,能借我看一下你的笔记吗"这句话,可知选 C。

5. 对话中"说走就走了"中"走了"的意思是"死了",选 C。

6. 根据"他现在正上课呢"这句话,可知张老师在上课,选 A。

7. 根据"我朋友给了我几张新世界的打折卡"这句话,可知选 D。

8. 文中"没的说"的意思是丁瑞的汉语很好,所以选 D。

9. 根据"亲爱的,咱家的热水器又坏了"这句话,可知两个人是夫妻关系,所以选 B。

10. 根据"喂"、"好的,请稍等!王老师,你的电话"等信息,可知他们是在打电话,所以选 C。

11. 根据"我也跟着一宿没睡"这句话,可知选 B。

12. 根据"各位游客早上好"这句话,可知女的是导游,选 B。

13. 根据对话中"宝贝"、"爸爸"等词语,可以判断选 A。

14. 根据"我昨天晚上酒喝多了"这句话,可知选 A。

15. 根据"我上了一上午的课,刚下课,正准备去吃饭呢"这句话,上午上完课应该去吃中午饭,可以判断现在是中午,选 C。

16. 根据女的说"想去北京学学英语"这句话,可知选 D。

17. 根据"我们回家上网看看,网上肯定比商场便宜"这句话,可知男的准备在网上买衬衫,选 C。

18. 根据对话"别做梦了,要想吃刘星的东西可比登天还难",说明男的认为刘星不可能请客,选 B。

19. 根据对话,女的的女儿今年 30 岁,比男的的儿子大两岁,可以判断男的的儿子今年 28 岁,选 B。

20. 对话中女的说"你哥哥从来都是一到家就吃饭",意思是女的每天做饭,男的的哥哥不做饭,所以选 C。

21. 根据"咱们送他份礼物吧"这句话,可以判断他们想送小张礼物,所以选 C。

22. 根据"你要是多穿点儿就不会感冒了"这句话,可知选 B。

23. 根据"别唠叨了,你先睡吧,不用等我了"这句话,可知选 A。

24. 根据"房租"、"租金"等词语,可以判断选 C。

25. 根据"但最近他一直没来上课"这句话,可知选 D。A、C 项只是推测。

26. 根据"他每天就在家躺着,而且年纪大了,老毛病还不少"这句话,可知老张身体不太好,所以选 C。

27. 根据"那是朝阳体育场"一句,可知选 A。

28. 对话主要谈论的是是否应该出国留学的问题,选 C。

29. 根据"我们今年的确打算结婚……到时候去新加坡旅行"这句话,可知选 A。

30. 根据"真的很好,刚学会就做成这样已经很不错了"这句话,可知选 C。

31. 根据"《论语》流传了 2500 多年"这句话,可知选 C。

32. 根据"(于丹)以独特的个性视角解读了《论语》,从而著成了《论语心得》一书"这句话,可知选 B。

33. 根据"全书(《论语心得》)以白话解释经典,以经典解释智慧,以智慧解释人生,是一本可以了解中国文化的好书"这句话，可知本文是关于《论语心得》一书的介绍，所以选 B。

34. 根据"美国九大都会圈人口超过了 500 万"这句话，可知选 D。

35. 根据"排名前三的大都会圈分别为大纽约地区（1880 多万），大洛杉矶地区（约 1290 多万）以及芝加哥地区（950 多万）"这句话，可以判断排名前三的没有波士顿地区，所以选择 D。

36. 根据"报告同时指出，移民人口成为美国大都市圈的重要支撑"这句话，可知选 A。

37. 根据文中"我和他是在网上认识的"这句话，可知选 B。

38. 根据文中"那时候，我还是个大学生"这句话，可知选 A。

39. 根据文中"尽管是他身上的军装吸引了我，但是现在，我更爱他"这句话，可知选 B。

40. 根据文中"他在圆的里面加上了一座房子、一辆汽车、一些朋友"这句话，可知选 D。

41. 根据短文，老板用图画说明了一个很重要的人生意义，说明老板对人生很有见解，选 C。

42. 根据文中"在这个圆里面，人们会觉得自在、安全"这句话，可知选 C。

43. 根据文中"年轻妈妈会感到寂寞"一句，可知选 B。

44. 根据文中"最近的一项试验发现，类似电视、手机这样的东西很容易吸引母亲的视线"这句话，可知选 A。

45. 根据文中"这会影响到孩子的语言发育，日后还可能影响母子关系"这句话，可以判断选 B。

46. 根据前文，蝴蝶被刺弄伤了，所以应该是"拔刺"，选 A。

47. 根据文中小女孩主动帮助蝴蝶拔掉刺，可以判断小女孩很善良，选 C。

48. 根据文中"她笑着说"，可知小女孩是回答别人的提问，应该用"告诉"，选 A。

49. 文章中说小伙伴认为碰了石头会生病，可知他们害怕去石头上玩儿，所以选 B。

50. 石头一般是能不能碰、摸，不可能是说、喝、打，再根据后文"碰"一词，可知选 A。

51. 根据文章，少年邓小平爬上了小伙伴认为不能碰的乌龟石上，他们应该感到吃惊，选 D。

52. 根据文意，少年邓小平爬上乌龟石是为了玩耍，可知选 B。

53. 根据文中小鸟说的话，可知小鸟是在通知大家，C 最恰当，选 C。

54. 根据文中"小狗在它后面，小兔跑在最后面"这句话，可以判断选 A。

55. 根据文中小兔受伤了并且不知道伤得怎么样，大家应该是很担心的，选 B。

56. 根据文中小马放弃了冠军把小兔送进医务室，小狗对小马应很佩服，所以选 C。

57. 空格后为逗号，此处应该是一个陈述句，又根据后文内容"茶水便自然是广东早茶中不可缺少的一部分"，可以判断选 C。

58. "还有"是一个连词，表示"事物存在的连续性"，选 A。

59. 根据后文提到的"干点……，湿点……"，可以判断选 A。

60. 根据文中"干点做得最为精致"这句话，可以判断选 A。

61. 根据文中第一句"应该每隔 48 小时练习一次热瑜伽，即两天一次"，可知选 A。

62. 根据文中"对孩子的保护不仅仅要在身体上，更要在心灵上"一句，可知选 D。

63. 文中列举了扫墓植树、敬献鲜花等几种悼念方式，专家建议应采用这些文明的方式，所以选 C。

64. 文中提到在饭店里喝酒看不见瓶盖，是因为这些好酒的瓶子可以换钱和回收，所以选 D。

65. 根据文中"窗花以其特有的夸张手法充分地表达了人们的美好愿望"一句，可知选 C。

66. 根据文中第一句，可知选 A。

67. 文中提到"漂亮的餐具"、"改变厨房和饭厅的光线"和"避免混乱的背景声音"可以让人提高吃的兴趣，所以选 A。

68. 根据"（保健品）并不能保证充足的营养"一句，可知选 A。

69. 根据文中"能不放的时候就不放，能少放的时候就少放"一句，可知选 B。

70. 根据"很多时候……在于打麻将时的合作和竞争"一句，可知选 C。

71. 根据第二段妈妈的话"相信自己，你不应该跑在任何人的后面"，可知妈妈相信儿子有能力拿第一名，所以选 B。

72. 根据第三段第一句"在接下来的 20 年中，理查一直在努力，终于成为赛车界的冠军"，可知选 A。

73. 是母亲的话激励了理查更加努力，最终成为冠军，B、C、D 三项在文中都没有提到，所以选 A。

74. 根据最后一段最后一句"相信自己是独一无二的，没有什么高不可攀，没有什么不可超越"，可知选 A。

75. "时间就是生命"是告诉我们要像珍惜生命一样珍惜时间，所以选 B。

76. 根据第二段最后一句"可是在身体康复之后，他却在课堂上看小说。这难道是珍惜时间吗"，可知那位同学不懂得珍惜时间，所以选 A。

77. 根据第三段第一句"一个人要想获得事业上的成功，必须珍惜时间"，可知选 C。

78. 根据最后一段第一句"聪明的人，利用时间"，可知选 A。

79. 根据第二段"体温表知道他没有准备好不想去参加考试，就把温度升上去很多"一句，可知选 B。

80. 根据第三段"这时候体温表委屈地说"一句，可知体温表觉得自己做得正确，所以选 A。

81. 根据第四段，人们在做工作的时候经常超出自己的职责，出发点也许是好的，但实际上没有把自己的工作做好，这是最没有职业道德的，所以选 D。

82. 根据第四段"如果过了的话，那么每个人实际上都没有把自己应该做的工作做好，那才是最没有职业道德的"一句，可知我们要把本职工作做好，所以选 A。

83. 根据第一段"5 岁的时候得了脊髓病，胸部以下全部失去知觉"一句，可知张海迪是残疾人，所以选 B。

84. 根据第二段"而是以坚强的毅力和恒心与疾病作斗争"一句，可知张海迪和自己的命运顽强作斗争，所以选 B。

85. 根据第二段"海迪跟随父母，给农村孩子当起了老师"一句，可知张海迪去过学校，B 项说法不正确，所以选 B。

86. 根据最后一段最后一句，可知张海迪的故事告诉我们什么是无悔的人生，所以选 D。

87. 根据第一段第一句话"只要人能正确地认识自己，能全面地看待他人和自己，就会感觉自己没那么差"，可知选 A。

88. 片面性的意思是不够全面，文中画线的词语是说想法或看法不够全面，所以选 A。

89. 根据第二段"你必须想尽办法去克服这些困难，才能获得胜利"一句，可知我们应该克服人生中的困难，所以选 C。

90. 选项 C 中的"必须"太绝对了，文中未提，所以选 C。

91. 你说的那个地方不太好找。

　　说明：考查主谓短语做定语；"副词+形容词"做状语修饰动词。

92. 她马上就去学习舞蹈。

　　说明："马上"，时间名词，放在主要动词前，"就"表示动作进行得快、早。

93. 你能把事情都做完吗？

　　说明：考查"把"字句：主语+把+宾语+动词+其他成分。"把"字句中的助动词、副词一般放在"把"的前面，但是表示范围的副词"都"根据情况可用在"把"字前或者"把"字后。该题"都"表示"所有的事情"的范围，因此放在动词前。

94. 不打招呼就走是不礼貌的。

　　说明：考查"是……的"句。否定句是把"是……的"中间部分改成否定式，而不是用"不是……的"形式。

95. 我不去食堂吃饭。

　　说明：连动句：主语+动词₁+……+动词₂+……，否定副词放在第一个动词前。

96. 她可不那么努力。

　　说明：比较句的否定形式：A+不+那么+比较的方面。

97. 门口的人被玻璃划伤了。

　　说明：考查被动句：主语+被+宾语+动词+其他成分。

98. 这个小电影院只坐得下一百人。

　　说明：考查可能补语的肯定形式，"动词+得+下"表示有足够的空间容纳。

HSK（五级）模拟试卷 6

 答案

一、听力

第一部分

1. A	2. B	3. D	4. B	5. A
6. B	7. A	8. B	9. A	10. C
11. D	12. D	13. A	14. A	15. D
16. C	17. C	18. C	19. C	20. B

21. D	22. A	23. B	24. C	25. D
26. B	27. A	28. C	29. A	30. B
31. C	32. A	33. D	34. A	35. B
36. A	37. D	38. D	39. A	40. A
41. B	42. A	43. D	44. B	45. C

二、阅读

第一部分

46. A	47. B	48. A	49. B	50. B
51. A	52. C	53. A	54. D	55. A
56. A	57. B	58. A	59. A	60. A

第二部分

| 61. B | 62. D | 63. A | 64. A | 65. A |
| 66. A | 67. C | 68. B | 69. C | 70. A |

第三部分

71. B	72. C	73. A	74. C	75. B
76. A	77. A	78. A	79. B	80. C
81. A	82. A	83. B	84. A	85. C
86. A	87. C	88. C	89. D	90. A

三、书 写

第一部分

91. 我只不过和你开个玩笑。

92. 老师要求我们努力学习。

93. 我们好不容易才找到你家。

94. 我不知道究竟该选择哪个好。

95. 她没在教室里看过书。

96. 把这个箱子搬到那辆车上去。

97. 这位师傅做的面条很好吃。

98. 这件事给我们留下了深刻的印象。

99. 短文写作参考

　　今年，随着汉语学院的发展，同学们参加了更多的汉语实践活动，汉语水平有了很大的提高，即使最难学的听力和语法也有了很大的进步。大家都很高兴，希望每个人在新的一年里都有进一步的发展。

100. 短文写作参考

　　月饼是中国人过中秋节的一种传统美食。在中秋节的时候，中国人都要吃月饼。月饼有各种各样的馅儿，香甜可口。月饼的形状像月亮，圆圆的，表示团圆。中秋节时，家人一般要聚在一起，一边吃月饼，一边赏月，一边交谈。

答案说明

1. 根据"我昨天在这儿买了件毛衣"这句话，可知对话发生在商店，所以选 A。

2. 对话中"请给我一张取款单"、"桌子上有填好的取款单"、"照着填就行"等信息，都说明他们是在银行，所以选 B。

3. 对话中"快过年了"是"要过年了"的意思，所以选 D。

4. 根据"不过昨天就已经出院了，今天都去上课了"这句话，可知选 B。

5. 根据"我们家三口去了华东五市"这句话，可知选 A。

6. 对话中女的说"顺便给你们露一手"，意思是她想做几个菜，选 B。

7. 根据"你都迟到两次了"和"保证下次不会了"这两句话，可以判断选 A。

8. 根据"您好！这里是客房部"这句话，可知男的在旅店，选 B。

9. 根据"都四月了，还下雪呢"和"可今年还穿大衣呢"这两句话，可以判断现在天气很冷，选 A。

10. 对话中"你可真发福了啊"中的"发福"是变胖了的意思，选 C。

11. 对话中"从来没见小两口红过脸"中的"红过脸"是"吵架"的意思，选 D。

12. 根据"早餐只吃水果对身体不好"这句话，可知选 D。

13. 根据"现在他家里就剩下他和 7 岁的妹妹了"这句话，可知现在小明家里只有两口人，选 A。

14. 根据"这一桌菜一共多少钱？可以刷卡吗"这句话，可知选 A。

15. 根据"我给你放在卧室的抽屉里了"这句话，可知选 D。

16. 对话中"给我那宝贝孙子买奶粉去，现在每天围着他转"中的"围着他转"，意思是女的每天都在孙子身边照顾孙子，选 C。

17. 对话中"姐姐反而没有妹妹高"的意思是说妹妹更高，所以 C。

18. 根据"除了我妈妈，谁还能给我买衣服呢"这句话，可知选 C。

19. 根据"是看了一部很感人的电视剧"这句话，可知选 C。

20. 根据"你好，这是我的机票和座位号"这句话，可知选 B。

21. "碰壁"表示遭受挫折、失败。对话中说女的找工作总碰壁，可知女的没有找到工作，所以选 D。

22. 根据"听说《阿凡达》这部电影不错"这句话，可知男的没看过这部电影，"那周末一起去看吧"，说明男的想去看电影，所以选 A。

23. "消消气"经常用在劝解、安慰别人的时候，所以选 B。

24. 对话中女的说的反问句"你以为我不想吗"，表示肯定的意思，说明她想解决问题；男的说"那还等什么呢"，说明他也很想尽快解决问题，所以选 C。

25. "小气鬼"的意思是一个人不大方、小气，选 D。

26. 俗语"三天打鱼，两天晒网"，表示做事不能坚持、断断续续，可知女的没有坚持一直锻炼身体，所以选 B。

27. 对话中否定句"不是的"否定了质量不好，再根据后面"现在商场在搞促销活动"一句，可知选 A。

28. 根据"早知道这么麻烦我就过去了"这句话，可知男的觉得打电话很麻烦，浪费时间，所以选 C。

29. 根据"里面画有很多有意思的故事，很多人都喜欢看"这句话，可知选 A。

30. 根据"瞎聊"、"我们之间还有什么可谈的"等信息，可知女的不想和男的聊天儿，已经没有耐心了，所以选 B。

31. 根据"《非诚勿扰》是江苏卫视一档适应现代生活节奏的大型婚恋交友节目"这句话，可知选 C。

32. 根据"它为广大单身男女提供了公开的恋爱交友平台"这句话，可知《非诚勿扰》是关于婚恋交友的节目，所以选 A。

33. 根据"经过'爱之初体验'、'爱之再判断'、'爱之终决选'、'男生权利'等规则来决定男女嘉宾的速配结果"这句话，可知选 D。

34. 根据"鞋后跟沾了许多泥，因而步履艰难。商人由此受到启发"这句话，可知选 A。

35. 根据"他的妻子穿上这双鞋子，感到十分新奇，就由佣人陪伴，上船下船，到处游玩"一句，可知他的妻子很高兴，所以选 B。

36. 根据"15 世纪，一位威尼斯商人经常要出门做生意，但又担心妻子会外出和别的男人在一起"这句话，可知选 A。

37. 根据"妈妈为我辛苦了一辈子"一句，可知"我"体会到了当母亲太不容易了，不由得落下了眼泪，所以选 D。

38. 根据最后一句话"哪怕只是为妈妈捶捶背、洗洗脚、陪她老人家吃顿饭，也可以表达我对妈妈的祝福"这句话，可知选 D。

39. 根据"看着 5 个月大的儿子，我情不自禁地落下了眼泪"这句话，可知"我"刚刚当上母亲，所以选 A。

40. 根据"上夜班的这些大夫一出门就要打的，在这地方拉人既安全又可靠"这句话，可知张永良是出租车司机，选 A。

41. 根据"为了早一点儿实现他的买房梦"这句话，可知选 B。

42. 根据"上夜班的这些大夫一出门就要打的"这句话，可知选 A。

43. 根据"杨秀丽休闲的方式都跟京剧有关"这句话，可知选 D。

44. 根据"也经常跟他们在网上讨论，交流心得体会"这句话，可知选 B。

45. 根据"她和戏迷朋友还在互联网上建了一个名叫'戏迷之家'的主页"这句话，可知选 C。

46. 根据后文说老人体弱多病并且想搬到养老院去住，说明没有人照顾老人，老人无儿无女，因此选 A。

47. 根据空格前面有"不断"修饰，此处只能填一个动词，前文说很多人买房子，说明房子价格应不断上涨，因此选 B。

48. 此处只能填一个动词，根据前文，老人听到年轻人的话应该很感动，很高兴，因此他笑了，所以选 A。

49. 小泽征尔是指挥家，"演奏"应该和"指挥"搭配，所以选 B。

50. 此处需要填一个动词，"还是"的意思是重复前面的情况，前面出现了错误，因此这里应该选择不对，选 B。

51. 根据前面作曲家"坚持说"，说明作曲家确信乐谱没错，"绝对"是十分肯定的意思，因此选 A。

52. 小泽征尔面对权威人士坚持说是乐谱错了，说明他很有把握，很有自信，因此评委才判定他得了第一名，因此选 C。

53. 根据后文大家在讨论造房子的事，可以判断选 A。

54. 小羊喜欢吃草，因此它想把房子建在草地上，所以选 D。

55. 小猫喜欢吃鱼，它不同意小羊的主意，因此选 A。

56. 此处讨论的是造房子的问题，应该用"居住"，只有"居住"能和"在山洞里"搭配，所以选 A。

57. "国际地位"是固定搭配，其他词语放在这里都不合适，因此选 B。

58. "了解"和"文化"搭配，"了解"之后才能"接受"，因此选 A。

59. 根据后面说"或者只知道一些被歪曲了的形象"，可知前面应该强调知道得很少或根本不知道，所以选 A。

60. "毕竟"是副词，强调某种情况、某个事实，"居然"和"竟然"表示意料之外，所以选 A。

61. 根据"即便是他朋友的朋友陷入了寂寞状态，那么他也会比正常人更容易寂寞"这句话，可知选 B。

62. 根据最后一句"今年是公务员招考以来最'热'的一年"，可知选 D。

63. 根据"长期以来深受东北群众尤其是广大农民的喜爱"这句话，可知选 A。

64. 根据文中第二句"它起源于古时楚国人因舍不得屈原投江死去而划船追赶的故事"，可知选 A。

65. 根据"成语有固定的结构形式和固定的说法"一句，可知选 A。

66. 根据"女性网购金额略低于男性，为 78 亿元"一句，可知选 A。

67. 根据"元代的商人甚至在冰中加上果浆和牛奶"一句，可知选 C。

68. 根据"重点介绍必要的技能水平及专长"一句，可知选 B。

69. 根据最后一句"好的中药不仅对治疗心脏病有效，而且对其他脏器也有调理、保健作用"，可知选 C。

70. 根据"最早发行信用卡的机构并不是银行"一句，可知选 A。

71. 根据第一段骆驼妈妈说的"当风沙来的时候，长长的眼毛可以让我们在风沙中看到方向"这句话，可知选 B。

72. 根据骆驼妈妈说的"这个叫驼峰，可以帮我们储存大量的水和营养，让我们可以很好地适应沙漠中的生活"这句话，可知选 C。

73. 根据第一段最后一句"小骆驼高兴坏了：'原来我们这么有用啊'"，可知选 A。

74. 根据文中最后一句话"每个人的潜能是无限的，关键是要找到一个能充分发挥潜能的舞台"，可知成功的关键是发挥潜能的舞台，所以选 C。

75. 根据第一段"我们因为拥有知识和能力而骄傲自豪"一句，可知选 B。

76. 根据第一段"却忽略了身边的亲情和友情，总是等到失去时才认识到它的珍贵"一句，可知"它"指代亲情和友情，选 A。

77. 根据第二段讲只有饥饿的人才能体会到粮食的重要性，可知选 A。

78. "水中月"和"镜中花"都指不真实的、不现实的东西，因此选 A。

79. 第一段讲上劳动课时，"我"掉进了坑里，所以选 B。

80. 根据文意和第三段老师和同学们都在山坡上等"我"，可知老师想让"我"自己找到出口上来，所以选 C。

81. 根据第二段讲"我"自己找到出口跳了出来，可知选 A。

82. 根据文中最后一句话，可知文章告诉我们遇到困难时要先靠自己想办法，所以选 A。

83. 卖报是爱迪生因为家穷被迫的，其他三项都是爱迪生喜欢做的，所以选 B。

84. 根据第一段"爱迪生的父亲平时对家里人要求很严格"一句，可知选 A。

85. 爱迪生知道爸爸爱看报纸，想了这个方法让自己有时间做实验，所以选 C。

86. 根据第二段"爱迪生的爸爸听他讲得如此生动，真的非常想看"这句话，可知选 A。

87. 根据"友情因为不讲究回报而变得更加深刻"一句，可知友情是不讲究回报的，所以 C 错误，选 C。

88. 根据第二段最后一句"有时它并不需要太多的言语，只需要彼此真心相待"，可知选 C。

89. 根据第三段"如果用友情来帮助事业，那么事业一定会成功"一句，可知选 D。

90. 根据最后一段"因此，有两个层次的友情，宽泛意义的友情和严格意义的友情"这句话，可知选 A。

91. 我只不过和你开个玩笑。

    说明：考查副词"不过"，指明范围，含有往小里说、轻里说的意思；固定搭配"和……开（个）玩笑"。

92. 老师要求我们努力学习。

    说明：考查兼语句：主语+动词₁+兼语+动词₂。

93. 我们好不容易才找到你家。

    说明：考查"好不容易才（好容易才）……"，表示不容易达到目的。

94. 我不知道究竟该选择哪个好。

    说明：固定用法："不知道（该）……（才）好"。

95. 她没在教室里看过书。

    说明：否定句中如果有介宾短语做状语，否定词放在介宾短语前面。

96. 把这个箱子搬到那辆车上去。

    说明：考查"把"字句：主语+把+宾语+动词+其他成分。

97. 这位师傅做的面条很好吃。

    说明：考查主谓短语做定语。

98. 这件事给我们留下了深刻的印象。

    说明：考查介词"给"，引出动词涉及的对象。

答案

一、听力

第一部分

1. C	2. A	3. B	4. B	5. C
6. A	7. B	8. D	9. A	10. A
11. D	12. A	13. D	14. C	15. B
16. A	17. D	18. D	19. A	20. C

第二部分

21. C	22. B	23. C	24. A	25. C
26. C	27. C	28. A	29. A	30. B
31. B	32. A	33. B	34. D	35. B
36. A	37. A	38. B	39. A	40. A
41. A	42. B	43. A	44. A	45. B

二、阅读

第一部分

46. A	47. A	48. D	49. C	50. A
51. A	52. B	53. A	54. D	55. A
56. B	57. C	58. B	59. A	60. A

第二部分

61. D	62. C	63. C	64. B	65. A
66. B	67. D	68. A	69. A	70. D

第三部分

71. D	72. A	73. D	74. B	75. C
76. C	77. A	78. C	79. A	80. B
81. C	82. A	83. C	84. D	85. A
86. B	87. C	88. D	89. C	90. B

三、书写

第一部分

91. 大家都高高兴兴地回家去了。
92. 他一下飞机就来了。
93. 我总觉得他特别眼熟。
94. 她不满足于现有的学习水平。
95. 我们一点儿关系也没有。
96. 市中心的房价远远高过农村。
97. 没想到这么快就把我给忘了。
98. 适度的表扬可以让孩子表现得越来越好。

第二部分

99. 短文写作参考

在机场与朋友们分别后，我突然发现护照不见了。后来机场工作人员都过来帮忙，终于帮我找到了。虽然当时来不及向他们表示感谢，但我会永远记住他们，祝愿好人一生平安。

100. 短文写作参考

现在在很多公共场所都安装了摄像头。摄像头让人感到很安全，还可以减少犯罪，为警察的工作提供一些便利。但摄像头也可能会使大家的隐私暴露在外。可见，凡事都是有好的地方，也有不好的地方。

答案说明

1. 根据"两位。帮我们找一个清净点儿的位置"这句话，可知选 C。
2. 文中"4000 块就买了这么一个破东西，一点儿都不值"这句话，意思是说女的认为这台电视不值 4000 块，选 A。
3. 根据"看见陈姐家的小狗很可爱，就要来了"这句话，可知小狗是女的跟陈姐要的，选 B。
4. 根据"销户"、"存款本金和利息"等词语，可知对话发生在银行，选 B。
5. 根据"这次可不是为了工作，而是去看演唱会"这句话，可知小李去北京看演唱会了，选 C。
6. 根据对话中男的说"我发工资了"一句，可知选 A。
7. 根据对话中男的说"就这么点儿事儿"一句，可知男的认为这件事不严重，选 B。
8. 根据对话中男的说"吃一块西瓜吧"这句话，可知男的让女的吃西瓜，选 D。
9. 根据"你再也找不到这么便宜的了"这句话，可知选 A。
10. 对话中女的说"今天晚上要加班"，意思是女的要加班，不能去吃饭了，选 A。

11. 根据女的对男的说"太谢谢你了,不过总麻烦你真不好意思"这句话,可知男的经常帮助女的,选D。

12. 根据"灯会"、"元宵"等词语,可知是元宵节,选A。

13. 根据"给我杯热水吧"一句,可知男的想喝水,选D。

14. 对话中女的说"她那样也能考上研究生啊"是一句反问句,意思是女的认为小丽不应该考上研究生,选C。

15. 根据"听说云南有很多名胜古迹,我最近打算去那儿旅旅游"这句话,可知男的要去云南旅游,选B。

16. 对话中"明天有大雪",意思是说明天会下雪,只有冬天才下雪,所以选A。

17. 根据男的说的"对不起,请出示您的驾驶执照"这句话,可知男的是交通警察,选D。

18. 对话中"发烧"、"头疼"、"开点儿药"、"按时吃"等词语,都是医生给病人看病时使用的语言,所以选D。

19. 对话中"可不是嘛!小孩的东西哪有便宜的啊",意思是女的也觉得小孩的东西比较贵,选A。

20. 根据"我想背完英语单词再走"这句话,可知选C。

21. 对话中"听说李老师今天又发火了"、"他怎么总发火啊"、"看样子挺生气的"等都说明李老师生气了,选C。

22. 根据"这次面试对你来说很重要"和女的说的"我知道,我会尽力的"这句话,可推出女的很重视这次面试,选B。

23. "还差一点儿"的意思是马上就要完成了,选C。

24. 根据"好是好,就是有点儿贵"这句话,可知男的觉得衣服有点儿贵,选A。

25. 根据"银行贷款"这句话,可知选C。

26. 根据"特色菜"、"川菜"、"看看菜单"等词语,可推出对话发生在饭店,选C。

27. 根据"就是爱下象棋"一句,可知他们的爸爸一直就喜欢下象棋,下象棋是他的爱好,选C。

28. 根据"她平时不言不语的"一句,可知小丽平时不爱说话,选A。

29. 根据"我们单位临时决定加班"这句话,可知男的周末要加班,选A。

30. 根据"小李的大学同学来了"这句话,可知是小李的同学来办公室了,选B。

31. 根据文中"因周围有9个藏族村寨而得名"一句,可知选B。

32. 根据文中"九寨沟一年四季都适合旅游"一句,可知九寨沟冬天也适合旅游,选A。

33. 根据文中"红色代表大山"一句,可知选B。

34. 根据文中最后一句"小伙伴都乐意同毛泽东一起放牛,还称他为'牛司令'",可知选D。

35. 根据"他把同伴们组织起来分成三班"一句,可知选B。

36. 根据文中的内容,可知少年毛泽东很爱玩儿,很聪明,也很有领导能力,所以选A。

37. 根据文中第一句话,可知朋友在一家超市打工,选A。

38. 根据"令他很吃惊的是,人家告诉他要积极地配合歹徒抢劫"这句话,可知选B。

39. 根据"因为在西方人看来,生命是第一重要的,任何物质都没有生命重要"这句话,可知选A。

40. 根据文中第一句话,谁违反规定就扣200块钱,可知选A。

41. 文中小孙愁眉苦脸地说："我被发现违反规定了。"可知小孙是因为自己违反规定被发现而发愁，选 A。

42. 根据文中小丽说的"也怪你不会看。我是先计算好比赛快结束的时间，然后再点开网页直接看比赛的关键时刻，这样被发现的机会就小了"这句话，可知选 B。

43. 根据"发现一年级小学生书包的重量是 3 公斤左右"这句话，可知选 A。

44. 根据"早上 6 点多，甚至 5 点多孩子们就必须起床"这句话，可知选 A。

45. 根据"为了完成作业，学生们常常要到 10 点才能睡觉"这句话，可知选 B。

46. "善良"和"温柔"都用来形容人，不能做状语修饰"提醒"，老太太是好心提醒，所以选 A。

47. 根据后文得知，墙没有倒，所以选 A。

48. 墙看起来要倒，但是几天都没有倒，所以老太太感觉奇怪，选 D。

49. 根据歌手是第一次登台演出及后面的"手心冒汗"一词，都可判断出她十分紧张，选 C。

50. 根据后文老师把纸团放到她手上及老师说的话，可知她是担心忘了歌词，选 A。

51. 根据后文"她握着这个纸团"一句，可知选 A。

52. 根据这句话的意思，如果忘记歌词，可以打开纸团，所以选 B。

53. 根据下面兔子说的话，可知老虎是上次的主席，选 A。

54. "自从"表示从某一时间开始，根据短文，老虎当了主席以后发生了一些变化，所以选 D。

55. 根据上文，兔子说不选老虎，并说了老虎的不好，大熊猫在表决心时就不会说自己以后跟老虎一样，所以选 A。

56. 小猫不客气地说的话，都是在叙述大熊猫懒的表现，所以选 B。

57. 根据后边说"有些人认为……"，这都是人们对"禁烟"的"理解"，选 C。

58. 前文谈"禁烟"是烟草厂的责任，是环保部的责任，可知都是在谈"责任"，所以选 B。

59. "脏气"只能是闻出来的，选 A。

60. "危害" 是"使受破坏、损害"的意思，选 A。

61. 根据文中"非洲大陆开始进入炎热干旱的季节，这种干旱会一直持续到来年的三月份，甚至更长时间"这句话，可知非洲大陆炎热干旱的时间很长，动物们的生活很艰难，选 D。

62. 根据文中"如今，研究生扩招比例应控制在 5%以内"这句话，可知选 C。

63. 根据"有胃病的人饭后不要马上运动或工作"这句话，可知选 C。

64. 根据"一家人坐在一起，一边赏月一边吃东西"和"这表现了人们对家人团圆相聚的期待"两句话，可知中秋节是一个家人团聚的节日，选 B。

65. 根据文中第一句话，可知选 A。

66. 文中"久而久之则对身体不好"一句，意思是土豆和牛肉经常同吃对身体不好，选 B。

67. 根据"冷饮的种类也越来越多"这句话，可知选 D。

68. 根据"噪声污染与水污染、大气污染被看成是世界范围内的三大主要环境问题"这句话，可知选 A。

69. 根据整段内容总结出"中医药可以治疗心脏病"，所以选 A。

70. 根据文中最后一句，可知选 D。

71. 根据"他们才发现，北方人很少用伞"一句，可知选 D。

72. 根据"两个商人在回家的路上相遇，一个垂头丧气，一个却非常高兴"一句及二人的对话，可知选 A。

73. 根据"而成功也许只需要稍微地转一个弯，让思想跳出原有的圈子"一句，可知选 D。

74. 文中"成功也许只需要稍微地转一个弯"，意思是换个角度想问题，选 B。

75. 根据"事物的发展都有一个渐进的过程"这句话，可知选 C。

76. 根据第一段文意，事物的发展都是从不完美到完美，发明创造也是如此，可知选 C。

77. 根据第二段第一句"人生同样是不完美的"，可知选 A。

78. 根据"忍受不足、追求完美，这就是人类做到这种改变的信条"这句话，可知选 C。

79. 根据"有个年轻人，想发财想到几乎发疯的地步"这句话，可知他到深山中是求老人让他发财，选 A。

80. 根据"每天早晨，太阳还没有升起的时候，你到村外的沙滩上寻找一粒'心愿石'"这句话，可知选 B。

81. 根据"年轻人哭了起来，因为他刚才习惯地将那颗'心愿石'随手丢下海去后，才发觉它是温暖的"这句话，可知选 C。

82. 根据"机会降临眼前，很多人都习惯地让它从身边溜走，一旦发觉时，就非常后悔"这句话，可知文章要告诉我们要注意把握机会，选 A。

83. 文中"看起来很脏"，其实并不是真的很脏，选 C。

84. 根据"上回你胡乱地给我剪头发，我就胡乱地付钱给你"这句话，可知选 D。

85. 根据"理发师仔细一数，发现他多给了好多钱，于是高兴极了"这句话，可以判断理发师认为鲁迅再次来时还会多给钱，选 A。

86. 根据全文内容和鲁迅所做的事情，可以判断选 B。

87. 根据"我们可以从读书中获得很多人生道理，这无疑是对的，但我们所获得的东西是否是对的，却是很值得怀疑的"这句话，可知选 C。

88. 根据"我想这其中的原因就是因为前人的书里，记录的只不过是他们的一些人生体验，对现实的指导意义非常有限"这句话，可知选 D。

89. 根据"原因就是朋友说的比较适合孩子的心思，比较实际而已"这句话，可知选 C。

90. 根据"读书最大的收获就是学点儿思考的方式、方法，从而指导我们做事、做人"这句话，可知选 B。

91. 大家都高高兴兴地回家去了。

说明：双音节形容词重叠形式为 AABB 式：高兴——高高兴兴，本题为双音节形容词重叠式做状语。

92. 他一下飞机就来了。

说明：考查"一……就……"形成的紧缩句，表示前后动作连续发生。

93. 我总觉得他特别眼熟。

说明：考查副词"总"和"特别"的用法。"总"表示频率，"特别"表示程度。

94. 她不满足于现有的学习水平。

说明：考查介词"于"，表示对象，相当于"向"、"对"。

95. 我们一点儿关系也没有。

说明：考查"一点儿……也没有"，表示完全否定。

96. 市中心的房价远远高过农村。

说明：考查单音节形容词重叠。

97. 没想到这么快就把我给忘了。

说明：考查"把"字句，"给"用在动词前用来加强语气。

98. 适度的表扬可以让孩子表现得越来越好。

说明：考查兼语句，"让"做动词，表示致使义。

HSK（五级）模拟试卷 8

答案

一、听力

第一部分

1. A	2. A	3. B	4. A	5. C
6. B	7. C	8. A	9. C	10. A
11. A	12. A	13. C	14. D	15. B
16. C	17. B	18. A	19. D	20. D

第二部分

21. C	22. A	23. A	24. D	25. D
26. D	27. B	28. C	29. C	30. D
31. C	32. D	33. B	34. D	35. B
36. A	37. B	38. A	39. A	40. B
41. D	42. A	43. A	44. B	45. D

二、阅读

第一部分

46. B	47. A	48. B	49. B	50. A
51. A	52. B	53. A	54. B	55. A
56. A	57. C	58. D	59. A	60. B

第二部分

61. A	62. D	63. A	64. C	65. D

| 66. D | 67. C | 68. D | 69. D | 70. C |

第三部分

71. A	72. B	73. B	74. B	75. A
76. D	77. D	78. B	79. A	80. C
81. B	82. C	83. A	84. C	85. B
86. C	87. A	88. A	89. D	90. A

三、书写

第一部分

91. 社会的公平关系到国家的安定。

92. 他是我见过的最懂事的孩子。

93. 把孩子关在家里可不好。

94. 生活中吃点儿亏算不得什么。

95. 你和自己生什么气？

96. 这件事到底能否成功呢？

97. 他的新鞋被人弄脏了。

98. 你的能力比不上她。

第二部分

99. 短文写作参考

今天，我们公司与客户进行了长达三个小时的谈判。谈判过程很顺利，取得了很大的进展，谈判内容保证了双方的利益。谈判双方在很多问题上都达成了一致，大家都很满意。

100. 短文写作参考

每个人都希望拥有美丽，然而每个人对美的追求却是不同的。有的人追求外表的美，因此想通过整容、减肥达到美的目的；还有一些人追求心里的美，他们用自己内心的真诚跟别人沟通。

答案说明

1. 对话中女的说"你怎么总听这些老掉牙的歌啊"中的"老掉牙"的意思是女的认为男的听的歌曲太老了，所以选 A。

2. 根据"这孩子可是学琴的料，不学可惜了"这句话，可以判断李明很适合学琴，所以选 A。

3. 对话中"到外面多运动运动就好了"，意思是女的认为男的应该多到外面运动运动，所以选 B。

4. 根据对话中"我看你最近总用手机上网，感觉怎么样"这句话，可知两个人在谈论用手机上网的事，所以选 A。

5. 对话中"哪儿的话，我 12 点就睡了"，意思是女的不同意男的的说法，所以选 C。

6. 根据"特色菜"、"川菜"、"水煮鱼"等词语，可知他们是在饭店，所以选 B。

7. 根据"我女朋友昨天买双鞋就花了 800，比你的还贵 200 呢"这句话，可知选 C。

8. 根据"只是有点儿头疼"一句，可知选 A。

9. 根据"他不说同意也不说不同意"这句话，可知选 C。

10. 根据"手机被偷了"一句，可知选 A。

11. 对话中"您帮了我们这么大的忙，我都不知道说什么好了"，意思是男的非常感谢女的，所以选 A。

12. 根据"不是说去奶奶家吗"、"下班以后去的"等句子，可知女的去奶奶家了，所以选 A。

13. 根据"是我女朋友的妈妈给我买的"这句话，可知选 C。

14. 根据"我看还是坐汽车吧"这句话，可知选 D。

15. 根据对话中"都 7 点多了"、"快起床吧"等句子，可知选 B。

16. 对话中"其实人家是两口子"中的"两口子"指的是"夫妻"，所以选 C。

17. 根据"在这儿住真好，空气好，还安静"这句话，可知他们在谈论居住环境，所以选 B。

18. 对话中"不过这饺子好像有味儿了"中的"有味儿了"，意思是"变质了"，所以选 A。

19. 对话中"正好那几天天气特别好，还遇到了许多热心人"，说明女的心情很好，所以选 D。

20. 对话中"我这第一次找他办事就碰了一鼻子灰"，意思是老王没有帮忙，所以选 D。

21. 根据"你快出去吧，我还要复习呢。你再不走，明天就真不及格了"这句话，可以判断选 C。

22. 根据"就是有些学生很想家，总是在半夜里哭"这句话，可知选 A。

23. 根据"大夫"、"开点儿药"等词语，可知对话发生在医院，所以选 A。

24. 此题要求考生抓住细节，根据"一两米饭，一个馒头，两份菜和一碗汤"一句，通过排除法可知选 D。

25. 此题要求考生记住材料中的数字。由"前天打了一针，昨天打了两针，今天又打了一针"一句，计算可得答案为 D。

26. 根据"现在有什么好电影啊？还不如去逛街呢，正好买件衣服"这句话，可知选 D。

27. 根据"这孩子怎么不做作业就看电视呢"这句话，可知选 B。

28. 根据"刚把钱寄走"和"有什么要寄的吗"中的"寄"，可知女的去邮局了，所以选 C。

29. 根据"但他一写信我就得去银行"一句，可以判断选 C。

30. 根据"你明年 55 了吗"这句话，可以判断女的今年 54，所以选 D。

31. 根据"可以把衣服先用冰块冻一下"这句话，可知选 C。

32. 根据"只要在口香糖及头发的四周抹上润发乳"一句，可知选 D。

33. 根据"很多小常识可以使我们的生活变得更加轻松简单"这句话，可知选 B。

34. 根据"把一只青蛙直接放进热水锅里，由于它对不良环境的反应十分敏感，青蛙就会迅速跳出锅外"这句话，可知选 D。

35. 根据"很多时候，我们生活中的主要威胁，并非来自突如其来的事件，而是来自缓慢渐进而无法察觉一些事件"这句话，可知选 B。

36. 根据"一些突发事件往往容易引起人们的警觉，而易致人于死地的却是在自我感觉良好的情况下，对实际情况的逐渐恶化没有清醒的察觉"这句话，可知选 A。

37. 根据"祖逖 24 岁的时候，曾有人推荐他去做官，他没有答应，仍然努力地读书"这句话，可知选 B。

38. 根据"可祖逖不这样想，听见鸡叫他就起床练剑"一句，可知选 A。

39. 根据"现在这个成语用来形容奋发有为，也比喻有志向的人及时振作"这句话，可知选 A。

40. 根据"有一天，在回家的路上，农夫遇到了一只狼"一句，可知选 B。

41. 根据"狗咬住了狼的一条腿"、"狗却死了"等信息，可知狗和狼互相撕咬，最后狗被狼咬死了，所以选 D。

42. 根据"希望它快快长成大树陪着狗"一句，可知选 A。

43. 根据"中国教育的唯一考察标准就是分数"这句话，可知 A。

44. 根据"有多少人能够考上大学成为了检验学校好坏的重要标准"这句话，可知选 B。

45. 根据"为了提高学生的成绩，教师拼命增加课外作业"这句话，可知选 D。

46. 文中提到"抱怨"、"洗不干净"，可知需要选一个与不好的习惯有关系的词。"懒"的习惯可能导致不干净，所以选 B。

47. 文中"才发现"说明以前没发现，比较粗心，与之相反的词就是"细心"，所以选 A。

48. "抹布"的量词是"块"。"张"与薄的，像纸张一样的东西搭配；"支"与笔状的东西搭配；"顶"修饰"帽子"，所以选 B。

49. "戴"用于身体局部，"穿"用于身体全部，"拿"和"取"都表示手的动作，不合适。本题为"球帽"，所以选 B。

50. 从后边"灰心"一词可知，他没有打中，所以选 A。

51. 文中小男孩每次都重复相似的句子，所以选 A。

52. "告诉"用于对自己的鼓励。"倾诉"和"劝说"都用于两个人之间的谈话；"安慰"表示心情不好，给予鼓励，本文看不出小男孩有失落的心情，所以选 B。

53. "离开"后接某人或者某地；"永别"表示永远不见面，本文没有这个意思；"别离"和"离去"都不带宾语，所以选 A。

54. "凶恶"指表情和动作都很可怕。"诚恳"和"温柔"都是好的方面，"难看"指长相，所以选 B。

55. 根据"正饿得难受"、"填饱肚子"等词语，可知狼"没吃东西"，所以选 A。

56. 身体的不舒服用"难受"，心里不舒服常用"难过"。文中没有其他两项的意思，所以选 A。

57. "成为"表示产生一种新的方式或现象；"作为"指主观的安排，所以选 C。

58. 文中"但是"转折后的句子应是讲不规范的网络语言的负面影响，且文中只谈了网络对青少年学习的影响，所以选 D。

59. 根据文中"极不规范的网络语言"和"阻碍"一词，可知是一种错误的引导，所以选 A。

60. "相关"指与网络语言有关系的，做定语，所以选 B。

61. 根据全文，有些父母为了养育子女而无节制地消费，所以选 A。

62. 根据全文，政府既要提高教师和医生的收入，又要提倡奉献，所以选 D。

63. 根据文中最后一句"因此白酒加税合情合理，没有什么可以争议的"，可知选 A。

64. 根据全文，小王和同学大都不想继续在同一个单位干下去，可知选 C。

65. 根据最后一句"这种疾病造成了社会恐慌，社会恐慌又来源于无知。可见，最终原因还是大家对艾滋病了解得太少了"，可知艾滋病造成社会恐慌是因为大家对疾病不了解，所以选 D。

66. 根据全文第一句，可知 C 不对；东方人注重评价，但并不是觉得别人看不起自己，所以 B 不对；不够成功的人才往往给自己心理暗示，而不是全体东方人，所以 A 不对。选 D。

67. 根据"其实春节时子女应该回家团聚"一句，可以判断春节是子女回家看望父母的好机会，所以选 C。

68. 根据"享受家庭生活是人生中不可缺少的一部分"这句话，可以判断选 D。

69. 根据最后一句"不管是富裕还是困难的家庭，家里只要来了客人，都会热情地备饭，把客人招待好"，可知选 D。

70. 根据文中"她从某种程度上代表着中国电影产业的崛起"这句话，可以判断选 C。

71. 根据第一段"别哭啦，你再不听话，就把你扔出去喂狼吃"这句话，可知选 A。

72. 根据老奶奶的话"快睡吧，别怕，狼来了，咱们就把它杀死煮了吃"这句话，可知选 B。

73. "别人信口开河，你就信以为真"，意思是别人随便说的话你就相信了，选 B。

74. 根据文章最后一句"不要让别人的话改变了你正常的工作和生活"，可知选 B。

75. 根据文章第一段第一句"我爱微笑，并迷上了这种美丽的表情"，可知微笑很美丽，所以选 A。

76. 根据文章第三、四段，可知选 D。

77. 根据文章第四段，可知选 D。

78. 文章主要说明了微笑及微笑的作用，所以选 B。

79. 根据文章第一段第一句"我去见一位事业上很有成就的朋友，聊天儿的时候我们谈起了命运"，可知选 A。

80. 根据文章第二段"他对我说：'把手伸好，照我的样子做一个动作。'他的动作就是：举起左手，慢慢地且越来越紧地握起拳头"这句话，可知选 C。

81. 根据文章第二段最后一句"我终于明白：命运在自己的手里"，可知选 B。

82. 根据文章第三段"命运在自己的手里，而不是在别人的嘴里。这就是命运"这句话，可知选 C。

83. 文章主要谈焦耳认真做事，善于发现问题，所以选 A。

84. 根据文章第二段"用电池将电流连到马身上"一句，可知选 C。

85. 根据文章第二段"焦耳想在这里试一试回声有多大"一句，可知选 B。

86. 根据文章第二段"每次闪电过后好一会儿才能听见响亮的雷声"一句，可知选 C。

87. 根据文章第一段"（追星）是一种客观、正常的社会现象"一句，可知选 A。

88. 根据文章第二段"明星的出现使他们眼前一亮。他们从明星的身上看到了自我实现的希望"这句话，可知选 A。

89. 文章第三段并没有提到 D 项，所以选 D。

90. 根据文章最后一段"追星也是广大青少年正常的心理需求和情感表达的需要"这句话，可知选 A。

91. 社会的公平关系到国家的安定。

说明：考查主谓短语做主语和宾语，中间用"的"。

92. 他是我见过的最懂事的孩子。

说明："我见过的"是主谓结构做定语，在多项定语中，表领属的短语多用在形容词定语前。

93. 把孩子关在家里可不好。

说明：考查"把"字句：主语+把+宾语+动词+其他成分；"可"表示强调。

94. 生活中吃点儿亏算不得什么。

说明："吃亏"是离合词，中间可插入成分；"算不得"是可能补语的否定形式。

95. 你和自己生什么气？

说明："生气"是离合词，中间可插入成分。

96. 这件事到底能否成功呢？

说明：考查能愿动词正反形式做谓语；"呢"是语气词，放在句尾。

97. 他的新鞋被人弄脏了。

说明：考查被动句：主语+被+宾语+动词+其他成分。

98. 你的能力比不上她。

说明：考查可能补语的否定形式：动词+不+补语（上），表示不能达到。

HSK（五级）模拟试卷 *9*

一、听 力

第一部分

1. A	2. B	3. B	4. B	5. D
6. B	7. C	8. C	9. A	10. B
11. B	12. C	13. C	14. A	15. A
16. A	17. A	18. D	19. C	20. B

第二部分

21. A	22. C	23. C	24. B	25. D
26. C	27. D	28. A	29. A	30. A
31. A	32. B	33. D	34. A	35. A
36. A	37. A	38. B	39. C	40. C
41. B	42. A	43. D	44. A	45. B

二、阅读

第一部分

46. A	47. B	48. C	49. B	50. A
51. A	52. C	53. A	54. A	55. C
56. A	57. D	58. A	59. C	60. D

第二部分

61. B	62. D	63. C	64. B	65. D
66. C	67. C	68. B	69. A	70. A

第三部分

71. A	72. A	73. A	74. C	75. A
76. D	77. C	78. A	79. A	80. C
81. D	82. D	83. A	84. B	85. A
86. A	87. A	88. C	89. C	90. C

三、书写

第一部分

91. 他一次又一次地请求原谅。
92. 希望你能把真实的想法说出来。
93. 我们热情地欢迎每一位客人的光临。
94. 科学的进步使经济发展得更快。
95. 对京剧感兴趣的外国人有很多。
96. 她凭自己的努力考上了北京大学。
97. 高速公路上发生了一起严重的事故。
98. 她一直忙于工作。

第二部分

99. 短文写作参考

　　一家公司这个季度人员不够，所以需要招聘一些兼职人员。招聘广告刚一登出，我就准备去应聘。虽然我没有信心被公司录用，但我相信，只要我努力，早晚会找到适合自己的工作。

100. 短文写作参考

　　现在，越来越多的人认识到了健康的重要性，因此很多人早上起得很早，到公园里打太极拳、散步、跳舞，做各种健身运动。健康是生活的基础，只有保证健康，才能做好每一件事。

答案说明

1. 对话中"喂，你好"和"麻烦你过一会儿再打过来吧"，说明两个人是在打电话，所以选 A。

2. 对话中女的说"这是我最后一次找你了"，说明女的很生气，以后再不找男的了，所以选 B。

3. 对话中"我周末回家，你要是有什么事儿等我回来再帮你做吧"这句话，说明女的这个周末没有空儿，所以选 B。

4. 对话中"咱俩都过这么多年了，你怎么还不了解我"这句话，说明两个人在一起生活很长时间了，是夫妻关系，所以选 B。

5. 根据"是啊，我经常听韩国歌曲"这句话，可知女的经常听韩国歌曲，所以选 D。

6. 根据"你爸爸的公司需要你帮忙啊"，女的的意思是希望男的去他爸爸的公司工作，所以选 B。

7. 根据"你今天早上买的牛奶肯定过期了，我现在肚子特别疼"这句话，可知男的喝了过期的牛奶了，所以选 C。

8. 根据男的说的"反正除了蔬菜，什么都行"这句话，可知男的不爱吃蔬菜，所以选 C。

9. 根据"你看那些人对狗比对自己的父母都好"这句话，可知现在一些人对狗特别好，所以选 A。

10. 根据"我是从辽宁来的"这句话，可知选 B。

11. 对话中男的说的"那当然！我妈妈做的四川菜可地道了"中，"地道"指男的的妈妈做的四川菜与正宗的四川菜差不多，也就是男的的妈妈做菜好吃，所以选 B。

12. 对话中女的说"那我就不说了，还是自己管好自己的事吧"，说明女的不准备和小王谈话了，所以选 C。

13. 对话中女的说"晚上可能会加班，到时候给你打电话吧"，说明女的还不确定有没有空儿，所以选 C。

14. 根据"今天这辆公共汽车上的人真少，居然还有空座儿"这句话，可知对话发生在公共汽车上，所以选 A。

15. 根据"我的汉语考试通过了"这句话，可知选 A。

16. 根据"上大学的时候多有意思啊"这句话，可知选 A。

17. 对话中女的说"我也有这个想法，真是不谋而合啊"，意思是两个人的想法一样，说明女的也想报英语班，所以选 A。

18. 根据"今天是我起晚了"这句话，可知选 D。

19. 根据"刚被小王借走了"这句话，可知选 C。

20. 根据"你的手机是不是又没带"这句话，可知女的平时爱落东西，所以选 B。

21. 根据"我又没带雨伞，就在公司等了一会儿"这句话，可知男的因为没带伞，在公司躲雨了，所以选 A。

22. "你别逗了" 表示不相信别人说的话，"怎么可能获奖呢" 这个反问句加强了怀疑的语气，所以选C。

23. 对话中"转了好半天才找到回宾馆的路"中的"好半天"，表示用的时间很长，所以选C。

24. 根据"原定今年12月就可以使用的，可是建筑公司说还得3个月才能完成"这句话，可推出答案是"明年3月"，所以选B。

25. 根据"我太紧张了。站在台上，脑子一片空白，一句话都没说出来"这句话，可知男的表现得不好，所以选D。

26. 根据"等我领工资的时候吧"这句话，可知选C。

27. 根据"现在的小丽和以前可不大一样了，又温柔又漂亮"这句话，可知小丽现在比以前漂亮，所以选D。

28. 根据"大夫刚才说了，你检查结束之前不能喝水"这句话，可知男的在医院等待检查，所以选A。

29. 对话中"这只是个别现象"中的"个别"，意思是数量非常少，可知"没有感情"的人还是很少的，这个世界还有爱，所以选A。

30. 根据"没想到经理是个这么好的人"和"对待员工一直很好"这两句话，可知选A。

31. 根据"全剧以老北京一家大茶馆的兴衰变迁为背景"这句话，可知选A。

32. 根据"话剧《茶馆》是老舍在1956年完成的作品"这句话，可知选B。

33. 根据短文介绍，可知A、B、C项都是《茶馆》中的人物，老舍是《茶馆》的作者，选D。

34. 根据"把那根棍子撤走，后面的羊走到这里，仍然会像前面的羊一样，向上跳一下"这句话，可知选A。

35. 根据"'羊群效应'也称'从众心理'"这句话，可知选B。

36. 根据"投资者很难对市场未来的不确定性作出合理的预期"这句话，可知选A。

37. 根据"但游景点、爬高山、在外吃住对已经疲倦的身体来说确实是一件非常辛苦的事"这句话，可知选A。

38. 根据"很多上班族都像赵女士一样，在这个假期选择锻炼身体"这句话，可知选B。

39. 根据"我和朋友想办法预订了羽毛球馆，好好儿打了几场"这句话，可知选C。

40. 根据"每周下来，他们只有一天是饱的，就是自己分粥的那一天"这句话，可知选C。

41. 根据"最后粥吃到嘴里全是凉的"这句话，可知选B。

42. 根据"从那以后，大家快快乐乐、和和气气，日子越过越好"这句话，可知选A。

43. 根据"在米中加少量水的同时，加入四分之一或五分之一的啤酒，与米中的水混合后蒸出来的米饭非常香甜"这句话，可知选D。

44. 根据"炒鸡蛋时，如果在下锅之前往鸡蛋中滴几滴白酒，炒出的鸡蛋会很软而且又鲜又嫩"这句话，可知选A。

45. 根据文章最后一句，可知选B。

46. "发放银子"是固定搭配，符合文意，所以选A。

47. 做生意应该是"赚钱"或"赔钱"，根据后文主人对甲、乙十分满意和把一千两银子给了已拥有一万两银子的仆人等信息，可知选B。

48. 那位赚五千两银子的仆人做得很好，主人应该是将银子"奖赏"给他，所以选C。

49. 根据文意，空姐应该是"要求"乘客系安全带，所以选 B。

50. "按照……的要求"是固定搭配，所以选 A。

51. 因为阿里是有名望的人，联系上下文和空姐说的话"超人用得着坐飞机吗"，可知选 A。

52. 根据文意，阿里应该是一个杰出的人，所以选 C。

53. 星星应该是女人"发现"的，"创造"的宾语应该是从无到有的东西，所以选 A。

54. 根据女人的回答，只有 A 项符合题意。

55. 根据文意，女主人很照顾它，所以星星应该很"满意"，选 C。

56. 根据前文，没有腿应该是不能"走路"，所以选 A。

57. "解决问题"是固定搭配，所以选 D。

58. "寻求帮助"是固定搭配，所以选 A。

59. "对……来说"是固定搭配，所以选 C。

60. 根据前文，婚姻顾问的收费很高，对很多人来说不是一笔小数字，原因是他们的收入并不多，所以选 D。

61. 全文的主要意思是分数并不能反映一切，家庭教育要注重能力，不要只注重分数，所以选 B。

62. 全文的意思是把减肥看成一种生活方式，就会觉得自然、简单，所以选 D。

63. 根据上下文，可以看出商家在"节礼日"举行活动吸引了很多顾客一大早就去排队等商店开门，所以选 C。

64. 根据"简约生活的理念已经深入人心，它体现在我们衣食住用行的方方面面"一句，可知选 B。

65. 根据"在日本，商品全部明码标价"和"不要跟店员讲价"这两句话，可知选 D。

66. 根据"具体的事情领队和导游会根据当天行程的实际时间决定"这句话，可知选 C。

67. 根据"最好是使用温水，这样对手部的皮肤不会有很大的刺激"这句话，可知选 C。

68. 根据"还要多与身边性格积极向上的朋友接触"这句话，可知选 B。

69. 根据"打破一些旧习，尝试一些改变，能够帮助人们把注意力从自身转移到外界，从而起到转换心情、缓解压力的作用"这句话，可知选 A。

70. 根据第一句"婚前财产公证这一近几年才比较流行的做法，很难被观念保守的父母所理解接受"，可知选 A。

71. 根据文章中"少年阿巴格和他爸爸在草原上迷路了"这句话，可知选 A。

72. 根据文章第一段"爸爸就从兜里掏出 5 枚金币"这句话，可知选 A。

73. 根据文章，阿巴格现在处于少年阶段，埋在草地里的硬币代表着已经过去的童年时光，所以选 A。

74. 根据文章第二段"珍惜生命，就能走出挫折的草原"这句话，可知选 C。

75. 根据文章第一段"'福'字现在的解释是'幸福'"这句话，可知选 A。

76. 根据文章第一段"家家户户都要在屋门上、墙壁上、门楣上贴上大大小小的'福'字"这句话，可判断 D 项未提及，所以选 D。

77. 根据文章第一段"春节贴'福'字，是中国民间由来已久的风俗"这句话，可知选 C。

78. 根据文章第二段"该标志以象形的'福'字作为主体"这句话，可知选 A。

79. 根据文章第一段 "张怡宁小时候非常顽皮淘气" 这句话，可以判断选 A。

80. 根据文章第二段 "后来，喜欢打乒乓球的舅舅决定把小怡宁送到体校参加乒乓球培训班" 这句话，可知选 C。

81. 根据这句话前后语句，张怡宁性格像男孩，父母安排的学习唱歌、游泳等她都不喜欢，可以判断这句话的意思是张怡宁不好好儿学习，不听父母的话，选 D。

82. 根据文章第三段 "张怡宁第一次参加北京市比赛时年仅 7 岁" 这句话，可以知道这是张怡宁第一次参加北京市的比赛，并不是说第一次参加比赛，所以选 D。

83. 根据文章第一段李嘉诚给值班人员 100 元钱，但李嘉诚认为值班人员会利用它，并没有浪费，所以选 A。

84. 根据文章第一段最后一句 "我觉得钱可以用，但不可以浪费"，可知选 B。

85. 根据文章第二段 "如果社会财富减少了，自己即使收获了一点儿小利也是损失" 这句话，可知选 A。

86. 根据文章最后一段 "自己的'利'和别人的'利'加起来，社会财富自然增加，国家自然富强" 这句话，可知选 A。

87. 根据文章第一段 "《百家姓》是一本关于中国人姓氏的书" 这句话，可知选 A。

88. 根据文章 "后来增补到 504 个" 一句，可判断增补后的姓氏个数为 504，所以选 C。

89. 根据文章 "《百家姓》的次序不是按照各姓氏人口的实际数量多少排列的，而是考虑读起来顺口，易学好记" 这句话，可知选 C。

90. 根据 "《百家姓》与《三字经》、《千字文》并称'三百千'，是中国古代幼儿的启蒙读物" 这句话，可知选 C。

91. 他一次又一次地请求原谅。

说明：考查数量短语的重叠形式做状语。"一次" 为数量词。

92. 希望你能把真实的想法说出来。

说明：考查 "把" 字句：主语+把+宾语+动词+其他成分。

93. 我们热情地欢迎每一位客人的光临。

说明：考查主谓短语做宾语，中间用 "的"。

94. 科学的进步使经济发展得更快。

说明：考查主谓短语做主语，中间要用 "的"。

95. 对京剧感兴趣的外国人有很多。

说明：考查 "对……感兴趣"，"对" 引导的介词短语做定语修饰 "外国人"，中间需要加 "的"——"对京剧感兴趣的外国人"。

96. 她凭自己的努力考上了北京大学。

说明："凭" 是介词，表示凭借、依据，与 "自己的努力" 构成介宾短语做状语。

97. 高速公路上发生了一起严重的事故。

说明：考查存现句：处所+动词+人/物。

98. 她一直忙于工作。

说明：考查 "忙于+动词"，副词 "一直" 用在动词前。

答 案

一、听 力

第一部分

1. B	2. D	3. B	4. B	5. B
6. D	7. A	8. B	9. A	10. B
11. B	12. A	13. C	14. B	15. C
16. C	17. B	18. C	19. D	20. B

第二部分

21. B	22. A	23. D	24. C	25. D
26. C	27. D	28. C	29. D	30. D
31. A	32. A	33. A	34. B	35. A
36. A	37. A	38. B	39. C	40. B
41. D	42. A	43. C	44. D	45. C

二、阅 读

第一部分

46. A	47. D	48. B	49. A	50. B
51. D	52. B	53. B	54. A	55. D
56. C	57. A	58. A	59. D	60. B

第二部分

61. C	62. C	63. C	64. D	65. B
66. D	67. B	68. D	69. A	70. D

第三部分

71. A	72. A	73. A	74. B	75. A
76. A	77. B	78. A	79. A	80. A
81. B	82. A	83. D	84. A	85. A
86. C	87. C	88. B	89. D	90. A

三、写作

第一部分

91. 我为你所取得的成就而自豪。
92. 这是朋友送给我的生日礼物。
93. 这袋大米往少里说也有一百多斤。
94. 教室里静得能听见呼吸的声音。
95. 我还没洗完澡呢。
96. 我发现还是你的建议有用。
97. 离我家最近的超市已经关门了。
98. 他在日记上写了一段话。

第二部分

99. 短文写作参考

　　今天我跟朋友去人民剧场看了一场京剧表演，整场演出都很顺利。虽然我以前看过京剧，但这次是最精彩的。在演员表演的过程中，我们看得聚精会神，没有错过一个精彩的瞬间。

100. 短文写作参考

　　中国结包含着中国人对生活的美好愿望。中国人喜欢红色，把绳子缠到一起，编成这样的饰物，可以作为礼物送给亲戚朋友，也可以挂在自己的房间里，表示希望好运早点儿到来。

答案说明

1. 对话中"你也可以坐 236 路公交车，就在这里等"，说明他们在公交车站，所以选 B。
2. 根据"我哪有这巧手啊？是丽云送给我的"这句话，可以判断围巾不是女的织的，是丽云送给她的，所以选 D。
3. 对话中"在她眼里美丽比什么都重要"，说明小丽是为了美丽才穿得很少，所以选 B。
4. 对话中"现在和过去可不一样了，只有想不到的，没有做不到的"，意思是现在的生活水平提高了，所以选 B。
5. 对话中"我说了多少遍了，全当耳旁风"，这里"耳旁风"的意思是爸爸不听女的的话，所以选 B。
6. 根据男的说"学几天唱歌就把自己当歌星啦"这句话，可以判断女的唱歌男的很不高兴，说明女的在练习唱歌，选 D。
7. 对话中"这件事是我不好，真是太过意不去了，有空儿请你吃饭"，说明男的在向女的道歉，所以选 A。
8. 对话中"我的俄语可远不如您呢"，说明女的觉得自己的俄语不太好，所以选 B。

9. 对话中"现在有些大学生，刚毕业就想找一份高收入的工作，太不切实际了"，说明男的认为大学生对自己就业的要求太高了，所以选 A。

10. 对话中"今天上网正好看见他了"，说明女的和朋友在网上聊天儿了，所以选 B。

11. 根据"旅游的时候就爱吃东西，你看又胖了"这句话，可知选 B。

12. 对话中"别看电视了，早点儿睡吧，都快 12 点了"，说明现在是晚上，所以选 A。

13. 对话中"你怎么淋得像落汤鸡似的"，意思是说女的身上被雨淋湿了，所以选 C。

14. 根据"妈妈，这中药也太苦了"这句话，可知他们是母子关系，所以选 B。

15. 对话中"我得上班啊"，说明圣诞节女的没有什么安排，还是正常上班，所以选 C。

16. 对话中"这我可得给他个大红包"中"红包"就是指礼金，所以选 C。

17. 根据"他妈妈上夜班去了"这句话，可知选 B。

18. 对话中"你做饭还真有两下子"，意思是女的做饭很好吃，所以选 C。

19. 根据"可是吃起来味道好极了"这句话，可知这种水果很好吃，所以选 D。

20. 对话中王老师 37 岁，比男的的姐姐大两岁，所以男的的姐姐 35 岁，选 B。

21. 根据"从明天起我就坐地铁上班了"这句话，可知选 B。

22. 根据"游泳不仅可以锻炼身体，还能减肥呢"这句话，可知选 A。

23. 对话中"我看今天的天儿啊，十有八九是没戏"，意思是今天的天气也不是很好，不能开运动会，所以选 D。

24. 根据"好，只要我们肯努力，我相信咱俩的日子会越过越好的"这句话，可以判断两人是夫妻关系，选 C。

25. 对话中女的说"每次想和你一起上街你就有各种理由，不想去就直说"，语气很强硬，表明女的很生气，所以选 D。

26. 根据对话中的"可是我觉得适合身材苗条的人穿，再看看别的吧"这句话，可以推断出玛丽可能有点儿胖，所以选 C。

27. 根据对话中的"其实，去哪儿都不如在家好，不冷不热还省钱"这句话，可知男的哪儿都不想去，想待在家里，所以选 D。

28. 根据对话中的"飞机还有两个小时才起飞呢"这句话，可以判断男的想去机场，所以选 C。

29. 根据"郭敬明的这本小说写得非常好"这句话，可知选 D。

30. 根据"我去北京出差了，天天开会，手机忘了带了"这句话，可知选 D。

31. 根据"标价 8800 元"一句，可知选 A。

32. 根据"大小与一个排球差不多"一句，可知选 A。

33. 根据"就是它在常温下可以保存半年"一句，可知选 A。

34. 根据"一个房子如果窗户破了，没有人去修补，过不了多久，其他的窗户也会莫名其妙地被人打破"这句话，可知选 B。

35. 全文都是在讲"破窗理论"，所以选 A。

36. 根据"环境可以对一个人产生强烈的影响"这句话，可知选 A。

37. 根据"于是告诉朋友等一下，自己回家取酒"这句话，可知选 A。

38. 根据"突然想起了一项实验的做法……一干二净"这句话，可知选 B。

39. 根据短文第一句"牛顿研究学问非常专心"，可知选 C。

40. 根据短文内容，可知短文谈论的是大学生住宿问题，所以选 B。

41. 根据"但是住在学校里虽然花钱少"一句，可知选 D。

42. 根据"最不方便的是，在学校里你必须和其他人共用一个房间"这句话，可知选 A。

43. 根据通知上的内容"为避免给他人造成不便，希望您能文明穿衣，禁止光脚或身穿睡衣"，可知选 C。

44. 根据文章最后一句"因为这样有可能会使其他人感到不方便"，可知选 D。

45. 根据工作人员的话"我们的穿衣规定不是必须遵守的"，可知选 C。

46. 文章内容是介绍具体的一次演奏会，所以选 A。

47. "断了"是指长形的东西分成两段或几段，所以选 D。

48. 根据"当时他并没有停止演奏"这句话，可知小提琴家是不间断地进行演奏，所以选 B。

49. "觉得"是产生某种感觉，在这里指恶鬼的感觉，所以选 A。

50. "风景"是可供人观赏的景色，文章内容与描写景色有关，所以选 B。

51. 根据下面"一群孩子吵吵闹闹"一句，可知是"一群"孩子，所以选 D。

52. 根据前面的"吵吵闹闹"，可知孩子们"一点儿也不安静"，所以选 B。

53. 根据后面的"人们让他去找上帝帮忙"这句话，可知农夫遇到的是困难，所以选 B。

54. "愿意"指认为符合自己的心愿而同意做某件事情，符合文意，所以选 A。

55. "市场"是指专门用来交易的场所，根据文意，要想卖东西只有去市场才符合题意，所以选 D。

56. 根据"这个农夫就将卖牛的一百元钱给了上帝"这句话，可知"牛和鸡都卖了"，所以选 C。

57. 前面提到"白菜"这个叫法，这里又提出"大白菜"这个名字，所以选 A。

58. 根据后面列举出很多种类的白菜，可以知道是指白菜的类别，所以选 A。

59. 根据"南方的这些白菜是从北方引进过去的"这句话，可知现在中国的南方也有白菜了，所以选 D。

60. 根据文意可以知道这里是表示强调，"特别"有"尤其"的强调作用，所以选 B。

61. 根据"每人每天得说上万句话"这句话，可知选 C。

62. 根据"之所以选择沈阳，是因为……沈阳人民非常热情"这句话，可知选 C。

63. 根据"散装'不老林'糖吸引了很多顾客"这句话，可知很多市民购买"不老林"糖，所以选 C。

64. 根据"他是一位快乐的老人"这句话，可以判断选 D。

65. 根据"如风景美丽的大明湖就是许多泉水汇集而成的"这句话，可知选 B。

66. 根据"还可以通过回忆自己的经历慢慢了解自己"这句话，可知选 D。

67. 根据"尽量不要选择一个人慢跑的运动方式，这样容易让人产生孤独感，反而影响心情"这句话，可知选 B。

68. 根据"配上淡雅的窗帘，会使阁楼书房充满情趣"这句话，可知选 D。

69. 根据"演员在舞台上没办法像其他剧场里那样亲近观众。观众们在观众席上，恐怕也不能完全感受到演员们的努力表演"这句话，可知选 A。

70. 根据"游客跑到海冰上面去很容易发生危险"这句话，可知游客不应跑到冰面上去，所以选 D。

71. 根据文章第一段第一句"一个冬日的下午"，可知选 A。

72. 根据第一段第一句"我到路边的书店买杂志"，可知选 A。

73. 根据第二段中店主的话"糟了！这下肯定拿不回来了"，可以推断店主认为乞丐会自己留下那一元钱，所以选 A。

74. 根据最后一段提的"贫"和"贪"两个字及乞丐的表现，可知乞丐是贫困而不贪婪，所以选 B。

75. 根据第一段中"抓到脆甜的，吃上几口，就忙着抓下一个"这句话，可知选 A。

76. 根据文中"猪只管吃饱，全然不顾吃食后的命运。就算明天会被杀掉，今天也要使劲地吃"这句话，可知选 A。

77. 根据第三段最后一句"可见，经常有好处的地方，往往是要命的地方"，可知选 B。

78. 根据最后一段最后一句"心没有贪的想法，才懂得品味生活，过踏实的日子"，可知选 A。

79. 根据第一段中"所以街角的那间雪糕店成了最受欢迎的地方"这句话，可知选 A。

80. 根据第二段中小女孩被服务员拦住，以及第三段中牌子上"本店不欢迎不穿鞋的顾客"这句话，可知选 A。

81. 根据第三段中"高个子先生叫住她，并脱下脚上那双 46 号大的皮鞋放到她面前"这句话，可知选 B。

82. 根据第四段第一句"珍妮感激得说不出话来"，可知选 A。

83. 根据第一段第一句话，可知选 D。

84. 根据第二段中"雷锋还有一道算术题没有做出来，坐在那里继续算"这句话，可知选 A。

85. 根据后面的"这一对不要紧，两个人的结果却不一样"这句话，可知画线词语是比较的意思，所以选 A。

86. "粗心"是指办事不认真，在文章中是指雷锋的同学，不是雷锋，而其他三个选项均是雷锋的特点，所以选 C。

87. 根据文章第一段内容，可知朋友并没有欺骗，所以选 C。

88. 第二段"得意时善意的一盆凉水"一句，意思是朋友提醒自己不要太得意，所以选 B。

89. 根据第三段"风雨人生路，朋友可以为你挡风寒，为你分忧愁，为你解除痛苦和困难"这句话，可知诉说忧愁不是朋友做的，所以选 D。

90. 从每段的第一句话中可以看出，全文主要是写朋友，所以选 A。

91. 我为你所取得的成就而自豪。
    说明：考查固定形式"为……所……"。

92. 这是朋友送给我的生日礼物。
    说明：考查主谓短语做宾语，中间用"的"。

93. 这袋大米往少里说也有一百多斤。
    说明：考查"往+形容词+里说"，"往少里说"的意思是"少说也有……"。

94. 教室里静得能听见呼吸的声音。
    说明：动宾短语"听见呼吸的声音"做补语修饰形容词"静"。

95. 我还没洗完澡呢。
    说明：当结果补语中的动词是离合词时，结果补语要放在离合词中间。

96. 我发现还是你的建议有用。
    说明：考查主谓句"你的建议有用"做宾语，"还是"用在陈述句中表示比较以后的结果。

97. 离我家最近的超市已经关门了。
    说明：考查动宾短语做定语，修饰名词。

98. 他在日记上写了一段话。
    说明：考查"在……上"引导的介宾短语做状语。

HSK（五级）答题卡

一、听 力

1. [A] [B] [C] [D]	6. [A] [B] [C] [D]	11. [A] [B] [C] [D]	16. [A] [B] [C] [D]	21. [A] [B] [C] [D]
2. [A] [B] [C] [D]	7. [A] [B] [C] [D]	12. [A] [B] [C] [D]	17. [A] [B] [C] [D]	22. [A] [B] [C] [D]
3. [A] [B] [C] [D]	8. [A] [B] [C] [D]	13. [A] [B] [C] [D]	18. [A] [B] [C] [D]	23. [A] [B] [C] [D]
4. [A] [B] [C] [D]	9. [A] [B] [C] [D]	14. [A] [B] [C] [D]	19. [A] [B] [C] [D]	24. [A] [B] [C] [D]
5. [A] [B] [C] [D]	10. [A] [B] [C] [D]	15. [A] [B] [C] [D]	20. [A] [B] [C] [D]	25. [A] [B] [C] [D]
26. [A] [B] [C] [D]	31. [A] [B] [C] [D]	36. [A] [B] [C] [D]	41. [A] [B] [C] [D]	
27. [A] [B] [C] [D]	32. [A] [B] [C] [D]	37. [A] [B] [C] [D]	42. [A] [B] [C] [D]	
28. [A] [B] [C] [D]	33. [A] [B] [C] [D]	38. [A] [B] [C] [D]	43. [A] [B] [C] [D]	
29. [A] [B] [C] [D]	34. [A] [B] [C] [D]	39. [A] [B] [C] [D]	44. [A] [B] [C] [D]	
30. [A] [B] [C] [D]	35. [A] [B] [C] [D]	40. [A] [B] [C] [D]	45. [A] [B] [C] [D]	

二、阅 读

46. [A] [B] [C] [D]	51. [A] [B] [C] [D]	56. [A] [B] [C] [D]	61. [A] [B] [C] [D]	66. [A] [B] [C] [D]
47. [A] [B] [C] [D]	52. [A] [B] [C] [D]	57. [A] [B] [C] [D]	62. [A] [B] [C] [D]	67. [A] [B] [C] [D]
48. [A] [B] [C] [D]	53. [A] [B] [C] [D]	58. [A] [B] [C] [D]	63. [A] [B] [C] [D]	68. [A] [B] [C] [D]
49. [A] [B] [C] [D]	54. [A] [B] [C] [D]	59. [A] [B] [C] [D]	64. [A] [B] [C] [D]	69. [A] [B] [C] [D]
50. [A] [B] [C] [D]	55. [A] [B] [C] [D]	60. [A] [B] [C] [D]	65. [A] [B] [C] [D]	70. [A] [B] [C] [D]
71. [A] [B] [C] [D]	76. [A] [B] [C] [D]	81. [A] [B] [C] [D]	86. [A] [B] [C] [D]	
72. [A] [B] [C] [D]	77. [A] [B] [C] [D]	82. [A] [B] [C] [D]	87. [A] [B] [C] [D]	
73. [A] [B] [C] [D]	78. [A] [B] [C] [D]	83. [A] [B] [C] [D]	88. [A] [B] [C] [D]	
74. [A] [B] [C] [D]	79. [A] [B] [C] [D]	84. [A] [B] [C] [D]	89. [A] [B] [C] [D]	
75. [A] [B] [C] [D]	80. [A] [B] [C] [D]	85. [A] [B] [C] [D]	90. [A] [B] [C] [D]	

三、书 写

91. _____

92. _____

93. _____

94. _____

95. _____

96. _____

97. _____

98. _____

99.

100.

HSK（五级）答题卡

95. _____

96. _____

97. _____

98. _____

99.

100.

HSK（五级）答题卡

95. _____

96. _____

97. _____

98. _____

99.

100.

HSK（五级）答题卡

95. _____

96. _____

97. _____

98. _____

99.

100.

HSK（五级）答题卡

一、听　力

1. [A] [B] [C] [D]　　6. [A] [B] [C] [D]　　11. [A] [B] [C] [D]　　16. [A] [B] [C] [D]　　21. [A] [B] [C] [D]
2. [A] [B] [C] [D]　　7. [A] [B] [C] [D]　　12. [A] [B] [C] [D]　　17. [A] [B] [C] [D]　　22. [A] [B] [C] [D]
3. [A] [B] [C] [D]　　8. [A] [B] [C] [D]　　13. [A] [B] [C] [D]　　18. [A] [B] [C] [D]　　23. [A] [B] [C] [D]
4. [A] [B] [C] [D]　　9. [A] [B] [C] [D]　　14. [A] [B] [C] [D]　　19. [A] [B] [C] [D]　　24. [A] [B] [C] [D]
5. [A] [B] [C] [D]　　10. [A] [B] [C] [D]　　15. [A] [B] [C] [D]　　20. [A] [B] [C] [D]　　25. [A] [B] [C] [D]

26. [A] [B] [C] [D]　　31. [A] [B] [C] [D]　　36. [A] [B] [C] [D]　　41. [A] [B] [C] [D]
27. [A] [B] [C] [D]　　32. [A] [B] [C] [D]　　37. [A] [B] [C] [D]　　42. [A] [B] [C] [D]
28. [A] [B] [C] [D]　　33. [A] [B] [C] [D]　　38. [A] [B] [C] [D]　　43. [A] [B] [C] [D]
29. [A] [B] [C] [D]　　34. [A] [B] [C] [D]　　39. [A] [B] [C] [D]　　44. [A] [B] [C] [D]
30. [A] [B] [C] [D]　　35. [A] [B] [C] [D]　　40. [A] [B] [C] [D]　　45. [A] [B] [C] [D]

二、阅　读

46. [A] [B] [C] [D]　　51. [A] [B] [C] [D]　　56. [A] [B] [C] [D]　　61. [A] [B] [C] [D]　　66. [A] [B] [C] [D]
47. [A] [B] [C] [D]　　52. [A] [B] [C] [D]　　57. [A] [B] [C] [D]　　62. [A] [B] [C] [D]　　67. [A] [B] [C] [D]
48. [A] [B] [C] [D]　　53. [A] [B] [C] [D]　　58. [A] [B] [C] [D]　　63. [A] [B] [C] [D]　　68. [A] [B] [C] [D]
49. [A] [B] [C] [D]　　54. [A] [B] [C] [D]　　59. [A] [B] [C] [D]　　64. [A] [B] [C] [D]　　69. [A] [B] [C] [D]
50. [A] [B] [C] [D]　　55. [A] [B] [C] [D]　　60. [A] [B] [C] [D]　　65. [A] [B] [C] [D]　　70. [A] [B] [C] [D]

71. [A] [B] [C] [D]　　76. [A] [B] [C] [D]　　81. [A] [B] [C] [D]　　86. [A] [B] [C] [D]
72. [A] [B] [C] [D]　　77. [A] [B] [C] [D]　　82. [A] [B] [C] [D]　　87. [A] [B] [C] [D]
73. [A] [B] [C] [D]　　78. [A] [B] [C] [D]　　83. [A] [B] [C] [D]　　88. [A] [B] [C] [D]
74. [A] [B] [C] [D]　　79. [A] [B] [C] [D]　　84. [A] [B] [C] [D]　　89. [A] [B] [C] [D]
75. [A] [B] [C] [D]　　80. [A] [B] [C] [D]　　85. [A] [B] [C] [D]　　90. [A] [B] [C] [D]

三、书　写

91. ＿＿＿＿＿＿＿＿＿＿＿＿＿＿＿＿＿＿＿＿＿＿＿＿＿＿＿＿＿＿＿＿＿＿＿

92. ＿＿＿＿＿＿＿＿＿＿＿＿＿＿＿＿＿＿＿＿＿＿＿＿＿＿＿＿＿＿＿＿＿＿＿

93. ＿＿＿＿＿＿＿＿＿＿＿＿＿＿＿＿＿＿＿＿＿＿＿＿＿＿＿＿＿＿＿＿＿＿＿

94. ＿＿＿＿＿＿＿＿＿＿＿＿＿＿＿＿＿＿＿＿＿＿＿＿＿＿＿＿＿＿＿＿＿＿＿

95. _____

96. _____

97. _____

98. _____

99.

100.

HSK （五级） 答题卡

95. _____

96. _____

97. _____

98. _____

99.

100.

HSK（五级）答题卡

一、听力

1. [A] [B] [C] [D]	6. [A] [B] [C] [D]	11. [A] [B] [C] [D]	16. [A] [B] [C] [D]	21. [A] [B] [C] [D]
2. [A] [B] [C] [D]	7. [A] [B] [C] [D]	12. [A] [B] [C] [D]	17. [A] [B] [C] [D]	22. [A] [B] [C] [D]
3. [A] [B] [C] [D]	8. [A] [B] [C] [D]	13. [A] [B] [C] [D]	18. [A] [B] [C] [D]	23. [A] [B] [C] [D]
4. [A] [B] [C] [D]	9. [A] [B] [C] [D]	14. [A] [B] [C] [D]	19. [A] [B] [C] [D]	24. [A] [B] [C] [D]
5. [A] [B] [C] [D]	10. [A] [B] [C] [D]	15. [A] [B] [C] [D]	20. [A] [B] [C] [D]	25. [A] [B] [C] [D]
26. [A] [B] [C] [D]	31. [A] [B] [C] [D]	36. [A] [B] [C] [D]	41. [A] [B] [C] [D]	
27. [A] [B] [C] [D]	32. [A] [B] [C] [D]	37. [A] [B] [C] [D]	42. [A] [B] [C] [D]	
28. [A] [B] [C] [D]	33. [A] [B] [C] [D]	38. [A] [B] [C] [D]	43. [A] [B] [C] [D]	
29. [A] [B] [C] [D]	34. [A] [B] [C] [D]	39. [A] [B] [C] [D]	44. [A] [B] [C] [D]	
30. [A] [B] [C] [D]	35. [A] [B] [C] [D]	40. [A] [B] [C] [D]	45. [A] [B] [C] [D]	

二、阅读

46. [A] [B] [C] [D]	51. [A] [B] [C] [D]	56. [A] [B] [C] [D]	61. [A] [B] [C] [D]	66. [A] [B] [C] [D]
47. [A] [B] [C] [D]	52. [A] [B] [C] [D]	57. [A] [B] [C] [D]	62. [A] [B] [C] [D]	67. [A] [B] [C] [D]
48. [A] [B] [C] [D]	53. [A] [B] [C] [D]	58. [A] [B] [C] [D]	63. [A] [B] [C] [D]	68. [A] [B] [C] [D]
49. [A] [B] [C] [D]	54. [A] [B] [C] [D]	59. [A] [B] [C] [D]	64. [A] [B] [C] [D]	69. [A] [B] [C] [D]
50. [A] [B] [C] [D]	55. [A] [B] [C] [D]	60. [A] [B] [C] [D]	65. [A] [B] [C] [D]	70. [A] [B] [C] [D]
71. [A] [B] [C] [D]	76. [A] [B] [C] [D]	81. [A] [B] [C] [D]	86. [A] [B] [C] [D]	
72. [A] [B] [C] [D]	77. [A] [B] [C] [D]	82. [A] [B] [C] [D]	87. [A] [B] [C] [D]	
73. [A] [B] [C] [D]	78. [A] [B] [C] [D]	83. [A] [B] [C] [D]	88. [A] [B] [C] [D]	
74. [A] [B] [C] [D]	79. [A] [B] [C] [D]	84. [A] [B] [C] [D]	89. [A] [B] [C] [D]	
75. [A] [B] [C] [D]	80. [A] [B] [C] [D]	85. [A] [B] [C] [D]	90. [A] [B] [C] [D]	

三、书写

91. _____

92. _____

93. _____

94. _____

95. _____

96. _____

97. _____

98. _____

99.

100.

HSK（五级）答题卡

95. _____

96. _____

97. _____

98. _____

99.

100.

HSK（五级）答题卡

一、听 力

1. [A] [B] [C] [D]	6. [A] [B] [C] [D]	11. [A] [B] [C] [D]	16. [A] [B] [C] [D]	21. [A] [B] [C] [D]
2. [A] [B] [C] [D]	7. [A] [B] [C] [D]	12. [A] [B] [C] [D]	17. [A] [B] [C] [D]	22. [A] [B] [C] [D]
3. [A] [B] [C] [D]	8. [A] [B] [C] [D]	13. [A] [B] [C] [D]	18. [A] [B] [C] [D]	23. [A] [B] [C] [D]
4. [A] [B] [C] [D]	9. [A] [B] [C] [D]	14. [A] [B] [C] [D]	19. [A] [B] [C] [D]	24. [A] [B] [C] [D]
5. [A] [B] [C] [D]	10. [A] [B] [C] [D]	15. [A] [B] [C] [D]	20. [A] [B] [C] [D]	25. [A] [B] [C] [D]
26. [A] [B] [C] [D]	31. [A] [B] [C] [D]	36. [A] [B] [C] [D]	41. [A] [B] [C] [D]	
27. [A] [B] [C] [D]	32. [A] [B] [C] [D]	37. [A] [B] [C] [D]	42. [A] [B] [C] [D]	
28. [A] [B] [C] [D]	33. [A] [B] [C] [D]	38. [A] [B] [C] [D]	43. [A] [B] [C] [D]	
29. [A] [B] [C] [D]	34. [A] [B] [C] [D]	39. [A] [B] [C] [D]	44. [A] [B] [C] [D]	
30. [A] [B] [C] [D]	35. [A] [B] [C] [D]	40. [A] [B] [C] [D]	45. [A] [B] [C] [D]	

二、阅 读

46. [A] [B] [C] [D]	51. [A] [B] [C] [D]	56. [A] [B] [C] [D]	61. [A] [B] [C] [D]	66. [A] [B] [C] [D]
47. [A] [B] [C] [D]	52. [A] [B] [C] [D]	57. [A] [B] [C] [D]	62. [A] [B] [C] [D]	67. [A] [B] [C] [D]
48. [A] [B] [C] [D]	53. [A] [B] [C] [D]	58. [A] [B] [C] [D]	63. [A] [B] [C] [D]	68. [A] [B] [C] [D]
49. [A] [B] [C] [D]	54. [A] [B] [C] [D]	59. [A] [B] [C] [D]	64. [A] [B] [C] [D]	69. [A] [B] [C] [D]
50. [A] [B] [C] [D]	55. [A] [B] [C] [D]	60. [A] [B] [C] [D]	65. [A] [B] [C] [D]	70. [A] [B] [C] [D]
71. [A] [B] [C] [D]	76. [A] [B] [C] [D]	81. [A] [B] [C] [D]	86. [A] [B] [C] [D]	
72. [A] [B] [C] [D]	77. [A] [B] [C] [D]	82. [A] [B] [C] [D]	87. [A] [B] [C] [D]	
73. [A] [B] [C] [D]	78. [A] [B] [C] [D]	83. [A] [B] [C] [D]	88. [A] [B] [C] [D]	
74. [A] [B] [C] [D]	79. [A] [B] [C] [D]	84. [A] [B] [C] [D]	89. [A] [B] [C] [D]	
75. [A] [B] [C] [D]	80. [A] [B] [C] [D]	85. [A] [B] [C] [D]	90. [A] [B] [C] [D]	

三、书 写

91.

92.

93.

94.

95. _____ 一

96. _____ 一

97. _____ 一

98. _____ 一

99.

100.

HSK（五级）答题卡

一、听 力

1. [A] [B] [C] [D]   6. [A] [B] [C] [D]   11. [A] [B] [C] [D]   16. [A] [B] [C] [D]   21. [A] [B] [C] [D]
2. [A] [B] [C] [D]   7. [A] [B] [C] [D]   12. [A] [B] [C] [D]   17. [A] [B] [C] [D]   22. [A] [B] [C] [D]
3. [A] [B] [C] [D]   8. [A] [B] [C] [D]   13. [A] [B] [C] [D]   18. [A] [B] [C] [D]   23. [A] [B] [C] [D]
4. [A] [B] [C] [D]   9. [A] [B] [C] [D]   14. [A] [B] [C] [D]   19. [A] [B] [C] [D]   24. [A] [B] [C] [D]
5. [A] [B] [C] [D]   10. [A] [B] [C] [D]   15. [A] [B] [C] [D]   20. [A] [B] [C] [D]   25. [A] [B] [C] [D]

26. [A] [B] [C] [D]   31. [A] [B] [C] [D]   36. [A] [B] [C] [D]   41. [A] [B] [C] [D]
27. [A] [B] [C] [D]   32. [A] [B] [C] [D]   37. [A] [B] [C] [D]   42. [A] [B] [C] [D]
28. [A] [B] [C] [D]   33. [A] [B] [C] [D]   38. [A] [B] [C] [D]   43. [A] [B] [C] [D]
29. [A] [B] [C] [D]   34. [A] [B] [C] [D]   39. [A] [B] [C] [D]   44. [A] [B] [C] [D]
30. [A] [B] [C] [D]   35. [A] [B] [C] [D]   40. [A] [B] [C] [D]   45. [A] [B] [C] [D]

二、阅 读

46. [A] [B] [C] [D]   51. [A] [B] [C] [D]   56. [A] [B] [C] [D]   61. [A] [B] [C] [D]   66. [A] [B] [C] [D]
47. [A] [B] [C] [D]   52. [A] [B] [C] [D]   57. [A] [B] [C] [D]   62. [A] [B] [C] [D]   67. [A] [B] [C] [D]
48. [A] [B] [C] [D]   53. [A] [B] [C] [D]   58. [A] [B] [C] [D]   63. [A] [B] [C] [D]   68. [A] [B] [C] [D]
49. [A] [B] [C] [D]   54. [A] [B] [C] [D]   59. [A] [B] [C] [D]   64. [A] [B] [C] [D]   69. [A] [B] [C] [D]
50. [A] [B] [C] [D]   55. [A] [B] [C] [D]   60. [A] [B] [C] [D]   65. [A] [B] [C] [D]   70. [A] [B] [C] [D]

71. [A] [B] [C] [D]   76. [A] [B] [C] [D]   81. [A] [B] [C] [D]   86. [A] [B] [C] [D]
72. [A] [B] [C] [D]   77. [A] [B] [C] [D]   82. [A] [B] [C] [D]   87. [A] [B] [C] [D]
73. [A] [B] [C] [D]   78. [A] [B] [C] [D]   83. [A] [B] [C] [D]   88. [A] [B] [C] [D]
74. [A] [B] [C] [D]   79. [A] [B] [C] [D]   84. [A] [B] [C] [D]   89. [A] [B] [C] [D]
75. [A] [B] [C] [D]   80. [A] [B] [C] [D]   85. [A] [B] [C] [D]   90. [A] [B] [C] [D]

三、书 写

91. _____

92. _____

93. _____

94. _____

95. _____ —

96. _____ —

97. _____ —

98. _____ —

99.

100.

图书在版编目（CIP）数据

新汉语水平考试模拟试题集. HSK 五级／董萃主编.
—北京：北京语言大学出版社，2011 重印
ISBN 978 - 7 - 5619 - 2879 - 0

Ⅰ.①新…　Ⅱ.①董…　Ⅲ.①汉语–对外汉语教学–
水平考试–习题　Ⅳ.①H195–44

中国版本图书馆 CIP 数据核字（2010）第 192305 号

书　　　名：	新汉语水平考试模拟试题集　HSK 五级
责任印制：	汪学发

出版发行　北京语言大学出版社
社　　址：北京市海淀区学院路 15 号　　邮政编码：100083
网　　址：www. blcup. com
电　　话：发行部　82303650/3591/3651
　　　　　编辑部　82303647
　　　　　读者服务部　82303653/3908
　　　　　网上订购电话　82303668
　　　　　客户服务信箱　service@ blcup. net
印　　刷：北京中科印刷有限公司
经　　销：全国新华书店

版　　次：2010 年 9 月第 1 版　2011 年 4 月第 4 次印刷
开　　本：787 毫米×1092 毫米　1/16　　印张：20.25
字　　数：382 千字
书　　号：ISBN 978 - 7 - 5619 - 2879 - 0/H·10259
定　　价：59.00 元（含录音 MP3）

凡有印装质量问题，本社负责调换，电话：82303590